Die Industrielle Revolution

ab 1830

denk|mal
Geschichte 3

Hessen

Autorinnen und Autoren:

Johannes Derichs
Gabriele Intemann
Dr. Monica Juneja-Huneke
Kerstin Maaß
Christian Machate
Wolfgang Pankratz
Karin Schröfel
Dr. Eike Stiller

Schroedel

Zu diesem Schülerband gibt es Lehrermaterialien, ISBN 978-3-507-**35638**-2
sowie digitale Lehrermaterialien auf DVD-ROM, ISBN 978-3-507-**35642**-9.

Der Buchumschlag zeigt James Watt (Ausschnitt aus einem Gemälde von Carl Fredrik von Breda aus dem Jahr 1792).

Hinweise zu den verwendeten Bildern der Kapiteleinstiegsseiten befinden sich auf Seite 224.

Schroedel aktuell

Unterrichtsmaterialien zu aktuellen Themen finden Sie unter www.schroedel-aktuell.de.

Westermann Schroedel Diesterweg Schöningh Winklers GmbH, Braunschweig
www.schroedel.de

Druck A[1] / Jahr 2012
Alle Drucke der Serie A sind im Unterricht parallel verwendbar.

Redaktion: Britta Naumann, Kerstin Maaß, Christian Becker
Herstellung: Andreas Losse
Umschlaggestaltung/Layout: Janssen Kahlert Design & Kommunikation, Hannover
Illustrationen: Claudia Carls, Hamburg
Satz: AndersARTig Werbung & Verlag GmbH, Braunschweig
Druck und Bindung: westermann druck GmbH, Braunschweig

ISBN 978-3-507-**35633**-7

Liebe Schülerinnen und Schüler,

vor euch liegt euer neues Geschichtsbuch **denk|mal**, das euch zu einer Entdeckungsreise in die Vergangenheit einladen will. Hierbei könnt ihr jede Menge interessante und spannende Dinge erfahren, z.B. weshalb 1789 in Frankreich eine Revolution ausbrach, wie die Erfindung der Dampfmaschine das Leben veränderte und warum Menschen einen Weltkrieg führten.

Euer neues Buch soll euch helfen, Geschichte zu entdecken. Dazu wurden viele Bilder und Texte zusammengestellt, die vom Leben der Menschen in früheren Zeiten berichten. Mit **M** sind Materialien wie Bilder, Karten, Zeichnungen oder Diagramme versehen.
Texte, die von Menschen in der Vergangenheit geschrieben wurden, sind mit dem Buchstaben **Q** für Quelle gekennzeichnet.
Mithilfe der Texte und Materialien könnt ihr Sachverhalte erschließen und besser verstehen.

Schwierige oder wichtige Begriffe sind in der **Randspalte** auf der jeweiligen Seite erklärt. Wenn ihr auf Begriffe stoßt, die ihr nicht versteht, könnt ihr auch hinten im Buch im **Lexikon** nachschlagen.

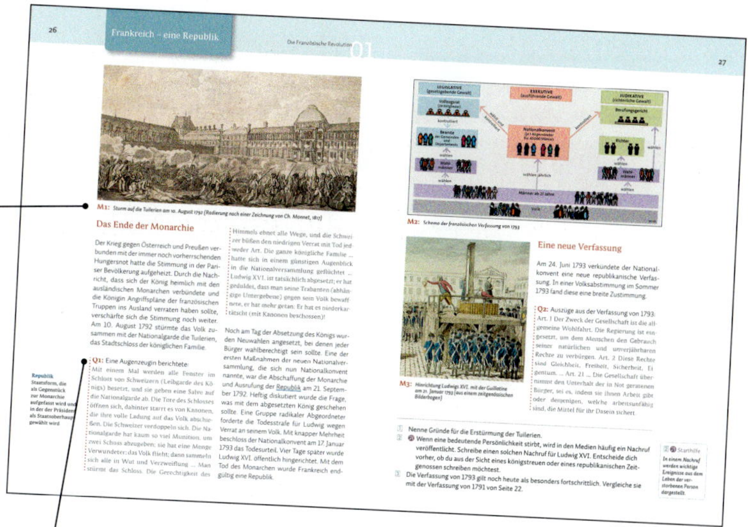

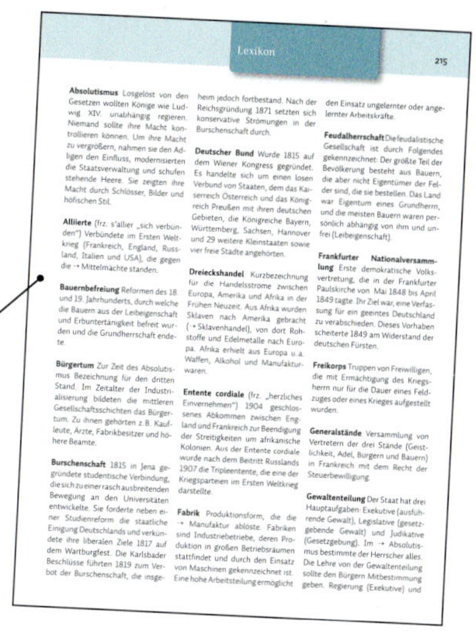

Alle **Aufgaben** befinden sich immer unten auf der Seite und sind durchnummeriert [1].

Manche Aufgaben sind mit einem Plus ⊕ gekennzeichnet. Dieses Zeichen zeigt euch, dass es sich hierbei um einen kniffligen und etwas schwierigeren Arbeitsauftrag handelt.

Aufgaben mit einem Pfeil ➚ zeigen euch, dass es zu diesem Auftrag eine Starthilfe in der Randspalte gibt. Sie soll euch helfen, die Aufgabe besser zu verstehen und zu bearbeiten.

Die Seiten mit blauer Titelzeile sind Kernseiten, die ihr alle bearbeiten sollt. Neben den blauen Kernseiten gibt es auch Zusatzseiten mit lilafarbener Titelzeile. Dies sind Seiten, die ihr bearbeiten könnt. Vielleicht habt ihr Zeit und Lust, noch einige spannende Themen, wie z. B. die Umweltverschmutzung im 19. Jahrhundert oder die Schicksale deutscher Auswanderer zu erforschen.

Im Buch findet ihr zudem lilafarbige Zusatzseiten mit einem Pfeil ➚. Sie verweisen darauf, dass ihr die Themen einer blauen Kernseite hier noch einmal vertiefen könnt. Diese Seiten sollen euch im Unterricht noch etwas fördern!

Zusatzseiten mit einem Plus ⊕ zeigen an, dass hier die Themen und Inhalte einer blauen Kernseite durch ergänzendes Material erweitert werden. Diese Seiten sollen euch etwas fordern!

In eurem neuen Buch gibt es aber nicht nur viele interessante Informationen, sondern auch jede Menge Anregungen zum Selbermachen, Ausprobieren und Entdecken. Dazu laden euch die Aktivseiten ein. Wie wäre es z. B. einmal, unsere Nationalhymne genauer zu erforschen oder Feldpostbriefe aus dem Ersten Weltkrieg im Internet zu recherchieren?

In eurem Buch werdet ihr auch regelmäßig auf Methodenseiten treffen. Hier werden euch schrittweise Methoden und Arbeitsweisen erklärt, die euch beim Lernen im Geschichtsunterricht helfen sollen. Ihr lernt z. B. wie ihr Karikaturen und Fotografien deuten, historische Gemälde vergleichen und Propagandaplakate untersuchen könnt.

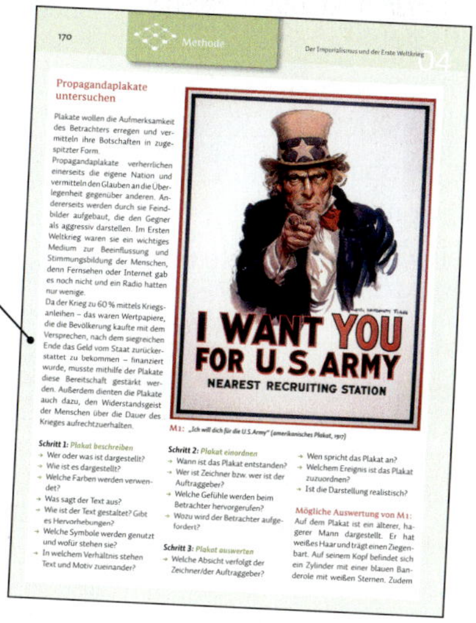

Am Ende jedes Kapitels findet ihr eine Zusammenfassungsseite mit allen wichtigen Informationen, Daten und Begriffen des Kapitels sowie Tipps für spannende Bücher.

Den Abschluss eines Kapitels bilden die Selbstüberprüfungsseiten. Hier könnt ihr eigenständig das Gelernte üben, wiederholen und anwenden. Ihr sollt selbst überprüfen, was ihr schon könnt und woran ihr noch arbeiten müsst.

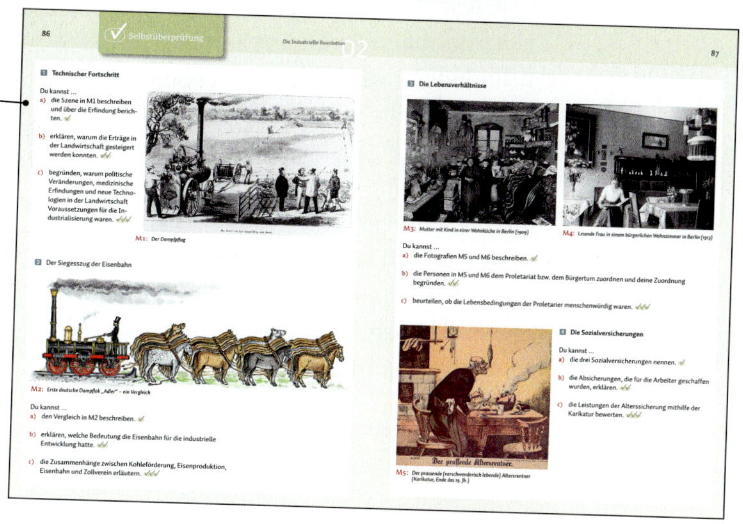

Viel Spaß mit eurem neuen Geschichtsbuch **denk|mal**!

Inhaltsverzeichnis

Kapitel 01

Kapitel 02

Die Französische Revolution

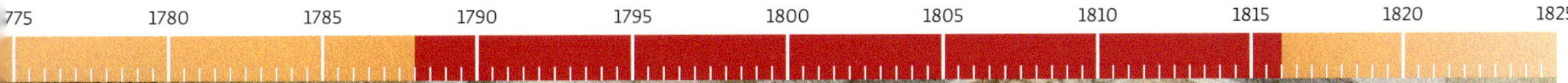

Kapitel 01

Die Bastille in Paris, die Berliner Mauer – zwei Symbole für Herrschaftsformen, die die Menschen unterdrückten. 1789 erstürmten die Menschen das jahrhundertealte Gefängnis in Paris. 200 Jahre später besetzte die Bevölkerung in Berlin die Mauer. In den Monaten darauf wurde das Symbol der deutschen Teilung fast vollständig zerstört. Auch die Bastille in Paris wurde nach ihrer Erstürmung abgerissen. Warum ist die Erstürmung und Zerstörung solcher Herrschaftssymbole für die Menschen so wichtig, dass sie ihr Leben dabei riskieren? In diesem Kapitel erfährst du Gründe für ein solches Handeln und lernst die Folgen, die für ganz Europa daraus erwuchsen, kennen.

M1: *„Das Defizit" (Karikatur von George Cruikshank, 19. Jh.) – Ludwig XVI. und sein Finanzminister stehen vor der Staatskasse, während im Hintergund Vertreter des ersten und zweiten Standes abgebildet sind.*

Defizit
Wenn die Ausgaben eines Staates die Einnahmen übersteigen, bezeichnet man die Differenz als Defizit.

Als Ludwig XVI., der Enkel des Sonnenkönigs Ludwig XIV., 1774 in Frankreich gekrönt wurde, machten sich mit dem Machtwechsel viele Menschen Hoffnung auf ein besseres Leben. Doch der neue König interessierte sich nicht für die Sorgen und Nöte der Menschen. Er führte das absolute Herrschaftssystem seiner Vorfahren fort. Wie zuvor verschlang der Hofstaat in Versailles Unsummen an Geld und die Schuldenlast Frankreichs wuchs immer mehr. Diese Probleme schienen das Land in den Ruin zu führen.

Charles Alexandre de Calonne (1734–1802)

Kredit
Geld, das jemand anderem befristet geliehen wird, meist gegen die Zahlung von Zinsen

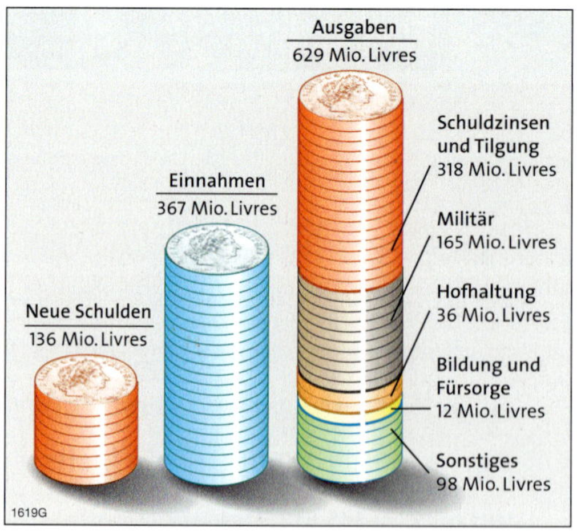

M2: *Staatshaushalt für das Jahr 1788*

Q1: Finanzminister Calonne beschreibt 1786 die finanzielle Situation des Staates:
Als der König 1783 geruhte, mich mit der Leitung seiner Finanzangelegenheiten zu betrauen, war weder Geld noch Kredit vorhanden. Die Schulden waren ungeheuer, die Einkünfte im Voraus aufgebraucht und das Vertrauen zerstört. Man konnte glauben und glaubte auch tatsächlich, auf dem absoluten Tiefpunkt angelangt zu sein. Dennoch habe ich den Mut nicht verloren, die schauerliche Lage verheimlicht und die Verpflichtungen eingehalten ... Es ist völlig klar, dass ich das nur durch Kreditmittel erreichen konnte.

1 Benenne die verschiedenen Ausgaben des Staates Frankreich (M2).
2 Vermute, was der Zeichner mit der Karikatur M1 deutlich machen wollte.

M3: *Ludwig XVI. verteilt Almosen an die Armen (zeitgenössischer Stich nach Louis Hersent).*

Man wird leicht glauben, dass sich angesichts solcher gewaltiger und kurzfristiger Zahlungen das seit mehr als einem Jahrhundert zwischen Einnahmen und Ausgaben bestehende Defizit nicht verringern konnte.

Wie konnte aber ein solcher Finanzausgleich zustande kommen? Der erste und zweite Stand, Klerus und Adel, zahlten keine Steuern. Der dritte Stand verarmte immer mehr, trug aber die Steuerlast. Missernten und Viehseuchen hatten dazu geführt, dass die Preise für Fleisch und Getreide immer weiter gestiegen waren. 1789 kostete ein Zweikilobrot 14,5 Sous. Ein Bauarbeiter verdiente aber nur 18 Sous als Tageslohn.
Finanzminister Calonne hatte die Idee, die Privilegien des Adels und des Klerus einzuschränken. Auch die ersten beiden Stände sollten Steuern bezahlen.

Q2: Die Reaktion des Adels erfolgte prompt in einem Brief an den König:
Die Garantie der persönlichen Steuerfreiheit und der Auszeichnungen, die der Adel zu allen Zeiten genossen hat, sind Eigenschaften, die den Adel besonders hervorheben und die nur dann angegriffen und zerstört werden können, wenn die Auflösung der allgemeinen Ordnung erstrebt wird ... Der Adel von Amont fordert also, dass die Ordnung, an der er teilhat, mit allen persönlichen Vorrechten erhalten werde.

Calonne wurde 1787 entlassen. Die Schuldenlast hatte sich in 15 Jahren verdreifacht.

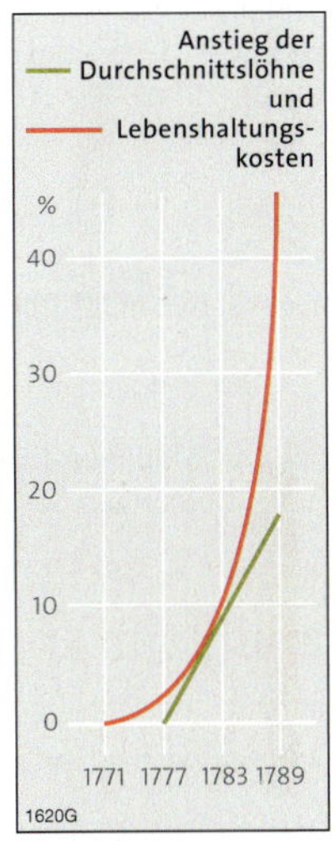

Entwicklung der Durchschnittslöhne und Lebenshaltungskosten

3 Begründe, warum Einnahmen und Ausgaben eines Staates im Gleichgewicht sein müssen.

4 Schildere als Vorsteher des Dorfes in M3 König Ludwig XVI. deine Sorgen und Nöte.

5 Diskutiert als Calonne, Vertreter des Adels und des dritten Standes über die Lösung der Finanzkrise.

M1: *„Man muss hoffen, dass dieses Spiel bald endet.“* (Karikatur von 1789)

Eine Karikatur analysieren

Karikaturen waren während der Französischen Revolution ein wichtiges Mittel, um politische Ansichten auch jenen Menschen zu vermitteln, die nicht lesen und schreiben konnten. Auf dieser Seite lernst du, Karikaturen zu deuten und die politische Meinung des Zeichners zu entschlüsseln.

Mit einer Karikatur möchte der Zeichner zu einem politischen Ereignis oder gesellschaftlichen Zuständen Stellung beziehen. Durch bestimmte Stilmittel bringt er die Betrachter zum Lachen, regt aber gleichzeitig zum Nachdenken an.

Eines dieser Stilmittel ist immer die Übertreibung. Mal sind einzelne Körperteile zu groß oder zu klein dargestellt, mal ist die Situation als solche übertrieben. Um eine Karikatur richtig zu entschlüsseln, muss sie also genau betrachtet werden. Eines haben allerdings alle Karikaturen gemeinsam: Sie stellen auch nach einer richtigen Entschlüsselung nie die Wirklichkeit dar, sondern immer nur die Meinung des Zeichners.

Schritt 1: Beschreiben
- → Beschreibe so genau wie möglich alle Personen, Gegenstände und Sachverhalte der Zeichnung.
- → Benenne erkennbare Texte und Bildunterschriften.

Schritt 2: Deuten und historisch einordnen
- → Deute die Symbole der Karikatur, indem du nach Parallelen in der Wirklichkeit suchst.
- → Stelle dar, welche Zeit oder Epoche die Karikatur beschreibt.

Schritt 3: Bewerten
- → Erkläre, welche Position der Karikaturist zu der dargestellten Situation einnimmt.

Mögliche Auswertung von M1

zu Schritt 1: Die Karikatur zeigt drei Personen. Ein alter ärmlich gekleideter Mann trägt zwei andere Männer. Diese sind wohlhabend gekleidet. Der hintere Mann hat einen Federhut auf und einen Degen an der Seite. Der vordere Mann trägt eine Kette mit einem Kreuz um den Hals. Der alte Mann stützt sich auf eine Hacke. Zwei Hasen fressen Kohl, im Hintergrund picken Vögel auf dem Boden nach Saatkörnern. Auf dem Degen des hinteren Mannes steht „rot von Blut“. Die Hacke des alten Mannes trägt die Inschrift „von Tränen getränkt“. Aus einer seiner Hosentaschen hängen Zettel, auf denen steht „Salzsteuer, Tabaksteuer und Grundsteuer.“ Außerdem sind „Zehnt, Fron- und Militärdienst“ bezeichnet. Die Karikatur hat den Untertitel „Man muss hoffen, dass dieses Spiel bald endet.“

zu Schritt 2: Der alte Mann stellt einen Bauern aus dem Jahr 1789 in Frankreich dar. Mit den vielen Steuern, Abgaben und Diensten, die er aufbringen muss, symbolisiert er den gesamten dritten Stand. Der dritte Stand trägt und finanziert damit den ersten und zweiten Stand, die Priesterschaft und den Adel. Diese beiden Stände mussten keine Steuern zahlen. Unter seiner schweren Last bricht der dritte Stand fast zusammen. Aber nicht nur diese schwere Last macht ihm zu schaffen. Die Tiere, die seine Ernte und Saat auffressen, bereiten ihm ebenfalls große Not. Er darf sie nicht verscheuchen oder jagen, denn dies würde gegen ein Vorrecht des Adels verstoßen.

zu Schritt 3: Der Zeichner spiegelt mit dem Mittel der Übertreibung die gesellschaftliche Situation des Absolutismus. Kein Bauer hat tatsächlich einen Priester und Adligen getragen. Indem der Zeichner diese Situation aber so übertrieben darstellt, wird seine Kritik erkennbar. Er möchte den Menschen deutlich machen, dass dieser Missstand geändert werden muss. Dies unterstreicht auch die Bildunterschrift. Zudem deutet der Zeichner an, dass der erste und zweite Stand stürzen werden, wenn der dritte Stand zusammenbricht. Damit würde auch das gesamte gesellschaftliche System des Absolutismus fallen.

M2: *Der dritte Stand trägt die Lasten. Der Stein hat die Inschrift: die Kopfsteuer, das Steuerwesen und die Fronarbeiten (Karikatur von 1789).*

1 Wende die drei Arbeitsschritte zur Erschließung der Karikatur M2 an.

M1: *Die Versammlung der Generalstände in Versailles (Gemälde von Charles Monnet, 1789)*

Einberufung der Generalstände

Im Jahr 1789 wurden die finanziellen Probleme des Staates so drückend, dass sich König Ludwig XVI. schließlich Unterstützung von einer Versammlung versprach, die seit 165 Jahren nicht mehr zusammengekommen war: die Versammlung der Generalstände. Bei dieser Versammlung mit je 300 Abgeordneten des ersten und zweiten Standes und 600 Abgeordneten des dritten Standes wollte Ludwig XVI. noch einmal um Zustimmung für eine Änderung des Steuerrechts werben. Im ganzen Land wurden Flugschriften aufgehängt, in denen zur Wahl der Standesabgeordneten aufgerufen wurde.
Wählen durften aber nur Männer, die ein Amt innehatten oder sehr viele Steuern zahlten. Das gesamte Volk war dennoch voller Hoffnung und Spannung, was die Versammlung der Generalstände an Veränderungen bringen würde. Bei den gewählten Abgeordneten wurden säckeweise Beschwerdehefte abgegeben, die während der Versammlung verlesen werden sollten.

Q1: Aus einem Beschwerdebrief des Dorfes Peumerit-Cap, 7. April 1789:

... 4. Geistlichkeit und Adel sollen ebenso wie der dritte Stand zur Instandhaltung der Hauptstraßen beitragen ... 6. Die Kopf-, Herd- und andere in Geld zu leistende Steuern sollen in einer einzigen Steuerrolle zusammengefasst werden, zu der die adligen und geistlichen Herren gleichermaßen beizutragen haben. Jeder dieser Steuerpflichtigen soll mit einem Steuersatz veranschlagt werden, der seinem Wohlstand entspricht; zwangsläufig wird sich dadurch die Kopfsteuer des Volkes vermindern.

2 Starthilfe

Denke an die Stellung und Abgaben der Bauern in der absolutistischen Ständegesellschaft.

1 Benenne die Erwartungen des Königs und des Volkes an die Versammlung der Generalstände.

2 Versetze dich in einen Bauern aus Frankreich und verfasse einen Beschwerdebrief an den König.

Der Ballhausschwur

König Ludwig XVI. hatte große Erwartungen an die Versammlung der Generalstände, denn er wollte seine Steuerpläne umsetzen.

Q2: Eröffnungsrede des Königs am 5. Mai 1789:

Meine Herren! ... Obgleich die Einberufung dieser Versammlungen außer Gebrauch gekommen zu sein schien, habe ich nicht geschwankt, einen Brauch wiedereinzuführen, aus dem das Königreich neue Kraft schöpfen und die Nation eine neue Quelle des Glücks erschließen kann.

Doch nach dieser Ansprache folgte nur eine lange Vorstellung der Pläne des Finanzministers. Danach wurden die Abgeordneten in getrennte Säle entlassen. Sie sollten getrennt über eine Zustimmung beraten. Jeder Stand sollte eine Stimme haben. Für den dritten Stand gab es keine Gelegenheit, die Beschwerden des Volkes vorzutragen. Seine Abgeordneten forderten empört eine gemeinsame Beratung und Abstimmung nach Köpfen. Als der König darauf nicht einging, gaben sie eine Erklärung ab.

Q3: Erklärung des dritten Standes am 17. Juni 1789:

Wir sind die Vertreter von 24 Millionen Franzosen. Wir sind die einzigen Vertreter des gesamten französischen Volkes. Wir sind die versammelte Nation, die Nationalversammlung!

Drei Tage später ließ der König den Sitzungssaal sperren. Die Abgeordneten des dritten Standes zogen daraufhin in die Halle des benachbarten Ballhauses.

Q4: Schwur der Abgeordneten des dritten Standes im Ballhaus, 20. Juni 1789:

Alle Mitglieder dieser Versammlung leisten sogleich einen feierlichen Eid, sich niemals zu trennen und sich überall, wo die Umstände es gebieten, zu versammeln, so lange bis die Verfassung des Königreichs ausgearbeitet ist und auf festen Grundlagen ruht.

Verfassung
Die Basis für alle anderen Regeln und Gesetze eines Staates bildet die Verfassung. Sie regelt die Abhängigkeiten der drei Staatsgewalten voneinander, ebenso wie die Rechte und Pflichten des einzelnen Menschen.

M2: *Der Ballhausschwur am 20. Juni 1789 (Gemäldeentwurf von Jacques-Louis David, 1791)*

3 Schildere den Ablauf der Versammlung der Generalstände bis zum Ballhausschwur.

4 Wähle dir einen Abgeordneten aus M2. Beschreibe dessen Gedanken und Gefühle von der Einberufung der Generalstände bis zum Ballhausschwur als Tagebucheinträge.

5 ⊕ Begründe, warum eine Verfassung so wichtig war.

Der Sturm auf die Bastille

Während die Generalstände in Versailles tagten, litt die Pariser Bevölkerung immer stärker unter einer Hungersnot. Die Menschen verfolgten gespannt die Verhandlungen und die Gründung der Nationalversammlung.
Wie ein Schock wirkte es, als sich die Nachricht verbreitete, der König habe Truppen rings um Paris zusammengezogen. Sofort schlossen sich die Menschen zusammen und suchten nach Waffen zur Verteidigung. Fündig wurden sie zuerst in der Kaserne Hôtel des Invalides. Von dort zogen die Menschen zum verhassten Staatsgefängnis, der Bastille. Hier forderten sie den Kommandanten de Launay zur Übergabe auf. Als dieser auf die Menge schießen ließ, wurde das Feuer erwidert. Es entbrannte eine blutiger Kampf um die Bastille.

Q1: Ein Augenzeuge schildert die Ereignisse:
Jeder von uns schoss etwa sechs Schüsse ab, dann wurde ein Papier durch ein mehrere Zentimeter breites, ovales Loch geschoben. Man hörte auf zu schießen. Einer von uns ging zur Küche, um ein Brett zu besorgen, mit dessen Hilfe man das Papier holen könnte. Wir legten das Brett auf die Brustwehr, viele Personen stellten sich als Gegengewicht darauf. Ein Mann ging auf dem Brett nach vorne, aber gerade als er das Papier greifen sollte, wurde er von einem Gewehrschuss getötet und fiel in den Graben. Sofort ging eine andere Person, die eine Fahne getragen hatte, los und holte das Papier, das mit lauter und vernehmlicher Stimme vorgelesen wurde. Da der Inhalt ... nicht zufriedenstellend war, schlug man vor, mit den Kanonen zu schießen, und alle gingen zur Seite, um die Kugel vorbeizulassen.

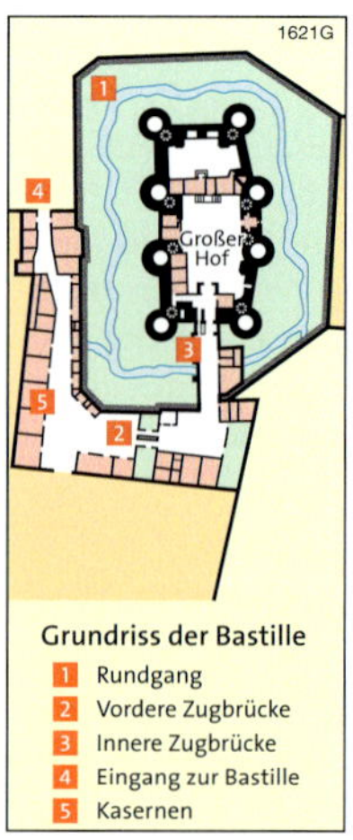

Grundriss der Bastille

M1: *Sturm auf die Bastille am 14.7.1789 (zeitgenössisches Aquarell nach Augenzeugenberichten)*

M2: *Ein Papier wird durch das Tor der Bastille gereicht (Kolorierter Stich von Jean-François Janinet).*

1 Benenne den Anlass für den „Sturm auf die Bastille“.

2 a) Beschreibe die Menschen in M1.
b) Welche Rückschlüsse auf die Zugehörigkeit zu den Ständen kannst du ziehen?

M3: *Das Erwachen des dritten Standes (Karikatur, 1789)*

Schließlich wurde die Zugbrücke von den Belagerten hinuntergelassen und das Tor geöffnet. Sofort stürmte die Menge in den Innenhof der Bastille. Als der Kommandant zu fliehen versuchte, wurden er und sieben weitere Soldaten gefangen genommen und ermordet. In einem Triumphzug wurde der Kopf des Kommandanten durch die Stadt getragen. An den darauffolgenden Tagen zog der König die Truppen um Paris ab.

Die Revolution der Bauern

Seit Monaten warteten die Menschen auf dem Land auf Reaktionen auf ihre Beschwerdebriefe. Doch die Situation hatte sich in keinster Weise gebessert. Als sich die Nachricht von der Erstürmung der Bastille verbreitete, griffen auch die Bauern auf dem Land zu ihren Waffen. Mit Mistgabeln, Dreschflegeln und Jagdgewehren stürmten sie die Adelssitze und Höfe ihrer Grundherren. Um die aufgebrachten Bauern zu beruhigen, fasste die Nationalversammlung in einer Nachtsitzung vom 3. zum 4. August 1789 schließlich einige wichtige Beschlüsse: Abgeschafft wurden die Steuerprivilegien des Adels und die Frondienste sowie das alleinige Jagdrecht des ersten und zweiten Standes. Dies war das Ende des Systems der alten Ständegesellschaft.

3 Stelle dir vor, du wärest ein deutscher Journalist. Verfasse einen Zeitungsartikel über die Ereignisse in Paris.

4 Interpretiere die Karikatur M3 mithilfe der Arbeitsschritte von Seite 14/15.

5 Begründe, warum die Beschlüsse der Nationalversammlung das Ende der Ständegesellschaft bedeuteten.

3 Starthilfe

Denke an formale Elemente eines Zeitungsartikels, wie: Überschrift, Einleitung, Hauptteil, Schluss und die fünf W-Fragen (Wer? Wo? Was? Wann? Warum?).

Die Erklärung der Bürger- und Menschenrechte

In M1 sind die Artikel der Erklärung der Bürger- und Menschenrechte eingebettet in ein Gemälde. Die verwendeten Symbole sollten Menschen helfen, die Botschaft der Erklärung zu verstehen, die nicht lesen konnten:
① **Ketten:** Symbol der Sklaverei
② **Schlange, die sich in den Schwanz beißt:** Symbol für die Ewigkeit
③ **In den Nationalfarben blau-weiß-rot gekleidete Frau:** Symbol für Frankreich
④ **Mütze eines befreiten Sklaven:** Freiheitsmütze
⑤ **geflügelte Frau trägt königliches Zepter:** Engel des Gesetzes
⑥ **Auge im Dreieck:** Auge der Vernunft
⑦ **In Stein gehauene Gesetzestafeln:** Menschenrechte gelten für die Ewigkeit

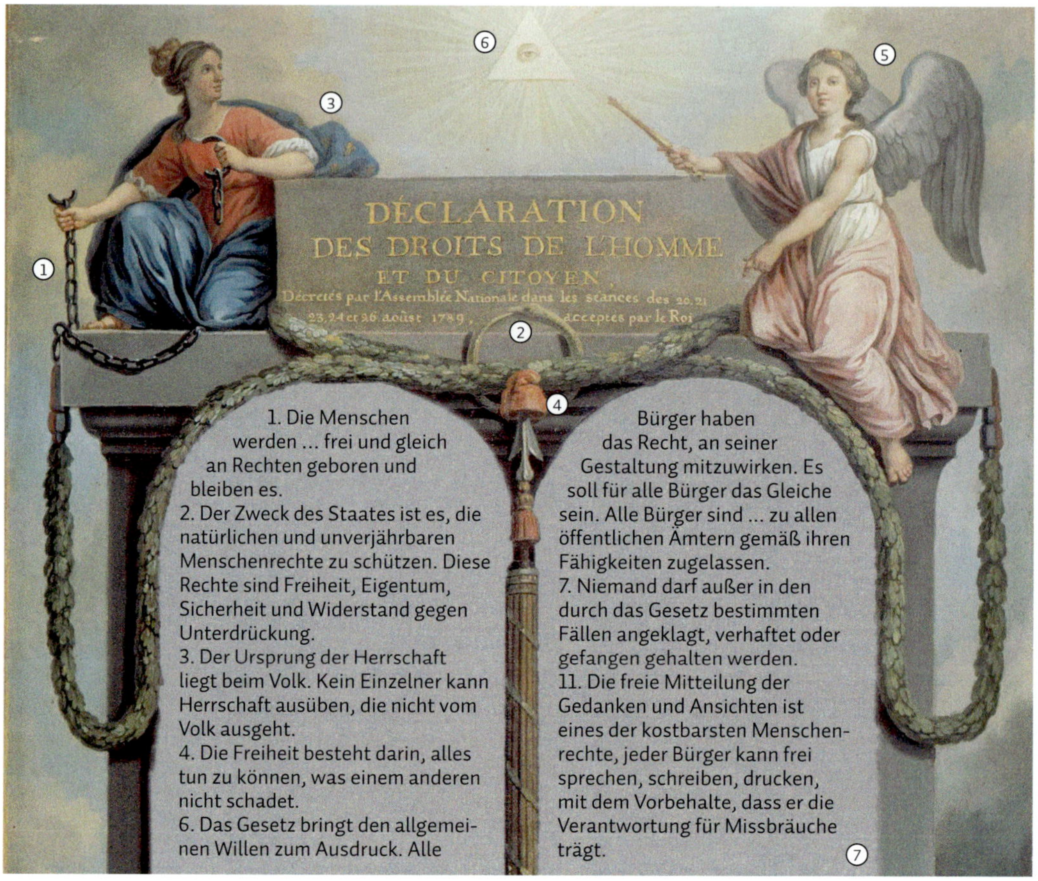

M1: *Auszug aus der Erklärung der Bürger- und Menschenrechte vom August 1789*

Die endgültige Abschaffung der Ständegesellschaft vollzog die Nationalversammlung am 26. August 1789. An diesem Tag verabschiedeten die Abgeordneten feierlich die „Erklärung der Bürger- und Menschenrechte". In dieser Erklärung wurden 17 Artikel festgelegt, die von da an für alle Franzosen gelten sollten.
Diese Erklärung ist noch heute Vorbild für alle demokratischen Verfassungen, unter anderem auch für das deutsche Grundgesetz.

Q1: Auszug aus dem Grundgesetz der Bundesrepublik Deutschland:
Art. 1: (1) Die Würde des Menschen ist unantastbar. Sie zu achten und zu schützen ist Verpflichtung aller staatlichen Gewalt. **Art. 2:** (1) Jeder hat das Recht auf freie Entfaltung seiner Persönlichkeit, soweit er nicht die Rechte anderer verletzt. **Art. 3:** (1) Alle Menschen sind vor dem Gesetz gleich. ... **Art. 5:** (1) Jeder hat das Recht, seine Meinung in Wort, Schrift und Bild frei zu äußern.

1 Gib die Artikel der Erklärung von 1789 in eigenen Worten wieder (M1).
2 Stelle die Schritte, die zur „Erklärung der Bürger- und Menschenrechte" geführt haben, mithilfe einer Zeitleiste dar.
3 „Die Erklärung der Menschenrechte bedeutete das endgültige Ende des Absolutismus." Finde in M1 Belege für diese Aussage.
4 Vergleiche die Erklärung von 1789 mit den Artikeln des Grundgesetzes (M1, Q1).

4 Starthilfe
Du kannst eine Tabelle mit den Spalten „Menschenrechte 1789" und „Grundgesetz" anlegen und die passenden Artikel eintragen.

Frauen fordern ihre Rechte – der Zug der Frauen

M1: *Zug der Pariser Frauen am 5. Oktober 1789 nach Versailles (zeitgenössische Darstellung)*

Auch wenn sich rechtlich für die Menschen des dritten Standes schon viel geändert hatte, waren die Alltagssorgen damit nicht verschwunden. Besonders die Frauen spürten dies täglich. Sie waren für die Ernährung und Versorgung ihrer Familien zuständig. Jeden Tag mussten sie Schlange stehen vor leeren Bäckerläden oder immens hohe Preise für Grundnahrungsmittel bezahlen. Schließlich war die Wut der Frauen so groß, dass sie von Paris nach Versailles zur Nationalversammlung und zum König zogen.

Q1: Die Marktfrau Marie Cheret berichtete: Gegen halb neun Uhr morgens wurden viele Frauen im Rathaus vorstellig. Die einen wollten die Herren La Fayette und Bailly sprechen, um von ihnen zu erfahren, warum es so schwierig sei, Brot zu ergattern, und warum dieses so teuer sei. Andere verlangten mit großer Bestimmtheit, dass der König und die Königin nach Paris kämen und im Louvre wohnten, wo sie ungleich mehr Gutes tun könnten als in Versailles. ... Gegen Mittag musste Herr La Fayette ... schließlich dem glühenden Wunsch der Bürger nachgeben. [Weiter wird beschrieben, wie sich der Zug nach Versailles zusammen mit der Nationalgarde bildet.] Als der Tross am Wohnort ihrer Majestäten anlangte, klatschten die Bürger von Versailles ... und gaben ihrer Freude Ausdruck ... und baten die Pariser, für das Allgemeinwohl zu arbeiten. ... Wenige Minuten später, gegen 4 Uhr, gingen die Bürgerinnen zur Nationalversammlung, wo sie nur mit Mühe Einlass fanden. Welch ein beeindruckendes Schauspiel! ... Wie dem auch sei: Trotz der Angst ... haben die ehrwürdigen Mitglieder der Nationalversammlung ... einzelne Zugeständnisse gemacht, da sie merkten, dass die Frauen wild entschlossen waren, nicht ohne Ergebnis wieder zu gehen. Die Punkte waren: 1. Ein erneutes Verbot der Kornausfuhr; 2. das Versprechen, das Brot billig und selbst für die Ärmsten erschwinglich [zu machen]; 3. die Zusicherung, das Fleisch nur noch für 8 Sous pro Pfund zu verkaufen.

Noch am selben Tag musste sich der König dem Druck beugen und den Beschlüssen zustimmen. Zusammen mit ganzen Wagen voll Getreide wurde die Königsfamilie nach Paris geführt.

La Fayette
General der Nationalgarde

Bailly
Bürgermeister von Paris

1. Nenne den Grund für die Wut der Pariser Frauen.
2. Stelle dir vor, du bist Teilnehmerin an dem Zug nach Versailles. Beschreibe deiner Familie nach deiner Rückkehr die Ereignisse.

Die Verfassung von 1791

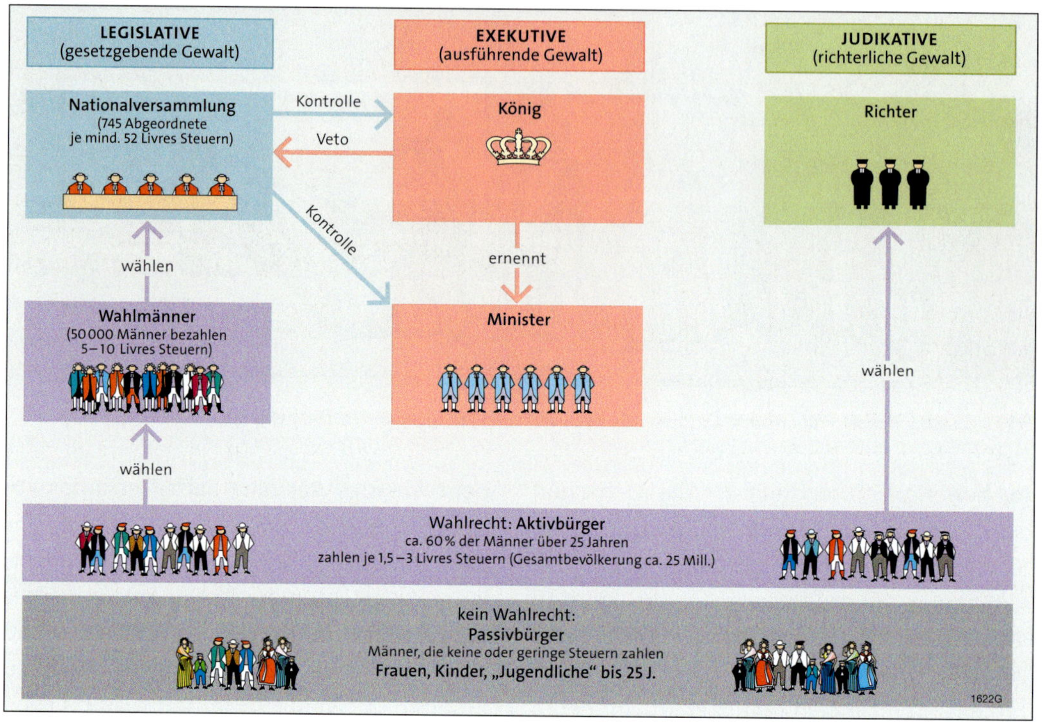

M1: *Schaubild der Verfassung von 1791*

Livre
Der Wert einer Livre ist heute schwer zu ermitteln, da der Wert der Waren, die zur Berechnung des Wertes dienen, sich sehr verändert hat. Man geht davon aus, dass eine Livre in der Revolutionszeit ungefähr 15–20 Euro entspricht.

Es dauerte noch zwei Jahre, bis im Jahr 1791 die Nationalversammlung die „Erklärung der Bürger- und Menschenrechte" in einer Verfassung umsetzte. König Ludwig XVI. war nun nicht mehr „König von Gottes Gnaden", sondern sein Titel lautete fortan „Durch Gottes Gnade und die Verfassungsgesetze König der Franzosen".
Unmittelbar vor der Verkündung der Verfassung unternahm König Ludwig XVI. zusammen mit seiner Familie einen Fluchtversuch. Als Kammerdiener verkleidet, versuchte er, wie viele andere Adlige auch, ins Ausland zu gelangen. Mit ihnen wollte sich der König verbünden, um eine Armee aufzustellen und die Macht in Paris wieder an sich zu reißen. Doch schon am Abend seiner Flucht wurde er erkannt und zurück nach Paris gebracht. In seinem Stadtschloss lebte er von da an wie ein Gefangener.

M2: *König Ludwig XVI. wird nach seiner Gefangennahme zurück nach Paris gebracht.*

1 b) Starthilfe
Setze dir Schwerpunkte wie die Gewaltenteilung, Stellung des Königs oder wechselseitige Kontrollfunktionen.

1 a) Interpretiere das Schaubild M1 anhand der Arbeitsschritte von Seite 210.
b) Vergleiche M1 mit dem Schaubild von Seite 210.
2 In Art. 3 der Menschenrechtserklärung wird der Begriff „Volk" verwendet. Beurteile diesen Begriff in Bezug auf die Verfassung.

Frauen fordern ihre Rechte – Olympe de Gouges

Viele Frauen hofften in der Zeit der Französischen Revolution auf eine Verbesserung ihrer Rechte und ihrer gesellschaftlichen Stellung. Sie gründeten Frauenklubs und veröffentlichten ihre Meinungen in Frauenzeitschriften.
Eine dieser engagierten Frauen war Olympe de Gouges. Mit Flugblättern kämpfte sie für eine Gleichstellung der Frau. Nachdem 1789 die Erklärung der Menschenrechte veröffentlicht und 1791 die Verfassung verabschiedet wurde, verfasste sie mit ihrer „Erklärung der Rechte der Frau und Bürgerin" einen Gegenentwurf.

Q1: Auszug aus der Erklärung der Rechte der Frau und Bürgerin:
Art. 1: Die Frau wird frei geboren und bleibt dem Manne ebenbürtig in allen Rechten. ...
Art. 2: Ziel und Zweck jedes politischen Zusammenschlusses ist die Wahrung der natürlichen und unverjährbaren Rechte von Frau und Mann, als da sind: Freiheit, Eigentum, Sicherheit und insbesondere das Recht auf Widerstand gegen Unterdrückung.
Art. 4: Freiheit und Gerechtigkeit beruhen darauf, dass dem anderen abgegolten wird, was ihm zusteht. So stößt die Frau bei der Wahrnehmung ihrer Rechte nur an die ihr von der Tyrannei des Mannes gesetzten Gesetze; diese müssen durch die von Natur und Vernunft diktierten Gesetze neu gezogen werden.
Art. 10: Niemand darf wegen seiner Meinung ... Nachteile erleiden. Die Frau hat das Recht, das Schafott zu besteigen, gleichermaßen muss ihr das Recht zugestanden werden, eine Rednertribüne zu besteigen...

M1: *Olympe de Gouges stellt die „Erklärung der Frau und Bürgerin" vor (zeitgenössischer Stich)*

Olympe de Gouges (1748–1793), zeitgenössisches Portrait

Vielen Männern ging das Engagement der Frauen zu weit. Nachdem Olympe de Gouges Maßnahmen der Regierung öffentlich kritisiert hatte, wurde sie 1793 zum Tode verurteilt und auf dem Schafott hingerichtet. Wenige Tage nach ihrer Hinrichtung wurde im Nationalkonvent über die Rechte der Frauen debattiert.

Q2: Jean Amar, ein Abgeordneter der Jakobiner, am 30.10.1793:
Jedes Geschlecht ist zu der Tätigkeit berufen, die ihm entspricht; seine Handlungen sind auf den Kreis beschränkt, den es nicht überschreiten darf, weil die Natur selbst diese Grenzen dem Menschen gesteckt hat. ... Erlaubt die Ehrbarkeit dem Weibe, dass es sich öffentlich zeigt, dass es mit Männern diskutiert und öffentlich, angesichts des Volkes, sich über die Fragen ausspricht, von denen das Wohl der Republik abhängt? Im Allgemeinen sind die Frauen unfähig hoher Konzeptionen und ernster Überlegungen.

Nach dieser Debatte wurden die Frauenklubs wieder verboten. Im Jahr 1795 wurde dieses Gesetz sogar mit einem öffentlichen Versammlungsverbot für Frauen verschärft.

1. Vergleiche Q1 mit der Erklärung der Menschenrechte.
2. Schreibe eine Erwiderung an Jean Amar, in der du Bezug auf die Artikel der Erklärung von Olympe de Gouges nimmst (Q1, Q2).
3. Olympe de Gouges beurteilt die Verfassung von 1791. Schreibe aus ihrer Sicht.

Angriffe gegen die Revolution

Frankreich in Gestalt einer Frau mit Revolutionsmütze wird angegriffen von den Monarchen von Russland, Preußen, Österreich und dem Herzog von Braunschweig. Am Boden liegt Ludwig XVI. Aus dem Hintergrund stürmen die Monarchen Spaniens, der Türkei und Chinas heran.

M1: *„Der französische Geist beseitigt Tyrannei und Monarchie vom Angesicht der Erde"* (englische Karikatur, 1792).

Gegner der Revolution

Für viele Menschen in Frankreich hatte sich ihr Leben durch die Revolution nicht verbessert. Grundnahrungsmittel waren knapp und teuer. In Teilen Frankreichs kam es zu Aufständen gegen die Revolution. Entschiedene Gegner der Revolution waren Geistliche und Adlige, die sich ihrer Vorrechte beraubt fühlten.

Manche kämpften in Frankreich für eine Rückkehr zur Monarchie. 40 000 Geistliche und Adlige flohen ins Ausland, um mit Unterstützung der dortigen Monarchen die Revolution zu beenden. In der Nationalversammlung wurde heftig diskutiert, wie auf diese Situation reagiert werden konnte.

Emigranten
Menschen, die ihre Heimat verlassen und sich in einem anderen Land ansiedeln

Despotismus
Willkürherrschaft eines einzelnen Herrschers

Q1: Aus einer Rede des Abgeordneten Brissot vom 16. Dezember 1791:

Die Frage ... ist die, ob wir die deutschen Fürsten, die den Emigranten Hilfe leisten, angreifen oder ob wir eine Invasion abwarten müssen ... Die Kraft der Überlegung und der Tatsachen hat mich davon überzeugt, dass ein Volk, das nach 10 Jahrhunderten der Sklaverei die Freiheit errungen hat, Krieg führen muss. Es muss Krieg führen, um die Freiheit auf unerschütterliche Grundlagen zu stellen; es muss Krieg führen, um die Freiheit von den Lastern des Despotismus, reinzuwaschen, und es muss schließlich Krieg führen, um aus seinem Schoß jene Männer zu entfernen, die die Freiheit verderben könnten.

1. Nenne die Gegner der Revolution und die Gründe für ihre ablehnende Haltung.
2. Die Herrscher in M1 sind genau zu erkennen. Vermute, welche Bedeutung die Reittiere haben könnten. Begründe.
3. Benenne die Argumente von Brissot für einen Kriegseintritt Frankreichs (Q1).

Frankreich im Krieg

Nachdem sich Österreich mit Preußen in einem Militärbündnis gegen Frankreich zusammengeschlossen hatte, erklärte die Nationalversammlung am 20. April 1792 diesen Staaten den Krieg.

Q2: Aus der Kriegserklärung Frankreichs:
Die Nationalversammlung erklärt, dass die französische Nation ... keinen auf Eroberungen gerichteten Krieg zu unternehmen und zu keiner Zeit ihre Streitkräfte gegen die Freiheit irgendeines Volkes einzusetzen, die Waffen einzig und allein ergreift, um ihre Freiheit und Unabhängigkeit zu bewahren.

Q3: Preußen und Österreich erklärten durch ihren Oberbefehlshaber am 25. Juli 1792:
[Der Grund für den Kriegseintritt Preußens und Österreichs] besteht darin, der Gesetzlosigkeit im Innern Frankreichs ein Ende zu setzen, die Angriffe auf Thron und Altar aufzuhalten, die gesetzliche Gewalt wiederaufzurichten, dem König seine Freiheit und Sicherheit wiederzugeben und ihn in den Stand zu setzen, die ihm gesetzmäßig zukommende Gewalt auszuüben.

Anfangs erlitt das schlecht ausgebildete Revolutionsheer schwere Niederlagen. Allen Menschen war bewusst: Wenn Frankreich den Krieg verlieren sollte, würden alle Freiheiten wieder rückgängig gemacht. Um die Errungenschaften der Revolution zu verteidigen, meldeten sich Tausende Männer und Frauen freiwillig. Am 20. September 1792 besiegten die französischen Truppen aufgrund ihrer zahlenmäßigen Überlegenheit die feindlichen Armeen bei Valmy. Um schlagkräftig zu bleiben, führte Frankreich 1793 die allgemeine Wehrpflicht ein.

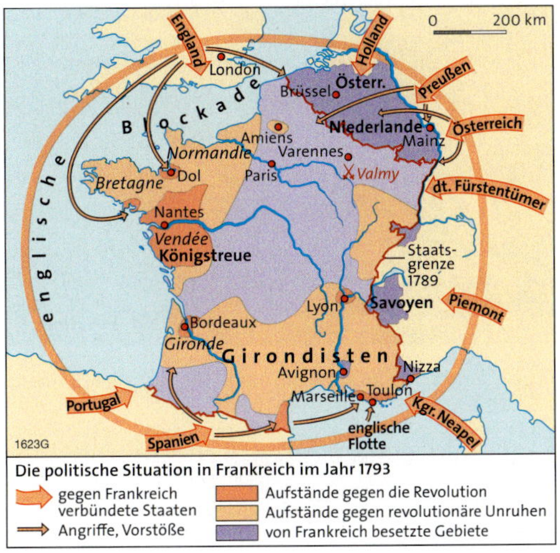

M2: *Angriffe gegen die Revolution 1793*

M3: *Freiwillige ziehen in den Krieg (zeitgenössischer Druck von Leroux).*

4 Vergleiche Q2 mit Q3. Stelle die jeweiligen Begründungen für einen Kriegseintritt gegenüber.

5 Beschreibe die Situation Frankreichs (M2).

6 Diskutiert darüber, ob ein Krieg „gerecht“ sein kann.

M1: *Sturm auf die Tuilerien am 10. August 1792 (Radierung nach einer Zeichnung von Ch. Monnet, 1817)*

Das Ende der Monarchie

Der Krieg gegen Österreich und Preußen verbunden mit der immer noch vorherrschenden Hungersnot hatte die Stimmung in der Pariser Bevölkerung aufgeheizt. Durch die Nachricht, dass sich der König heimlich mit den ausländischen Monarchen verbündete und die Königin Angriffspläne der französischen Truppen ins Ausland verraten haben sollte, verschärfte sich die Stimmung noch weiter. Am 10. August 1792 stürmte das Volk zusammen mit der Nationalgarde die Tuilerien, das Stadtschloss der königlichen Familie.

Q1: Eine Augenzeugin berichtete:
Mit einem Mal werden alle Fenster im Schloss von Schweizern (Leibgarde des Königs) besetzt, und sie geben eine Salve auf die Nationalgarde ab. Die Tore des Schlosses öffnen sich, dahinter starrt es von Kanonen, die ihre volle Ladung auf das Volk abschießen. Die Schweizer verdoppeln sich. Die Nationalgarde hat kaum so viel Munition, um zwei Schuss abzugeben; sie hat eine Menge Verwundeter; das Volk flieht; dann sammeln sich alle in Wut und Verzweiflung ... Man stürmt das Schloss. Die Gerechtigkeit des Himmels ebnet alle Wege, und die Schweizer büßen den niedrigen Verrat mit Tod jedweder Art. Die ganze königliche Familie ... hatte sich in einem günstigen Augenblick in die Nationalversammlung geflüchtet ... Ludwig XVI. ist tatsächlich abgesetzt; er hat geduldet, dass man seine Trabanten (abhängige Untergebene) gegen sein Volk bewaffnete, er hat mehr getan: Er hat es niederkartätscht (mit Kanonen beschossen)!

Republik
Staatsform, die als Gegenstück zur Monarchie aufgefasst wird und in der der Präsident als Staatsoberhaupt gewählt wird

Noch am Tag der Absetzung des Königs wurden Neuwahlen angesetzt, bei denen jeder Bürger wahlberechtigt sein sollte. Eine der ersten Maßnahmen der neuen Nationalversammlung, die sich nun Nationalkonvent nannte, war die Abschaffung der Monarchie und Ausrufung der Republik am 21. September 1792. Heftig diskutiert wurde die Frage, was mit dem abgesetzten König geschehen sollte. Eine Gruppe radikaler Abgeordneter forderte die Todesstrafe für Ludwig wegen Verrat an seinem Volk. Mit knapper Mehrheit beschloss der Nationalkonvent am 17. Januar 1793 das Todesurteil. Vier Tage später wurde Ludwig XVI. öffentlich hingerichtet. Mit dem Tod des Monarchen wurde Frankreich endgültig eine Republik.

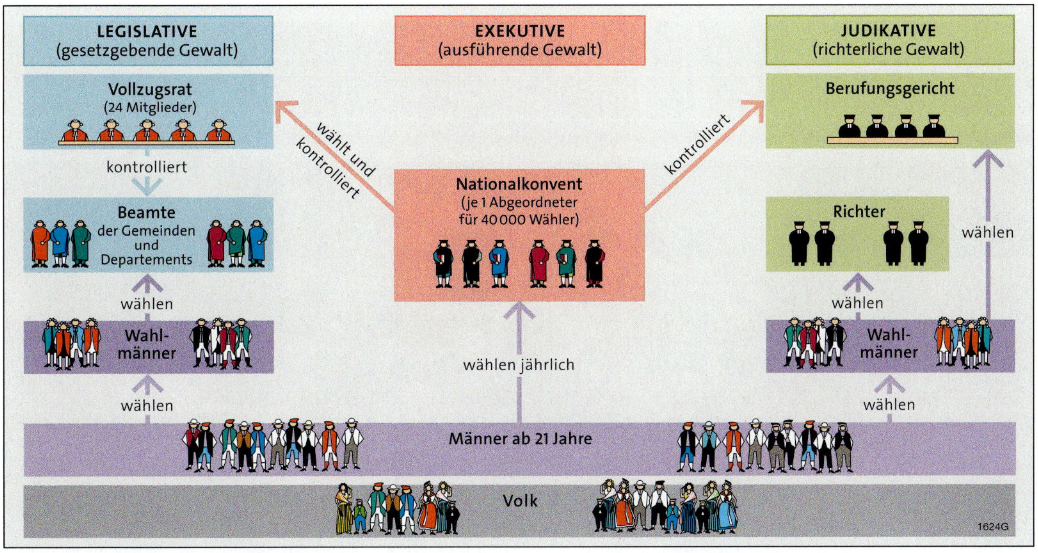

M2: *Schema der französischen Verfassung von 1793*

M3: *Hinrichtung Ludwigs XVI. mit der Guillotine am 21. Januar 1793 (aus einem zeitgenössischen Bilderbogen)*

Eine neue Verfassung

Am 24. Juni 1793 verkündete der Nationalkonvent eine neue republikanische Verfassung. In einer Volksabstimmung im Sommer 1793 fand diese eine breite Zustimmung.

Q2: Auszüge aus der Verfassung von 1793:
Art. 1 Der Zweck der Gesellschaft ist die allgemeine Wohlfahrt. Die Regierung ist eingesetzt, um dem Menschen den Gebrauch seiner natürlichen und unverjährbaren Rechte zu verbürgen. Art. 2 Diese Rechte sind Gleichheit, Freiheit, Sicherheit, Eigentum. ... Art. 21 ... Die Gesellschaft übernimmt den Unterhalt der in Not geratenen Bürger, sei es, indem sie ihnen Arbeit gibt oder denjenigen, welche arbeitsunfähig sind, die Mittel für ihr Dasein sichert.

1 Nenne Gründe für die Erstürmung der Tuilerien.

2 Wenn eine bedeutende Persönlichkeit stirbt, wird in den Medien häufig ein Nachruf veröffentlicht. Schreibe einen solchen Nachruf für Ludwig XVI. Entscheide dich vorher, ob du aus der Sicht eines königstreuen oder eines republikanischen Zeitgenossen schreiben möchtest.

3 Die Verfassung von 1793 gilt noch heute als besonders fortschrittlich. Vergleiche sie mit der Verfassung von 1791 von Seite 22.

2 Starthilfe
In einem Nachruf werden wichtige Ereignisse aus dem Leben der verstorbenen Person dargestellt.

Ein König wird angeklagt

M1: *Ludwig XVI. spricht als Angeklagter vor dem Nationalkonvent am 26. Dezember 1792 (Kupferstich von Daniel Vrijdag, 1802).*

Tyrann
Ein Herrscher, dem die Rechtmäßigkeit seiner Herrschaft abgesprochen wird. Heutzutage wird der Begriff meist mit Gewaltherrscher gleichgesetzt.

Ein König als Angeklagter – das gab es zuvor noch nie. Entsprechend heftig verlief die Debatte im Nationalkonvent über den Umgang mit König Ludwig XVI. Insbesondere die Frage der Hinrichtung stand zur Debatte.

Q1: Aus der Rede des Abgeordneten Saint-Just am 13. November 1792:

Ich versuche den Beweis zu erbringen, dass der König verurteilt werden kann ... Jeder bezieht Stellung zum Prozess gegen den König aus seiner Einzelsicht. Die einen scheinen sich davor zu fürchten, später die Last ihres eigenen Mutes zu tragen; die anderen haben sich noch keineswegs von der Monarchie losgesagt ... Wir müssen uns voller Kühnheit unserem Ziel nähern und, wenn wir eine Republik wirklich wollen, mit vollem Ernst auf sie zuschreiten. ... Wir wollen die Republik, die Unabhängigkeit und die Einheit, entzweien uns jedoch und schonen einen Tyrannen! ... Mit welchem Recht beruft er sich, um den Gesetzen gemäß abgeurteilt zu werden ..., wo es doch klar ist, dass er die einzige Verpflichtung, die er uns gegenüber übernommen hat, die Verpflichtung nämlich, uns zu beschützen, verletzt hat? Den Anspruch zu erheben, nach Gesetzen, die er mit Füßen getreten hat, gerichtet zu werden? Das wäre mir aber ein letzter Akt der Tyrannei ...
Alles, was ich gesagt habe, läuft folglich darauf hinaus, dass Ludwig XVI. wie ein auswärtiger Feind gerichtet werden muss. ... Welcher Feind, welcher Ausländer hat uns mehr Schaden zugefügt? Er muss schleunigst gerichtet werden – das ist der Rat der Weisheit und einer gesunden Politik.

1. Nenne die Argumente von Saint-Just für eine Verurteilung von König Ludwig XVI.
2. Verfasse eine Verteidigungsrede als König Ludwig XVI. Berücksichtige dabei die Verfassung von 1791 und die Erklärung der Menschenrechte.

M1: *Aufgeregte Menschenmassen in den Straßen von Paris auf dem Weg zur Hinrichtung von Ludwig XVI. am 21. Januar 1793 (heutige Darstellung)*

Der Druckereilehrling Jean-Jacques beschreibt seine Gedanken:
„Eigentlich müsste ich in der Druckerei stehen. Mein Chef hat mich wieder mit Arbeit eingedeckt, sodass an einen pünktlichen Feierabend nicht zu denken ist. Aber wer kann an einem solchen Tag schon arbeiten? Einen König hinzurichten? Das ist noch nie dagewesen. Tausende Menschen strömen zum Place de la Revolution. Ganz Paris scheint hier versammelt zu sein. Niemand will sich ein solches Ereignis entgehen lassen. Dieser 21. Januar 1793 wird bestimmt in die Geschichte eingehen. Wer weiß? Vielleicht schreiben sie später einmal sogar in Büchern darüber. Der König wird hingerichtet! Ich kann es immer noch nicht fassen. Sicher, er hat an uns, seinem Volk, Verrat geübt. Er hat hinter dem Rücken unserer Nationalversammlung mit ausländischen Fürsten Pläne geschmiedet. Er wollte sich sogar ins Ausland absetzen. Man stelle sich so was mal vor: Ein Herrscher flüchtet vor seinem eigenen Volk! Und dann noch die Geschichten, die man aus Versailles gehört hat, während wir hier in Paris hungern mussten. Dennoch: Einen König hinrichten? Er ist doch immer noch unser aller König. Ich weiß nicht, ob das Recht ist. Verstößt das nicht sogar gegen den Willen Gottes? Und was ist mit unserer eigenen Verfassung? Letzte Woche musste ich erst wieder tausende Exemplare drucken. Der König ist doch Mittelpunkt der Regierung. Wie soll es ohne ihn hier weiter gehen? Ich weiß es nicht. – Doch halt. Was sehe ich? Jetzt beschreitet der König schon die Stufen zum Schafott!“

Schafott
Hinrichtungsstätte

1 a) Fertige eine Tabelle an, in der du die Gedanken von Jean-Jacques, die für und gegen eine Hinrichtung von Ludwig XVI. sprechen, auflistest.
b) Ergänze die Tabelle mit eigenen weiteren Argumenten.

2 Begründe deine eigene Meinung zur Hinrichtung von König Ludwig XVI.

Die Herrschaft der Jakobiner

M1: Ein Bürger vor dem Revolutionsgericht (zeitgenössischer Stich, 1793)

Sansculotten (1793)

Die Verfassung von 1793 trat nie in Kraft. Stattdessen entstand in Frankreich ein System der gegenseitigen Bespitzelung und eine Schreckensherrschaft, während der 40 000 Menschen hingerichtet wurden. Wie konnte ein solcher Terror in einer Republik entstehen, deren erklärtes Ziel doch die Einhaltung der Menschenrechte war?

Die Probleme im Alltag waren durch die Hinrichtung des Königs nicht weniger geworden. Immer noch herrschte Lebensmittelknappheit und die Arbeitslosigkeit nahm zu. Im Konvent stritten die Abgeordneten über den politischen Kurs der neuen Republik. In diesem Streit errangen die radikalen Jakobiner die Mehrheit. Sie wurden unterstützt von den einfachen Bürgern. Äußeres Zeichen dieser Gruppe war ihre Kleidung: Um sich deutlich gegenüber der alten herrschenden Adelsschicht abzugrenzen, trugen sie die langen Hosen der Hafenarbeiter. Sie nannten sich Sansculotten, auf Deutsch „ohne Kniebundhose". Für die Jakobiner galt der Spruch: Wer nicht für uns ist, ist gegen uns. Einer ihrer bedeutendsten Köpfe war Robespierre.

Q1: Maximilien de Robespierre in einer Rede am 5. Februar 1794:

Man könnte sagen, dass Licht und Finsternis ... in dieser großen Epoche der Menschheitsgeschichte darum kämpfen, die Geschicke der Welt unwiderruflich zu entscheiden ... Man muss die inneren und äußeren Feinde der Republik vernichten oder mit ihnen untergehen: Der erste Grundsatz Eurer Politik muss also in der jetzigen Lage sein, das Volk durch den Schrecken zu leiten. Wenn im Frieden die Tugend die treibende Kraft ... ist, so sind es in der Revolution zugleich die Tugend und der Terror.

1 a) Beschreibe M1. Achte besonders auf Kleidung und Körperhaltung.
b) Vermute, welche Position der Zeichner gegenüber dem Revolutionsgericht einnimmt. Begründe deine Meinung.

1793 richteten die Jakobiner zwei Ausschüsse ein, die den gewählten Konvent faktisch ersetzten. Der Wohlfahrtsausschuss war für die Organisation des Militärs und der Polizei sowie für die Versorgung der Bevölkerung und die Einhaltung der Lebensmittelpreise zuständig. Der Sicherheitsausschuss sollte die inneren Feinde der Republik verfolgen lassen. Durch das im Sommer 1793 erlassene „Gesetz gegen die Verdächtigen" hatte der Ausschuss die Möglichkeit, wahllos Menschen verhaften zu lassen. Ein Revolutionsgericht verurteilte die Beschuldigten in den meisten Fällen zum Tod durch die Guillotine. Meist hatten die Angeklagten keine Möglichkeit erhalten, Zeugen oder Verteidiger zu rufen. Ein System der Bespitzelung entstand, in dem jeder jeden verdächtigen konnte, ein Feind der Republik zu sein. So wurden in immer stärkerem Maße auch ehemalige Fürsprecher der Republik hingerichtet oder verhaftet. Im Sommer 1794 wurde schließlich Robespierre selbst vor dem Konvent angeklagt, gegen die Republik gehandelt zu haben. Am 28. Juli 1794 wurde er hingerichtet.

denk|mal

Im Kampf gegen die Terroranschläge des 11.9.2001 auf das World Trade Center richtete die US-Regierung das Camp Delta bei Guantanamo ein. Verdächtige wurden dort ohne eine Anhörung vor einem Zivilgericht inhaftiert und verhört. Entgegen seiner Ankündigung hat der 2009 neu gewählte US-Präsident Barack Obama das Gefangenenlager bislang noch nicht schließen lassen. Offen bleibt die Frage, ob Menschenrechte von einer Regierung außer Kraft gesetzt werden dürfen, um vermeintliche Gefahren für die eigene Bevölkerung abzuwehren.

Maximilien de Robespierre (1758–1794)

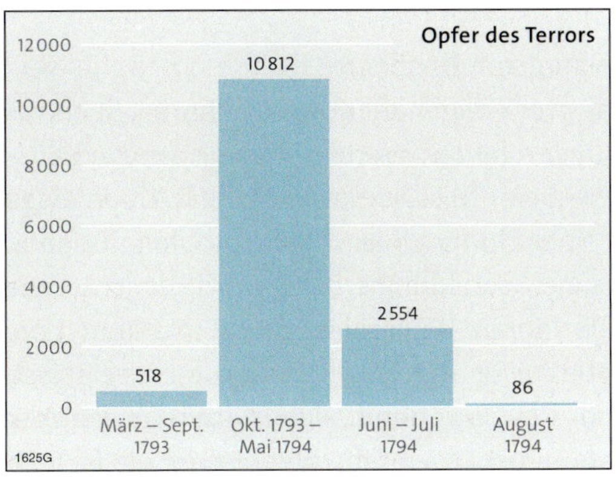

M2: *Nach Urteil der Revolutionsgerichte Hingerichtete*

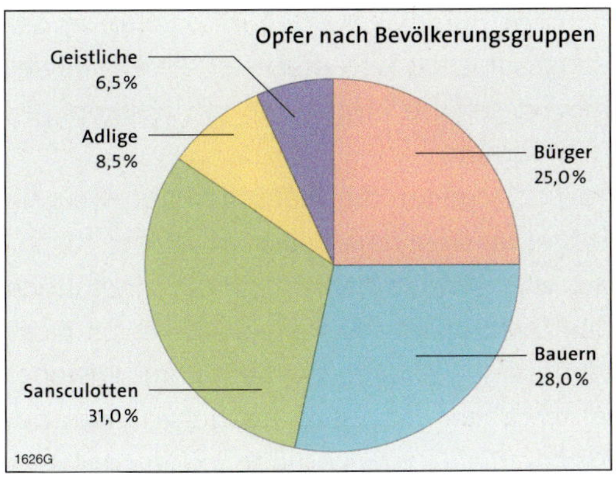

M3: *Prozentuale Anteile der Opfer*

2 Stelle dar, wie Robespierre in Q1 den Einsatz von Terror begründet.

3 a) Werte die Diagramme M2 und M3 aus.
b) Setze deine Erkenntnisse in Beziehung zu den Informationen aus dem Text.

4 Weise im Text nach, inwiefern die Herrschaft der Jakobiner gegen die Erklärung der Menschenrechte beziehungsweise die Verfassung verstieß.

Die Revolution ist beendet

M1: *Napoleon ruft als erster Konsul das Ende der Revolution aus (zeitgenössischer Stich von Champion).*

Das Militär an der Macht

Im Jahr 1795, ein Jahr nach der Hinrichtung von Robespierre, verabschiedeten die gewählten Abgeordneten der Volksvertretung die dritte Verfassung innerhalb von vier Jahren. Darin wurde das Wahlrecht für jeden männlichen Franzosen wieder aufgehoben, reichere Bürger bekamen wie schon in der Verfassung von 1791 mehr Rechte. Die Regierungsgeschäfte führte nun ein fünfköpfiges Direktorium.

Vorerst atmeten die Menschen auf, weil die Schreckensherrschaft der Jakobiner beendet war. Wirtschaftlich konnte aber auch das Direktorium die Lage Frankreichs nicht verbessern. Zudem kam es immer wieder zu Unruhen, vor allem durch Anhänger der Monarchie. Nur das Militär war in der Lage, die öffentliche Ordnung zu sichern. Am 9. November 1799 beendeten einige Generäle schließlich mit einem Staatsstreich die Regierungszeit des Direktoriums. Die Nationalversammlung wurde aufgelöst. Drei Konsule übernahmen die Regierungsgewalt und erklärten die Revolution offiziell für beendet. Einer von ihnen war Napoleon Bonaparte.

Der Aufstieg Napoleons

Napoleon Bonaparte wurde als Sohn verarmter Adliger auf Korsika geboren. Schon in jungen Jahren machte er eine schnelle Karriere beim Militär. Nachdem er mithilfe eines Stipendiums an der Militärschule in Brienne seine Ausbildung erhielt, wurde er schon mit 16 Jahren Artillerieleutnant in Paris. Dort erlebte er mit Begeisterung die Ereignisse der Revolution mit. Mit 27 Jahren bekam er als General den Oberbefehl über die französischen Truppen, die in Italien gegen Österreich kämpften. Dieser Sieg machte ihn in ganz Frankreich bekannt und populär.

1. Beschreibe die Regierungsformen nach dem Ende der Jakobinerherrschaft.
2. Obwohl Napoleon die Revolution beendete, wofür die Menschen jahrelang gekämpft hatten, wurde er bejubelt. Begründe.

M2: *Napoleon Bonaparte krönt sich 1804 selbst zum Kaiser der Franzosen (Gemälde von Jacques-Louis David, 1806).*

Ein neuer Kaiser, ein neuer Staat

Dank seiner Popularität konnte sich Napoleon im Jahr 1802 in einer Volksabstimmung zum Ersten Konsul auf Lebenszeit wählen lassen. Aber auch diese Macht reichte ihm nicht. Am 2. Dezember 1804 fand in der Pariser Kathedrale die feierliche Kaiserkrönung statt. Seine Stellung machte Napoleon allen Anwesenden deutlich: Er nahm dem Papst die Krone aus der Hand und krönte sich selbst zum Kaiser. Auch seiner Ehefrau Josephine setzte er die Krone auf.

Die Revolution war beendet, an Frankreichs Spitze stand wieder ein Monarch. Aber diese Monarchie war neu. 1804 erließ Napoleon ein für alle Franzosen geltendes Gesetzeswerk, den Code Civil. In 2281 Artikeln wurden alle rechtlichen Bereiche geregelt. Die Gleichheit und Freiheit der Bürger wurde garantiert, ebenso wie das private Eigentum. Die Bauern blieben Besitzer des Landes, das sie aus enteigneten Gütern von Adligen erhalten hatten. Die Adligen erhielten ihre Vorrechte zurück, mussten aber weiterhin Steuern zahlen. Neu war auch die Trennung von Kirche und Staat. Nur Bürgermeister durften Eheschließungen vornehmen. Maße und Gewichte wurden vereinheitlicht und galten in ganz Frankreich.
Allerdings gab es keine Gleichberechtigung zwischen Frauen und Männern und die Pressefreiheit wurde abgeschafft. Jeder Artikel unterlag vor der Veröffentlichung einer strengen Zensur. Napoleon berief alle Richter, hohen Beamte und Offiziere selbst. Spitzel und die Polizei überwachten das Volk. Jede mögliche Opposition wurde so unterdrückt.

3 Versetze dich in eine Person aus M2 und schildere deine Gedanken und Gefühle während der Krönungszeremonie.

4 Napoleon krönt sich selbst zum Kaiser (M2). Erkläre die Bedeutung dieser Geste im Beisein des Papstes.

5 Vergleiche die Monarchie Napoleons mit dem absolutistischen Staat von Ludwig XIV.

Ich heiße Claude Nonmot und bin Journalist. Heute habe ich sechs Gäste eingeladen, die ich über ihre Meinung zum Erfolg oder Misserfolg der Revolution interviewen möchte. Vielleicht entsteht ja auch eine lebhafte Diskussion. Mal sehen, was ich dafür tun kann ...

Endlich ist wieder klar geregelt, wer in diesem Staat das Sagen hat. Ich bin François Girondal und Bauunternehmer. Dank Napoleon fließen die Aufträge wieder. Wer viel Steuern zahlt, soll doch auch mehr Rechte haben, oder?

Ich bin Bischof Grandseur. Dass Napoleon sich selbst zum Kaiser krönte, war schon ein starkes Stück. Aber jetzt soll jeder dahergelaufene Dorfbürgermeister die Ehe schließen dürfen. Wo bleibt denn da die Heiligkeit der Kirche?

Wir führen ein Gruppenpuzzle durch

Ist die Französische Revolution gescheitert?

Napoleon hat die Revolution offiziell für beendet erklärt. Aber was ist aus den Idealen und Zielen geworden, für die so viele Menschen gekämpft haben? Ist die Revolution gescheitert?

Auf dieser Seite könnt ihr mit einer besonderen Form des Rollenspiels, dem Gruppenpuzzle, diese Frage miteinander diskutieren.

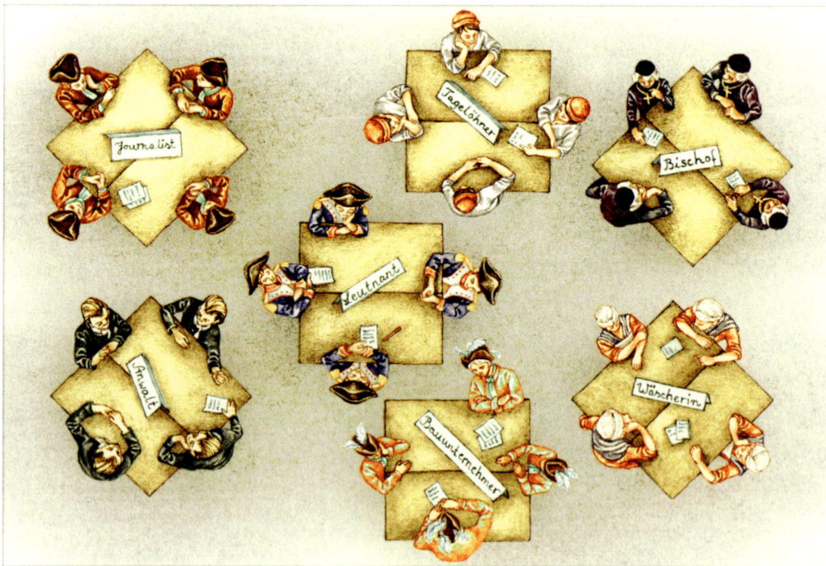

M1: *Sitzplan Phase 1*

1. Phase

Ihr seht auf dieser Seite sieben verschiedene Rollenkarten. In der ersten Phase des Gruppenpuzzles setzt ihr euch mit den Vertretern gleicher Rollenkarten an einem Tisch zusammen (Sitzplan Phase 1). Diese Phase dient dazu, euch mit eurer Rolle auseinanderzusetzen. Lest eure Rollenkarte aufmerksam durch. Versucht nachzuempfinden, wie sich diese Person wohl zur Zeit Napoleons gefühlt haben mag. Entscheidet anschließend gemeinsam, welche Position eure Rolle zu der Frage: „Ist die Revolution gescheitert?“, vertreten würde. Sammelt dann Argumente, die eure Person in einer Diskussion vertreten würde, und schreibt sie auf. An dieser Stelle ist es sinnvoll, noch einmal im Schulbuch zu blättern, um sich die wichtigsten Ereignisse der Revolution wieder ins Gedächtnis zu rufen.

Ich bin Roland Sefour und arbeite, wo es Geld gibt. Wofür haben wir eigentlich gekämpft?, frage ich mich. Jetzt haben wieder die reichen Geldsäcke die Macht. Und wir? Wir müssen aufpassen, was und mit wem wir reden.

Mein Name ist Jean-Jaques de Remy. Ich bin Anwalt. Von Beginn an war ich als gewählter Abgeordneter Mitglied der Nationalversammlung. Ich habe an der Erklärung der Menschenrechte mitgearbeitet. Was ist daraus unter Napoleon geworden?

Ich bin Pierre Marchamps. Vor zwei Monaten habe ich meine Prüfung zum Leutnant bestanden. Ich bin stolz auf unseren Kaiser. In seiner Armee kann jeder Karriere machen. Endlich herrscht wieder Recht und Ordnung.

M2: *Sitzplan Phase 2*

Ich bin die Wäscherin Camille Fleury. Ich war bei dem Zug der Frauen nach Versailles dabei. Wir haben den König nach Paris geholt. Ich habe in den Frauenclubs für unsere Rechte gekämpft. Und was ist jetzt daraus geworden?

2. Phase

Nach ungefähr 15 Minuten wechselt ihr euren Gruppentisch. Nun sitzt von jeder Gruppe einer von euch mit den jeweiligen Vertretern aus den anderen Gruppen zusammen (Sitzplan Phase 2). Jeder von euch spielt jetzt seine Rolle. Nach einer kurzen Vorstellungsrunde ist es in dieser zweiten Phase eure Aufgabe, darüber zu diskutieren, ob die Revolution aus Sicht eurer Figur gescheitert ist. Von nun an redet ihr euch natürlich nur noch mit eurem Rollennamen an. Der Journalist leitet das Gespräch.

Auswertung

Am Ende der Stunde setzt ihr euch wieder auf eure „normalen" Plätze. Ihr seid jetzt wieder ihr selbst. Berichtet einander, wie eure Rollendiskussion gelaufen ist. Wirkten die Rollen echt? Seid ihr zu einem Ergebnis gekommen?

Ein französisches Deutschland und Europa

M1: *Deutschland vor und nach der Neuordnung*

Napoleon verändert Deutschland

Mit der Krönung zum Kaiser der Franzosen hatte Napoleon innenpolitisch seine Ziele erreicht. Außenpolitisch jedoch verfolgte Napoleon eine Idee, wie die Grenzen und Länder in Europa neu gestaltet werden sollten.

Q1: Napoleon erläutert 1811 seine Ziele:
Europa wird nicht zur Ruhe kommen, bevor es nicht unter einem einzigen Oberhaupte steht, unter einem Kaiser, der Könige als seine Beamten hat und der seinen Generälen Königreiche gibt. Wir brauchen ein europäisches Gesetz, einen europäischen Gerichtshof, eine einheitliche Münze, die gleichen Gewichte und Maße ... Aus allen Völkern Europas muss ich ein Volk und aus Paris die Hauptstadt der Welt machen.

Mit dem Vordringen französischer Truppen in deutsche Gebiete begann Napoleon, sein Ziel in die Tat umzusetzen. Im Jahr 1801 verzichteten die deutschen Fürsten offiziell auf die von Napoleon eroberten Gebiete westlich des Rheins. Als Entschädigung erhielten sie enteignete Gebiete von kirchlichen Landesherren.

Außerdem wurden Kleinstaaten und fast alle Reichsstädte größeren Staaten zugeschrieben. Profitieren konnten von dieser Maßnahme vor allem die von Napoleon neu geschaffenen Königreiche Bayern und Württemberg und das Großherzogtum Baden.

Im Jahr 1806 schlossen sich schließlich 16 Fürsten in Süd- und Westdeutschland mit Frankreich zum Rheinbund zusammen. Diese Fürsten erkannten Napoleon als ihren Schutzherrn an und verpflichteten sich, Frankreich militärisch zu unterstützen.

1. Beschreibe die Veränderungen in Deutschland (M1).
2. Vergleiche die Ziele Napoleons mit denen der Europäischen Union heute (Q1). Auf der Homepage der Europäischen Union findest du vielfältige Informationen.
3. a) Benenne fünf Fürstentümer, die sich zum Rheinbund zusammengeschlossen haben.
   b) Vermute, welche Folgen die Gründung des Rheinbundes gehabt haben könnte.

M2: *Am 27. Oktober 1806 überreicht der Stadtrat Napoleon die Schlüssel von Berlin (zeitgenössischer Kupferstich).*

Napoleons Gegner

Gezwungen durch seine geografische Lage zwischen Frankreich und Russland konnte sich Preußen auf Dauer im Kampf um die Vorherrschaft in Europa nicht neutral verhalten. Der preußische König schloss deshalb ein Bündnis mit Russland und forderte Frankreich auf, alle Truppen rechts des Rheins abzuziehen und den Rheinbund aufzulösen. Diese Aufforderung kam einer Kriegserklärung gleich und führte zum Krieg zwischen Preußen und Frankreich. Am 14. Oktober 1806 verloren die preußischen Truppen die entscheidende Schlacht bei Jena und Auerstedt gegen Frankreich. Der preußische König Friedrich Wilhelm III. kapitulierte und floh nach Ostpreußen. Am 27. Oktober 1806 zog Napoleon feierlich in Berlin ein. In Europa gab es für ihn nur noch zwei mächtige Gegner: Russland und England. Nachdem der Versuch, England militärisch auf offener See zu besiegen, gescheitert war, versuchte Napoleon, die Insellage Englands auszunutzen und das Land wirtschaftlich zu isolieren. 1806 verhängte Napoleon eine Kontinentalsperre: Die Einfuhr von und der Handel mit englischen Produkten sollte in ganz Europa verboten werden. Kontrolleure suchten in jedem Hafen nach geschmuggelter Ware.

M3: *Französische Soldaten durchsuchen Händler nach englischen Waren (Radierung von 1810).*

4 Beschreibe, wie Napoleon versuchte, sein Ziel eines vereinigten Europas umzusetzen.

5 Spielt die Szene aus M3 in einem Rollenspiel nach und beschreibt hinterher eure Gedanken und Gefühle.

Ein französischer Musterstaat in Deutschland?

M1: *Das Königreich Westfalen von 1808 mit seinen Verwaltungsbezirken. Diese hatten keine historischen Vorläufer und waren daher nach Flüssen benannt.*

M2: *König Jérôme Bonaparte und Königin Katharina von Westfalen (Gemälde von S. Weygandt, 1810)*

Königreiche für die Brüder

Um seine Macht in besiegten Staaten zu sichern, besetzte Napoleon Herrscherposten mit seinen Brüdern oder versuchte, sich über Eheschließungen seiner Schwestern Einfluss zu sichern. Bestehende Landesgrenzen spielten bei diesen Plänen zur Machtsicherung keine Rolle. Zwar wurde sein älterer Bruder Joseph Bonaparte König von Spanien in den alten Landesgrenzen, für seine Brüder Louis und Jérôme gründete Napoleon aber gänzlich neue Königreiche. Louis Bonaparte wurde König von Holland. Der jüngste Bruder Jérôme wurde Herrscher des Königreichs Westfalen.

Ein napoleonischer Musterstaat ...

Schon einen Tag nach seiner Ankunft setzte Jérôme Bonaparte am 7. Dezember 1807 eine neue Verfassung für das Königreich Westfalen in Kraft. Dies war die erste Verfassung eines deutschen Staates überhaupt. Ebenfalls neu war die Einberufung eines Parlaments. Die Vertreter wurden in den jeweiligen Verwaltungsbezirken als Vertreter des Volkes gewählt. Eine Zugehörigkeit zu den Ständen spielte dabei keine Rolle mehr, wohl aber das Einkommen. Es konnte nur gewählt werden, wer hohe Steuern zahlte.

Daneben ließ Jérôme vor allem auch die Rechtsprechung umfassend reformieren. Die preußische Form der Gutsherrengerichtsbarkeit, in der der adelige Grundherr auch Richter war, wurde aufgelöst. Ebenso schaffte er die Leibeigenschaft der Bauern ab und führte die rechtliche Gleichberechtigung der Juden ein. Wie auch in Frankreich war der Code Civil das bindende Gesetzeswerk.

Wirtschaftlich erlebte das Königreich unter französischer Herrschaft zunächst einen Aufschwung. Mit dem Einzug des neuen Königs wuchs auch der Hofstaat in Kassel, was zu mehr Aufträgen im Handwerk führte. Diese Entwicklung wurde noch unterstützt durch die Einführung der Gewerbefreiheit im Königreich Westfalen.

... oder nur ein besetztes Gebiet zum Auspressen?

Wie alle besetzten Gebiete musste auch das Königreich Westfalen einen erheblichen Teil seiner Einnahmen an Frankreich abführen. Obwohl das neue vereinheitlichte Steuersystem eigentlich Mehreinnahmen brachte, blieben viele Reformen aufgrund der Abgaben wirkungslos. Eine weitere Verpflichtung gegenüber Frankreich traf das Königreich ebenfalls hart: Insgesamt entsandte Westfalen 36 000 Soldaten in die verschiedenen napoleonischen Kriege. Von ihnen kehrten weniger als 2000 lebend zurück.
Wie Napoleon in Frankreich führte auch Jérôme Bonaparte in Westfalen ein System der Bespitzelung und einen polizeilichen Überwachungsstaat ein. Jede Form von Kritik an Regierungsmaßnahmen oder an der französischen Besatzung sollte so im Keim erstickt werden.
Dennoch kam es immer wieder zu Aufständen. Die größte Erhebung führte im Jahr 1809 Freiherr von Dörnberg an. Er war im Mai 1808 von Jérôme zum Oberst der Garde und Kommandeur eines Jägerbataillons ernannt worden. Von Kassel aus traf er im Geheimen Vorbereitungen zu einem Aufstand in Norddeutschland. Die schnellen politischen Veränderungen in Westfalen zwangen ihn jedoch, den Aufstand früher als geplant beginnen zu lassen. Es gelang ihm in Homberg lediglich, mehrere tausend schlecht bewaffnete und im Kampf unerfahrene Bauern zu sammeln. Südlich von Kassel kam es zu einer kurzen Entscheidungsschlacht. Regierungstruppen besiegten die aufständische Armee ohne Schwierigkeiten. Dörnberg selbst konnte fliehen, wurde in Abwesenheit zum Tode verurteilt und hatte in späteren Kriegen gegen Napoleon noch militärische Erfolge.
Nach dem Sieg über Napoleon bei Leipzig bestand das Königreich Westfalen bis zum Jahr 1813. Das Staatsgebiet wurde anschließend unter verschiedenen deutschen Fürsten und Königen aufgeteilt. Der größte Teil fiel an Preußen.

Wilhelm von Dörnberg (Gemälde von Ludwig Emil Grimm, 1790–1863)

M3: *Das Fridericianum in Kassel; Sitz der ersten deutschen Parlaments im Königreich Westfalen (Gemälde von Johann Heinrich Tischbein, 1783)*

1 a) Beschreibe in einer zweispaltigen Tabelle Maßnahmen, die Vor- und Nachteile für die Bevölkerung im Königreich Westfalen brachten.
b) Diskutiert aus Sicht eines hessischen Handwerkers, eines Adeligen, eines französischen und eines deutschen Soldaten über das Leben im Königreich Westfalen.

1 b) Starthilfe
Ihr könnt auch ein Gruppenpuzzle (Seite 34/35) durchführen.

Das Ende Napoleons

Die Unterschriften auf den einzelnen Stufen lauten von links nach rechts:
- *Knabe auf Korsika*
- *Schüler in Brienne*
- *Lieutnant zu Toulon*
- *Bürger General zu Arcola*
- *Erster Konsul der Republik*
- *Kaiser des Großen Reichs*
- *Abschied von Spanien*
- *Heimkehr aus Russland*
- *Flucht aus Deutschland*
- *Sturz in Frankreich*
- *Sic transit gloria mundi (So schnell vergeht der Ruhm der Welt)*

M1: *Bonapartes Stufenjahre (Karikatur von Johann Michael Voltz, 1814)*

Um eine Unterstützung Englands durch Russland zu verhindern, plante Napoleon einen Feldzug gegen Russland. Im Juni 1812 führte er seine über 600 000 Mann starke „Große Armee" gegen Moskau. Doch die russischen Heere wichen einem direkten Kampf aus und zogen sich nach Osten zurück. Als die „Große Armee" endlich Moskau erreichte, stand die Stadt in Flammen und war menschenleer. Schutzlos waren die französischen Soldaten dem strengen russischen Winter ausgeliefert. Schließlich musste Napoleon den Rückzug befehlen. Nun griffen die russischen Truppen die geschwächten Franzosen immer wieder an. Aufgrund von Seuchen, Kälte und Hunger erreichten nur noch 30 000 Soldaten erschöpft und vielfach krank die Heimat.

Nach dieser Niederlage entbrannten auch in Deutschland Aufstände gegen die französische Herrschaft. Im März 1813 erklärte Preußen Frankreich den Krieg. Im Oktober 1813 verlor Napoleon bei Leipzig gegen die verbündeten Armeen aus Preußen, Österreich, Russland und Schweden.

Schließlich musste Napoleon im April 1814 abdanken und wurde auf die Mittelmeerinsel Elba verbannt. Von dort gelang es ihm noch einmal, nach Frankreich zurückzukehren und ein neues Heer aufzustellen. Doch auch dieses wurde im Juni 1815 in der Schlacht von Waterloo (heutiges Belgien) von einem preußisch-englischen Heer besiegt. Napoleon wurde auf die kleine Insel St. Helena im Südatlantik verbannt, wo er 1821 starb.

1. Beschreibe das Leben Napoleons, indem du die Karikatur M1 interpretierst.
2. Namen von Herrschern, die Bedeutendes geleistet haben, werden häufig um den Titel „der Große" ergänzt. Diskutiert, ob diese Bezeichnung für Napoleon berechtigt wäre.

Die Krise des Absolutismus

Wie auch sein Großvater führte Ludwig XVI. den absolutistischen Lebensstil mit einem teuren Hofstaat in Versailles weiter. Die Ausgaben des Staates überstiegen die Einnahmen bei weitem. Frankreich stand kurz vor dem Bankrott. Der dritte Stand verarmte durch die hohen Steuern immer mehr.

Die Revolution

Um neue Steuergelder erheben zu können, berief König Ludwig XVI. im Mai 1789 die Versammlung der Generalstände ein. Im Verlauf dieser Versammlung erklärten sich die Abgeordneten des dritten Standes zur Nationalversammlung. Mit dem Ballhausschwur vereinbarten sie, erst auseinanderzugehen, wenn eine Verfassung ausgearbeitet worden sei. Im August 1789 veröffentlichte die Nationalversammlung die Erklärung der Bürger- und Menschenrechte, durch die alle Bürger die gleichen Rechte erhielten. Als der Vorwurf bekannt wurde, dass Ludwig XVI. sich mit befeindeten Monarchen im Ausland verbünden wollte, wurde er gefangen genommen und im Januar 1793 hingerichtet. Damit wurde Frankreich zur Republik.

Das Ende der Revolution

Zwei Jahre lang führte die radikale Gruppe der Jakobiner ein Regime des Terrors. Die darauf folgende Regierungszeit des Direktoriums wurde duch einen Staatsstreich des Militärs beendet. Die Kaiserkrönung Napoleons im Dezember 1804 beendete die Revolution dann auch offiziell.

Daten & Fakten

1775–1793
Regierungszeit von Ludwig XVI.

5.5.1789
Versammlung der Generalstände

20.6.1789
Ballhausschwur

14.7.1789
Sturm auf die Bastille

26.8.1789
Erklärung der Bürger- und Menschenrechte

2.12.1804
Kaiserkrönung von Napoleon I.

Begriffe

Generalstände
Ballhausschwur
Bastille
Erklärung der Bürger- und Menschenrechte
Republik
Verfassung
Jakobiner
Napoleon

Zum Weiterlesen

Simone van der Vlugt: Sandrine. Eine Liebe in den Zeiten der Revolution, München 2002.
Hans-Ulrich Thamer: Die Französische Revolution, München 2004.
Inge Ott: Freiheit. Sechs Freunde in den Wirren der Französischen Revolution, Stuttgart 1996.

Selbstüberprüfung

1 Eine Karikatur interpretieren

Du kannst ...

a) erkennen und begründen, dass es sich bei dem nebenstehenden Bild um eine Karikatur handelt. ✓

b) die Karikatur interpretieren. ✓✓

c) beurteilen, ob die dargestellte Situation den Tatsachen entspricht. ✓✓✓

Auf den Zetteln in der Karikatur steht unter anderem: „Freiheit und Eintracht“, „Gleichheit und Freiheit“ und „Erleichterungen für die Menschen“.

M1: *„Ich wusste genau, eines Tages würden wir an der Reihe sein.“ (Karikatur von 1789)*

2 Ein falscher Zeitungsbericht

Q1: Sonderbericht zum Tode Ludwig XVI.:

Der König ist tot!

London: Heute, am 21. Februar 1739, wurde der von uns allen hochverehrte französische König Ludwig XVI. ermordet.

Nachdem eine Gruppe adliger Abgeordneter im Nationalkonvent die Todesstrafe für Ludwig XVI. gefordert hatte, wurde der hochverehrte König heute in London durch den Strang hingerichtet. Vorausgegangen war eine heftige Debatte über die mögliche Schuld oder Unschuld des Königs. Vor allem wurde ihm vorgeworfen, mit ausländischen Revolutionären Verbindung aufgenommen zu haben, um auch im Ausland die Revolution voranzutreiben. „Dies ist Hochverrat!“, äußerte sich ein junger Abgeordneter nach der Debatte. Obwohl der König immer wieder seine Unschuld beteuert hatte, stimmte die Nationalversammlung am 17. Januar mit großer Mehrheit für die Todesstrafe. Heute nun wurde diese vollstreckt. Tausende hatten sich versammelt, um diesem schrecklichen Schauspiel beizuwohnen. Aufrecht, mit erhobenem Haupt, bestieg der König die Hinrichtungsstätte. Ein letztes Mal wandte er sich an sein Volk. „Lang lebe die Revolution!“, waren seine letzten Worte.

Mit dem Tode dieses Königs wurde Frankreich endgültig zur Monarchie.

Du kannst ...

a) die zehn Fehler in dem Zeitungsartikel finden. ✓

b) die Fehler so verbessern, dass der Artikel richtig erscheint. ✓✓

c) erläutern, warum mit dem Tod des Königs eine Staatsform endete und eine neue entstand. ✓✓✓

3 Eine merkwürdige Verfassung

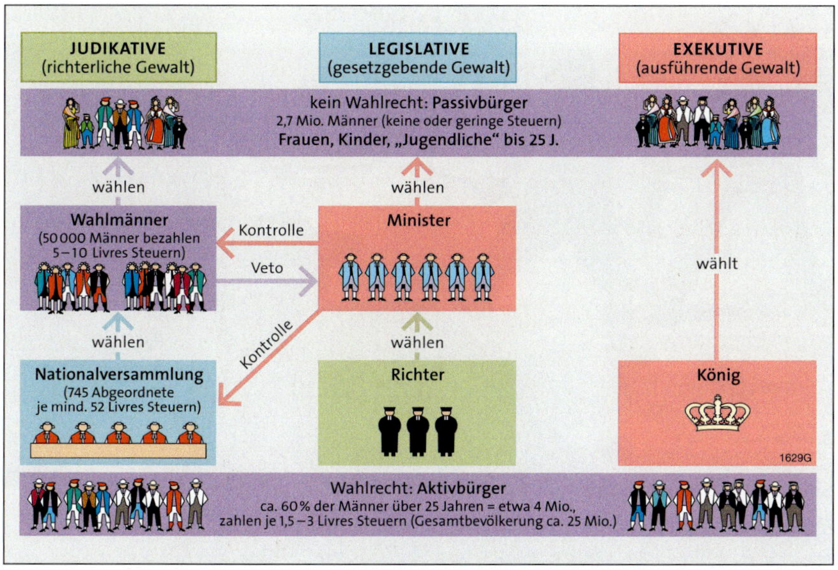

M2: *Die Verfassung von ...*

Du kannst ...

a) erkennen, um welche Verfassung es sich bei dem Schema eigentlich handelt, und die Fehler benennen. ✓

b) das Verfassungsschema durch eine neue Zeichnung richtigstellen. ✓✓

c) das berichtigte Verfassungsschema begründet zeitlich einordnen und erläutern. ✓✓✓

4 Napoleon Bonaparte

M3: *Napoleon Bonaparte (Gemälde von Antoine-Jean Gros, 1796)*

Du kannst ...

a) drei wichtige Stationen im Leben von Napoleon benennen. ✓

b) das Ereignis vom 2. Dezember 1804 und dessen Besonderheit beschreiben. ✓✓

c) Stellung nehmen zu der Frage, ob die Französische Revolution mit Napoleon gescheitert war. ✓✓✓

5 Ein Sturm bricht los

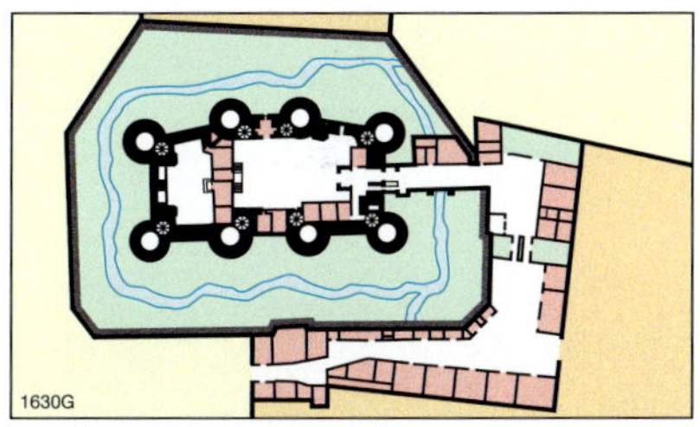

M4: *Eine Gebäudeskizze*

Du kannst ...

a) erkennen, um welches Gebäude es sich hier handelt. ✓

b) die Ereignisse schildern, die sich zur Zeit der Französischen Revolution dort ereignet haben. ✓✓

c) begründen, warum diese Ereignisse so bedeutsam waren, dass sie heute immer noch als Nationalfeiertag in Frankreich gefeiert werden. ✓✓✓

Die Industrielle Revolution

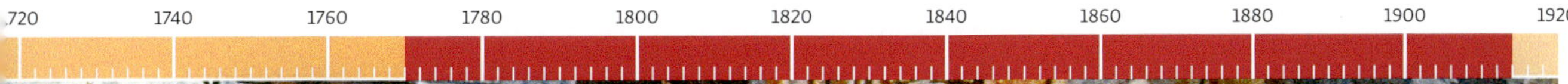

Ende des 18. Jahrhunderts und verstärkt im 19. Jahrhundert gab es tiefgreifende technische und wirtschaftliche Veränderungen in Europa. Wurden bislang Güter vorwiegend in Handarbeit erzeugt, kam es nun zu maschinellen Produktionen. Es entstanden Fabriken, in denen viele Menschen Arbeit fanden. Da diese Zeit von einer enormen Entwicklung in Technologie, Produktivität und Wissenschaft geprägt ist, spricht man von der Industriellen Revolution. Für viele Menschen ist dieser Zeitabschnitt aber auch verbunden mit Kinderarbeit, Armut und schlechten Lebensverhältnissen.

Anstieg der Bevölkerung

Typhus, Cholera und Pocken
Krankheiten, die häufig tödlich verliefen. Cholera und Typhus werden vor allem durch verunreinigtes Wasser übertragen. Alle drei Krankheiten gelten heute als ausgestorben.

Seit der Mitte des 18. Jahrhunderts nahm die Bevölkerung in Europa stark zu. Ein wichtiger Grund hierfür lag in dem Ende der tödlichen Pestwellen. Ein weiterer entscheidender Faktor war eine allgemein verbesserte Ernährung. In den Jahren zwischen 1740 bis 1770 kam es häufiger zu guten Ernten, sodass die Menschen trotz der Bevölkerungszunahme besser ernährt werden konnten.
Zu Beginn des 19. Jahrhunderts wurden in Deutschland die Heiratsbeschränkungen für Mägde und Knechte auf dem Land und für Gesellen und Lehrlinge in den Städten aufgehoben. Das bedeutete, dass sie jetzt Familien gründen konnten. Dadurch stiegen die Geburtenraten der ärmeren Schichten an.
Andere Gründe lagen im Anstieg der Lebenserwartung. Die Menschen erkannten, dass zwischen Hygiene und Gesundheit Zusammenhänge bestehen. So wurde die Wasserversorgung und die Abwasserentsorgung verbessert. Dadurch gingen Seuchen wie Typhus oder Cholera zurück.
Auch in der Medizin wurden große Fortschritte gemacht. So fanden Forscher z. B. ein vorbeugendes Impfmittel gegen die gefährliche Infektionskrankheit Pocken, an der bis dahin bis zu 10 % der Kinder starben.

	Bevölkerung (in Mill.)	Wachstum (in %)
1780	21	
1800	23	9,5
1825	28	21,7
1850	35	25,0
1875	43	22,9
1900	56	30,2

M1: *Bevölkerungsentwicklung in Deutschland*

M2: *Die Pockenschutzimpfung (Gemälde von 1894)*

1 Nenne Gründe für die Bevölkerungszunahme seit Mitte des 18. Jahrhunderts.
2 a) Beschreibe die in M2 dargestellte Szene.
b) Erkläre, warum die Mütter in M2 ihre Kinder impfen lassen.
3 Zeichne zu M1 ein Säulendiagramm und werte es aus.

Publicandum

betreffend die,

durch das sub dato Memel den 9. October 1807,

ergangene Edikt,

erfolgte

Auflösung der persönlichen

Erbunterthänigkeit

in der

Provinz Schlesien und in der Grafschaft Glatz.

De Dato Königsberg den 8ten April 1809.

M3: *Aufhebung der Erbuntertänigkeit – Edikt (Erlass) vom 9. Oktober 1807 in Preußen*

Politische Veränderungen

In der zweiten Hälfte des 18. Jahrhunderts lebten in Deutschland etwa 90 % der Bevölkerung auf dem Land und 10 % in den Städten. Die Menschen waren meist in der Landwirtschaft beschäftigt. Nur etwa 20 % arbeiteten z. B. im Handwerk, im Handel, im Militär oder in Stadtverwaltungen.
Viele der Bauern waren noch immer an einen Grundherrn gebunden. Die preußischen Reformer Heinrich Freiherr von Stein und August Freiherr von Hardenberg bereiteten 1807 mit ihrem Erlass zur Bauerbefreiung die Aufhebung der Feudalherrschaft vor.

Q1: Auszug aus dem Erlass zur Aufhebung der Erbuntertänigkeit:
Jeder Einwohner ... ist, ohne Einschränkung ... zum eigentümlichen und Pfandbesitz unbeweglicher Grundstücke aller Art berechtigt, der Edelmann also zum Besitz nicht bloß adliger, sondern auch unadliger, bürgerlicher und bäuerlicher Güter aller Art, und der Bürger zum Besitz nicht bloß bürgerlicher, bäuerlicher und anderer unadliger, sondern auch adliger Grundstücke, ohne dass der eine oder andere zu irgendeinem Gütererwerb einer besonderen Erlaubnis bedarf ...

Durch diese Gesellschaftsreform wollte der Staat Anreize zur Gründung neuer landwirtschaftlicher Betriebe schaffen. Dies sollte die Wirtschaftskraft der Landwirtschaft stärken und so die Steuereinnahmen des Staates erhöhen. Da sich aber viele Bauern den Besitz oder die Pacht der Ländereien nicht leisten konnten, gaben sie ihre Höfe auf. Sie wanderten aus ihren Dörfern ab, um sich anderswo als Landarbeiter zu verdingen. Zudem zogen sie in Städte, um dort ihren Unterhalt als ungelernte Arbeiter zu bestreiten.

1810 wurde in Preußen die Gewerbefreiheit eingeführt. Dadurch konnte jeder ein Gewerbe ausüben und über Größe des Betriebes, eingesetzte Technik und Preise selbst entscheiden. Die Zünfte und ihre Vorschriften wurden aufgehoben. Es bildeten sich viele neue Handwerksbetriebe, aber bald musste ein Großteil von ihnen wieder schließen, weil der Konkurrenzdruck zu groß war.

Heinrich Friedrich Karl Reichsfreiherr vom und zum Stein (1757–1831)

Karl August Freiherr von Hardenberg (1750–1822)

Erbuntertänigkeit
Bezeichnet eine Form von Abhängigkeit von einem Grundherrn. Merkmale sind z. B. Arbeitspflicht und Frondienst. Demgegenüber besteht hoher Schutz bei Krankheit und Alter.

4 Beschreibe die Verteilung der Bevölkerung in Deutschland in der zweiten Hälfte des 18. Jahrhunderts.

5 a) Erkläre den Begriff Erbuntertänigkeit (M3, Q1).
b) Erläutere die Bedeutung der Auflösung der Erbuntertänigkeit.

6 Stelle die Neuerungen durch die Einführung der Gewerbefreiheit dar.

7 Vergleiche die Ziele und Ergebnisse der Reformen.

Neue Technologien in der Landwirtschaft

M1: *Eine Mähmaschine (Stich, 1840)*

Technische Neuerungen

Zu Beginn des 19. Jahrhunderts war die Landwirtschaft nicht in der Lage, die sprunghaft angestiegene Bevölkerung sicher zu versorgen. Wiederholt kam es zu Hungersnöten.
Doch die Nahrungssituation verbesserte sich. Neue landwirtschaftliche Geräte und Maschinen wurden erfunden und vorhandene weiterentwickelt. Dadurch gelang es den Landwirten im Laufe der Zeit, die Ernteerträge zu steigern. Durch die Fortschritte in der Landwirtschaft konnte nun eine größere Zahl von Menschen mit Nahrungsmitteln versorgt werden.

Q1: Auszug aus einem Buch von 1862 über die Entwicklung der Landwirtschaft:
In neuerer Zeit hat man ... eine Menge zweckmäßiger Werkzeuge erdacht, mittels deren man den Boden gründlicher zu lockern und zu reinigen vermag, als es durch den Pflug und die Egge möglich ist. ... Es ist hier nicht der Ort, den Nutzen der Maschinen für den Volkswohlstand im Allgemeinen zu entwickeln, wir wollen nur darauf hinweisen, dass alle Vorteile derselben, als Arbeitsersparnis, Kraftentfaltung, Gleichförmigkeit der Arbeit, Schnelligkeit, bessere und billigere Produktion auch in ihrer Anwendung auf die Landwirtschaft sich bewährt haben. Allerdings beschränkt sich die Einführung landwirtschaftlicher Maschinen, schon der nicht unbeträchtlichen Kosten wegen, zurzeit noch auf die größeren Güter, allein in einzelnen Fällen hat man den empfehlenswerten Ausweg getroffen, dass eine ganze Gemeinde ... sich zur gemeinschaftlichen Anschaffung einzelner Maschinen vereinigt hat. ... Durch den Gebrauch besserer Pflüge kann ein Drittel der Zugkraft entbehrt, durch die Sämaschinen ein Drittel des Samens, durch die Dreschmaschinen ein Drittel der Dreschkosten, durch zweckmäßige Futterschneider die Wirksamkeit des Futters bedeutend erhöht werden.

1 Beschreibe die Mähtechnik in M1.

2 a) Nenne Gründe, die zu einer Verbesserung der landwirtschaftlichen Erträge führten.
b) Begründe, warum technische Neuerungen in der Landwirtschaft zu einer besseren Versorgung mit Nahrungsmitteln für die Menschen führten.

M2: *Im Labor von Justus Liebig (1842)*

Dünger in der Landwirtschaft

Trotz technischer Neuerungen kam die Landwirtschaft an ihre Grenzen. Sie konnte die weiter zunehmende Bevölkerung nicht genügend versorgen. Obwohl die Bauern jede brauchbare Ackerfläche ausnutzten und die Viehwirtschaft erheblich verbessert wurde, gelang es nicht, alle Menschen so zu versorgen, dass sie nicht hungern mussten.
Schon seit dem Mittelalter wussten die Bauern, dass sie die Felder nicht nur mit einer Frucht bestellen durften, denn das führt dazu, dass der Boden nährstoffarm wird. Um genug Nährstoffe im Boden zu haben, wechselten die Bauern jährlich die Fruchtfolgen zwischen Halmfrüchten (Getreide) und Blattfrüchten (Kartoffeln, Rüben u. a.). Das führte zu besseren Ernteerträgen. Doch selbst dies reichte nicht für eine sichere Versorgung der steigenden Bevölkerung.

Der Chemiker Justus Liebig, der selbst eine Hungersnot erlebt hatte, widmete sich in seiner Forschung der Förderung der Landwirtschaft. Seine Erkenntnisse führten dazu, dass man den Boden nicht nur mit Stallmist, sondern auch mit künstlich hergestelltem Dünger düngen kann. Dieser sogenannte Phosphatdünger enthielt Mineralien als Nährstoffe für die Pflanzen und verbesserte die Ernte erheblich. Noch heute ist Phosphatdünger weltweit die meist verwendete Düngerart.

Q2: Liebigs Gesetz vom Ersatz:
Nach dem „Gesetz des Ersatzes" sind konstante Ernteerträge bei ständiger Nutzung eines Feldes nur dann zu erzielen, wenn dem Boden die von den Pflanzen entzogenen mineralischen Elemente durch Düngemittel wieder zugeführt werden. Geschieht dies nicht, so betreibt der Landwirt Raubbau.

Phosphatdünger
Phosphate sind Salze, die man aus Mineralien gewinnt. Zusammen mit weiteren Elementen wie Stickstoff und Kalium ergibt sich ein Stoffgemisch, das den Nährstoffbedarf von Pflanzen deckt. Dies führt zu einem besseren und schnelleren Wachstum von Pflanzen.

Mineralien
Stoffe wie z. B. Kalk oder Salze, die in der Erdkruste vorkommen

3 a) Erkläre den Wechsel der Fruchtfolgen.
b) Begründe, warum dies eine Steigerung der landwirtschaftlichen Produktion bedeutet.

4 Erkläre das Gesetz Liebigs vom Ersatz (Q2).

5 Erörtere, was Liebigs Erkenntnisse für die Nahrungsmittelproduktion bedeuteten.

6 Fertige ein Plakat zum Thema „Dünger für die Landwirtschaft" an.

M1: *In der Spinnstube (Kupferstich, 18. Jh.)*

M2: *Die Spinnmaschine „Waterframe" (Holzstich, 1769)*

Die Textilindustrie

Ein Wasserrad wird durch die Strömung des Wassers angetrieben. Die Drehbewegung des Rades wird über Achsen und Zahnräder umgelenkt und dazu genutzt, Maschinen, Mühlsteine, Hämmer, Sägen und Ähnliches in Bewegung zu setzen.

Aufgrund des Bevölkerungswachtums reichten seit Mitte des 18. Jahrhunderts die Stoffe für Kleidung und Wäsche nicht mehr aus. Es gab zwar ausreichend Rohmaterialien wie Leinen, Flachs, Wolle oder Baumwolle aus den englischen Kolonien, trotzdem fehlte es am Produkt Stoff. Dies lag daran, dass die Herstellung von Stoffen in zwei Prozessen erfolgte: Zuerst mussten die Rohfasern zu einem Garn versponnen werden. In einem zweiten Arbeitsgang wurde aus dem Garn ein Stoff gewoben.

Zum Spinnen benutzte man zu dieser Zeit noch immer das um 1000 n. Chr. erfundene Spinnrad. Um die Textilfertigung zu steigern, sollten neue Produktionsformen entwickelt werden. Mit Prämien für Neuerungen wollte man den Erfindergeist anregen.

1764 gelang es dem Engländer James Hargreaves, eine brauchbare Spinnmaschine zu bauen. Mit dieser nach seiner Tochter benannten „Spinning Jenny" konnte auf acht und später auf 16 Spindeln Garn aufgewickelt werden. Fünf Jahre später wurde von Richard Arkwright eine Spinnmaschine, der sogenannte „Waterframe", entwickelt, der von einem Wasserrad angetrieben wurde.

Durch den Einsatz von Wasserrädern, die die Maschinen antrieben, konnte die Textilproduktion erheblich gesteigert werden. Allerdings hatten die Wasserräder gegenüber der bislang eingesetzten menschlichen Arbeitskraft auch Nachteile. Kam es in heißen Sommern zu Wassermangel oder fror im Winter das Wasser ein, konnten die Maschinen nicht betrieben werden. Deswegen wurde nach weiteren Antriebsarten gesucht.

Die Spinnmaschinen konnten in den folgenden Jahren durch technische Erfindungen ständig verbessert werden, sodass sie immer mehr Garn produzierten. Um 1812 konnte ein Arbeiter an einer Spinnmaschine so viel Garn erzeugen wie 200 Spinnerinnen in Handarbeit.

4 Starthilfe
„Ein Nachteil war, dass viele von den Arbeitern ..."

1 Nenne Gründe, warum es zu Engpässen bei der Herstellung von Stoffen kam.
2 Erkläre die Unterschiede zwischen der Handspinnerei und der maschinellen Spinnerei (M1, M2).
3 Entwirf eine Zeitungsanzeige, in der du zur Entwicklung einer Spinnmaschine aufrufst.
4 Beurteile Vor- und Nachteile der „Spinning Jenny".

Mechanische Webstühle

Die großen Garnmengen konnten bald von den Webern nicht mehr bewältigt werden. Deshalb dachten Erfinder und Tüftler nun darüber nach, wie man die bisherigen Webstühle verbessern konnte, um die Stoffherstellung effektiver zu machen.

Edmund Cartwright entwickelte in den 1780er-Jahren mechanische Webstühle mit verschiedenen Antrieben wie Muskel- oder Wasserkraft. 1792 verbesserte er die Mechanik des Webvorgangs selbst, sodass sein Webstuhl zur Produktion von größeren Stoffmengen eingesetzt werden konnte. Schon um 1820 gab es in England 14 000 mechanische Webstühle, die immer weiterentwickelt wurden. Ihre Zahl stieg bis 1834 auf etwa 100 000 an.

Bis zum Jahr 1820 kamen nahezu alle Spinn- und Webmaschinen aus England. Später wurden sie im Ausland, so auch in Deutschland, nachgebaut.

Mit dem Kauf von Spinn- und Webmaschinen entwickelten sich erste große Fabrikanlagen. Sie wurden in den meisten Fällen als mehrstöckige Hoch- und Nutzbauten mit sehr großen Maschinensälen errichtet. Die Arbeit an den Maschinen war durch den Rhythmus der Maschinengeschwindigkeit bestimmt. Die daran arbeitenden Menschen bedienten die Maschinen, ölten Lager oder beseitigten Störungen.

Diese Entwicklung führte zur einer erhöhten Produktion von Stoffen. Ein Arbeiter konnte mithilfe der Webmaschine die 15-fache Arbeit eines Handwebers erledigen. Die maschinengewebten Stoffe waren dadurch billiger als die handgewebten Stoffe. Viele Handweber mussten deshalb ihre Betriebe aufgeben, denn sie konnten der billigen industriellen Konkurrenz nicht standhalten.

M3: *Mechanischer Webstuhl im englischen Lancaster (1835)*

5 Berichte über die Entwicklung in der Textilindustrie.

6 Beschreibe die Produktion in der Webfabrik in M3.

7 a) Stelle Vor- und Nachteile der Entwicklung in der Weberei gegenüber.
b) Diskutiert darüber, ob Vor- oder Nachteile dieser Entwicklung überwiegen.

Die Dampfmaschine – mit Volldampf voraus

M1: *Dampfmaschine im Kohlebergwerk (Gemälde, 1850)*

James Watt (1736–1819)

Dampfmaschine nach James Watt – von 1788–1858 im Einsatz

Eine bahnbrechende Erfindung

Die Entwicklung von Maschinen weitete sich auf viele Bereiche aus. Schon bald reichten Muskel-, Wasser- und Windkraft nicht mehr als Antriebsformen für die neuen Arbeitsmaschinen aus. Unter anderem brauchte man im Bergbau neue technische Geräte. Um mehr Rohstoffe abbauen zu können, musste man in immer größere Tiefen vordringen. Das in dieser Tiefe einströmende Grundwasser konnte aber nur durch leistungsstarke Pumpen entfernt werden.

Mit der Erfindung der Dampfmaschine konnten diese Probleme gelöst werden. Der Brite James Watt entwickelte 1769 eine Dampfmaschine, die in vielen Bereichen, aber vor allem in der Industrie, eingesetzt wurde. In Watts Dampfmaschine wurde in einem geschlossenen Kessel Wasser zu Dampf erhitzt. Der Dampf wurde durch ein Rohr zu einem Zylinder geleitet, in dem durch den hohen Dampfdruck ein Kolben auf- und abbewegt wurde. Der Kolben war durch eine Kolbenstange mit einem Hebemechanismus verbunden. Dieser Hebemechanismus hatte die Aufgabe, die Auf- und Abbewegung des Kolbens in die Drehbewegung eines Rades umzusetzen. Mit dem Rad ließen sich nun über einen Riemenantrieb verschiedenartige Maschinen antreiben.

Die Dampfmaschinen waren in der Lage, leistungsstarke Pumpen zu betreiben. Nun konnte man Bodenschätze in größeren Tiefen abbauen. Die Menschen sagten dazu: mit Feuer Wasser heben.

Auch in den großen Webereien wurde bald nicht mehr Wasserkraft zum Antreiben der mechanischen Webstühle genutzt, sondern die zuverlässigeren Dampfmaschinen.

3 Starthilfe

Denke bei Feuer an die Dampfmaschine, bei Wasser an Grundwasser.

1 Beschreibe die Funktionsweise der Dampfmaschine mit eigenen Worten.

2 Berichte, in welchen Bereichen die Dampfmaschine eingesetzt werden kann.

3 Erläutere die Redewendung „Mit Feuer Wasser heben."

4 Vergleiche die bisherigen Antriebsarten mit dem Dampfantrieb.

M2: *Zwei Dampfmaschinen ziehen einen Pflug über den Acker (Druck, um 1890).*

Neue Technik in Deutschland

Seit dem Jahr 1770 entwickelte sich in den deutschen Staaten das Manufakturwesen. Diese Betriebsform ermöglichte im 18. Jahrhundert eine deutliche Steigerung bei der Herstellung von Fertigprodukten. Der steigende Bedarf an Gütern konnte mit dieser Produktionsform nicht ausreichend gedeckt werden. Um konkurrenzfähig zu bleiben, vergrößerten sich viele Manufakturen. Darüber hinaus zwang die Konkurrenz die Betriebe dazu, neue und vor allem effektivere Techniken einzusetzen.
In Deutschland stieg im 19. Jahrhundert besonders die Produktion in der Landwirtschaft stark an. Im Gegensatz zu England blieb jedoch die Entwicklung der gewerblichen Industrie anfangs noch deutlich zurück.

Q1: Ein Fürst schreibt 1826 an seine Frau:
[Wir] müssen in der Zeit tausendundeine Nacht leben, da ich heute ein Wesen gesehen habe, was alle Fantasiegebilde ... zu überbieten scheint. Höre, was das erwähnte Ungetüm alles leistet. Als Erstes ... frisst es nichts als Holz und Kohle ... Es wird nie müde und schläft nie. Es ist keinen Krankheiten unterworfen ... Es ist hier eine Wasserpumpe, dort ein Bergmann, hier ein Schiffer, dort Baumwollspinner ...

Q2: Aus der Kölnischen Zeitung:
Eine Maschine macht oft die Arbeit von Tausenden Menschen entbehrlich und bringt den Gewinn, den sonst alle diese Arbeiter teilen, in die Hände eines Einzigen. Mit jeder Vervollkommnung einer Maschine werden neue Familien brotlos ...

Manufaktur
Eine Manufaktur ist ein Großbetrieb, in dem die Herstellung von einem Produkt in mehrere Arbeitsschritte zerlegt wird. Die Arbeit bleibt vorwiegend handwerklich, Maschinen werden nicht eingesetzt.

gewerblich
Als gewerbliche Industrie wird der Teil einer wirtschaftlichen Produktion bezeichnet, der sich mit der Weiterverarbeitung von Rohstoffen beschäftigt.

5 Erkläre mithilfe der Bilder M1 von Seite 48 und M2 auf dieser Seite die Entwicklung in der Landwirtschaft.

6 a) Gib die Standpunkte des Fürsten aus Q1 und des Redakteurs aus Q2 zum Einsatz von Maschinen wieder.
b) Beurteile ihre Haltung.

5 Starthilfe
Beachte die Antriebsarten.

Die Industrialisierung in Deutschland

M1: *Fabrik zur Herstellung von Dampfmaschinen von Friedrich Harkort auf Burg Wetter an der Ruhr (um 1834)*

Anfängliche Hindernisse

Im Gegensatz zu England kam die Industrialisierung auf deutschem Gebiet in der ersten Hälfte des 19. Jahrhunderts nur langsam voran. Die Ursachen hierfür waren sehr unterschiedlich. So bestand Deutschland um 1800 aus ungefähr 300 selbstständigen Teilstaaten. Diese hatten häufig unterschiedliche Münz-, Maß- und Gewichtssysteme, was den Handel untereinander schwierig machte. Aber auch die Herrscher der Teilstaaten hatten verschiedene wirtschaftspolitische Vorstellungen. Viele von ihnen waren Anhänger des Merkantilismus: Durch Schutzzölle, Ausfuhrverbote oder Handelsmonopole wollten sie die Wirtschaftskraft des eigenen Landes sowie die Händler und Handwerker schützen. Diese Wirtschaftspolitik führte jedoch dazu, dass nur Produkte für eine kleine Region hergestellt wurden. Die Produktion für einen überregionalen Markt war nicht interessant. Deshalb entwickelten sich keine größeren Betriebe, die mehr, schneller und billiger hätten produzieren können.

Als erschwerend für eine erfolgreiche Industrialisierung stellte sich auch das schlecht ausgebaute Verkehrswesen heraus. Dieses war in England erheblich besser. Zusätzlich kam die geringere Mobilität der deutschen Landbevölkerung hinzu. Einerseits hatte sie durch die Bauernbefreiung das Recht, dorthin zu gehen, wohin sie wollte. Andererseits existierten oft noch rechtliche Bindungen wie z. B. das Abarbeiten der Pacht, sodass viele Bauern nicht in die Städte ziehen konnten.

1 a) Beschreibe die Fabrik von Friedrich Harkort (M1).
b) Nenne mögliche Gründe für die Standortwahl.

2 Liste auf, wodurch die Entwicklung der Industrialisierung in Deutschland gehemmt wurde.

Der Zollverein

Mit der Neuordnung Deutschlands auf dem Wiener Kongress 1815 wurde die Anzahl der deutschen Staaten auf 38 reduziert. Trotzdem blieben zahlreiche Zollgrenzen, die den Handel hemmten.

Q1: Der Volkswirtschaftler Friedrich List äußert um 1830 seine Gedanken zu den Zollgrenzen:

Hier muss ein ganzer Strich Landes seinen Bedarf an Eisen oder Salz von einem entfernten Ort beziehen, weil das benachbarte Salz- und Eisenwerk einem anderen deutschen Staat angehört, also die Einfuhr mit hohen Zöllen belegt ist. Diese ganzen Transportkosten sind völlig verloren und lasten auf der Produktion ... Wie müsste die deutsche Industrie sich heben (steigern), stünde jedem Fabrikunternehmen die Konkurrenz unter dreißig Millionen offen. ...

Welches Leben würde der Handel gewinnen, wenn die Landstraßen von der Ost- und Nordsee bis ans Adriatische Meer, von der Weichsel bis an den Rhein offenstünden.

1834 kam es zur Gründung des Deutschen Zollvereins, in dem sich fast alle großen deutschen Staaten zusammenschlossen. Es wurden alle Zölle innerhalb des Gebietes abgeschafft und nach außen gab es einen einheitlichen Zoll. Darüber hinaus wurden die Gebühren für die Benutzung von Straßen und Flüssen aufgehoben.

Durch diesen Zollverein entstand ein großer, weitgehend einheitlicher Markt. Der Transport, Einkauf und Absatz von Rohstoffen und Gütern wurden so innerhalb des Deutschen Zollvereins erheblich erleichtert.

Wiener Kongress
Auf diesem Kongress trafen sich die Vertreter der Staaten Europas. Nach dem Sieg über Napoleon berieten sie über eine politische Neuordnung Europas und legten die europäischen Staatsgrenzen fest.

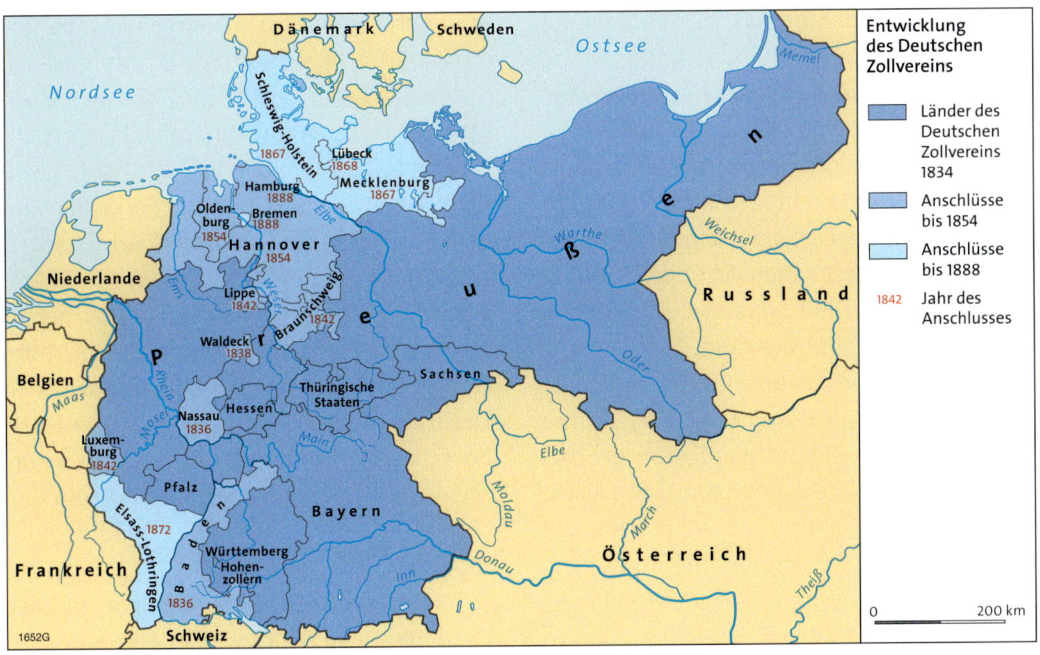

M2: *Entwicklung des Deutschen Zollvereins seit 1834*

3 a) Gib die Gedanken von Friedrich List mit eigenen Worten wieder (Q1).
b) Erkläre, was durch den Deutschen Zollverein erreicht wurde.

4 Der Deutsche Zollverein brachte nicht nur Vorteile. Stelle Vermutungen an.

4 Starthilfe
Durch den Wegfall der Zölle nahmen die ...

Der Siegeszug der Eisenbahn

M1: *Eröffnung der ersten deutschen Eisenbahn auf der Strecke Nürnberg-Fürth am 7. Dezember 1835*

In den Vierzigerjahren des 19. Jahrhunderts erfolgte ein sprunghafter Übergang von der bislang traditionellen zur modernen Verkehrswirtschaft. Das bedeutete einen stark einsetzenden Straßenbau, der nun auch kleinere Orte miteinander verband. Darüber hinaus wurden durch die Eisenbahn weitere Verbindungen geschaffen. Mit der Gründung des Zollvereins 1834 begann der Siegeszug der Eisenbahn in Deutschland.

Die ersten Lokomotiven mussten noch aus England eingeführt werden, doch schon bald wurden in Deutschland eigene Lokomotiven produziert. Durch staatliche Mittel wurde das Eisenbahnnetz ausgebaut und auch Fernverbindungen geschaffen wie z. B. im Jahr 1847 zwischen Köln und Berlin. Die Eisenbahn ermöglichte einen pünktlichen, schnellen und sicheren, meistens vom Wetter unabhängigen Transport von Massengütern in entfernte Gebiete.

Q1: Der Unternehmer Friedrich Harkort schreibt um 1840 über die Eisenbahn:
Durch die rasche und billige Fortschaffung der Güter wird der Wohlstand eines Landes bedeutend vergrößert. Größere Vorteile als die bisherigen Verkehrsmittel scheinen Eisenbahnen zu bieten. Eine Maschine mit acht Pferdekraft würde innerhalb von 10 Stunden 1000 Zentner Kohle von Duisburg nach Arnheim schaffen ... Die Ruhrzechen erhielten durch eine Eisenbahn den unschätzbaren Vorteil eines raschen und regelmäßigen Absatzes ... Möge auch im Vaterland bald die Zeit kommen, wo der Triumphwagen des Gewerbefleißes mit rauschenden Kolossen bespannt ist.

1 Starthilfe
Achte dabei auf die Gesichter, den Bahnhof und anderes.

1 Beschreibe die Szene in M1.
2 Erkläre die Bedeutung der Eisenbahn für das Reisen und für den Handel.
3 Entwirf ein historisches Werbeplakat für die Eisenbahn.

M2: *Deutsche Eisenbahner vor einer Dampflokomotive (Foto, um 1875)*

Die Lokomotive war eine englische Erfindung von George Stephenson. Doch ziemlich schnell bestimmten deutsche Ingenieure das Eisenbahnwesen. Ein wesentlicher Grund war die Eisenbahnförderung durch den Staat. Dadurch wurde der Ausbau des Schienennetzes besonders vorangetrieben. Für die industrielle Entwicklung in Deutschland war dies von entscheidender Bedeutung. Die Eisenbahn transportierte aber nicht nur Güter, sondern in zunehmendem Maße auch immer mehr Personen.

Q2: Schilderung einer Eisenbahnfahrt eines Zeitgenossen im Jahr 1839:

Wir sitzen; die Maschine gibt sich mit einem durchdringenden Pfiff selbst das Zeichen und rollt davon. Das Ungetüm rast rasselnd, dampfend, schnaubend dahin …
Die fernen Höhen rücken eiligst näher, einzelne Häuser schießen pfeilschnell daher und fahren pfeilschnell wieder davon.

Durch den Erfolg der Bahn stieg die Zahl der eisen- und stahlverarbeitenden Betriebe rasch an und der Bedarf an Arbeitskräften verstärkte sich rasant.

M3: *Eisenbahnnetz in Deutschland (1845–1870)*

Geschwindigkeitsrekorde von Dampflokomotiven

1830:	48 km/h
1890:	144 km/h
1936:	200 km/h

ICE: 407 km/h

Geschwindigkeiten heutiger Schienenfahrzeuge (Regelbetrieb)

ICE:	300 km/h
IC:	max. 200 km/h
RE:	100 km/h

4 a) Beschreibe die Lage von Eisenerz- und Kohlevorkommen (M3).
b) Vergleiche sie mit der Lage der Industriezentren.
c) Nenne die Industriezentren, die durch die Eisenbahn verbunden wurden.

5 Vergleiche die Schilderung in Q2 mit einer heutigen Eisenbahnfahrt.

6 Arbeite aus M1 und M2 die Entwicklung der Eisenbahn heraus.

Die Eisenbahn verändert Zeit und Raum

Logo der Firma Henschel und Sohn

Sonderbriefmarke zur Dampflokomotive „Drache"

M1: *Der „Drache" – erste Dampflokomotive der Henschel-Werke Kassel, 1848*

Mit der Industrialisierung nahmen die Menschen Zeit und Raum anders wahr. Grund hierfür war das Gefühl, dass durch die Eisenbahn die Entfernung zwischen zwei Orten schrumpfte. Schon die ersten Eisenbahnen verkürzten die Reisezeit gegenüber einer Kutsche um rund ein Drittel. Durch die Eisenbahn veränderte sich auch das Gelände, durch das sie fuhr. Im Gegensatz zu Straßen, die sich dem Gelände anpassten und höchstens eine Brücke brauchten, musste für die Eisenbahn sehr stark in die Natur eingegriffen werden. Dämme, Brücken, Tunnel und Schienen auf möglichst wenig steigendem Untergrund wurden geschaffen.

Q1: Der Dichter Heinrich Heine schrieb über die neuen Pariser Eisenbahnen, 1843:

Die Eisenbahnen sind wieder ein solches ... Ereignis, das der Menschheit einen neuen Umschwung gibt, das die Farbe und Gestalt des Lebens verändert; es beginnt ein neuer Abschnitt in der Weltgeschichte, und unsre Generation darf sich rühmen, dass sie dabei gewesen ist. Welche Veränderungen müssen jetzt eintreten in unsrer Anschauungsweise und in unsern Vorstellungen! Sogar die Elementarbegriffe von Zeit und Raum sind schwankend geworden. Durch die Eisenbahnen wird der Raum getötet, und es bleibt uns nur noch die Zeit übrig. Hätten wir nur Geld genug, um auch letztere anständig zu töten! In viereinhalb Stunden reist man jetzt nach Orleans, in ebenso viel Stunden nach Rouen. Was wird das erst geben, wenn die Linien nach Belgien und Deutschland ausgeführt und mit den dortigen Bahnen verbunden sein werden! Mir ist, als kämen die Berge und Wälder aller Länder auf Paris angerückt. Ich rieche schon den Duft der deutschen Linden; vor meiner Türe brandet die Nordsee.

Q2: Auszug aus einer medizinischen Studie aus den USA über Auswirkungen von Eisenbahnreisen auf Menschen, 1884:

Der Blick aus dem Abteilfenster zerrt gleichsam an den Augäpfeln; begleitet wird dies von einem kreischenden Lärm, der von den Rädern kommt und sich ins Abteil fortsetzt, dazu der durchdringende Ton der Dampfpfeife und ab und zu der Bremsanlage ... weiterhin das Hin-und-her-Schwingen des Zuges, sein hartes Rütteln über schlecht gelegte Schienen – all das wirkt sich aus auf das Gemüt, die Muskeln und das Bewusstsein ... Unausweichlich aufgrund der Natur des Reisens entstehen „Eindrücke", die Ermüdung im Gefolge haben. Die Augen werden überlastet, die Ohren werden durch den Lärm betäubt, die Muskeln werden überanstrengt, und die Nerven plagen sich damit ab, die Ordnung aufrechtzuerhalten. Und so stellen sich Überdruss und Erschöpfung ein ...

1 Berichte über die Veränderungen durch die Eisenbahn für Mensch und Natur.

2 Erkläre, was Heinrich Heine mit der Aussage „durch Eisenbahnen wird Raum getötet, es bleibt nur noch die Zeit übrig" meint (Q1).

3 a) Liste auf, wo die Studie über die Eisenbahn Gefahren für den Menschen sah (Q2).
b) Beurteile, ob die Aussagen richtig sein können.

M1: *In einem Hafen um 1850 (heutige Darstellung)*

Die Zeit der Industrialisierung war geprägt durch tief greifende Veränderungen für Mensch und Natur. Erfindungen in dieser Zeit revolutionierten das Leben. Arbeiten, die vorher von Menschen verrichtet wurden, übernahmen jetzt durch Dampf angetriebene Maschinen. Das führte einerseits zum Verlust von zahlreichen Arbeitsplätzen, z. B. in der Textilindustrie. Andererseits wurden aber auch viele neue Arbeitsplätze, z. B. im Bergbau, Maschinenbau oder in Eisen- und Stahlwerken geschaffen.

Als Antriebskraft von Maschinen war die Dampfmaschine vielfältig einsetzbar. Schnell wurde sie auch in der Schifffahrt eingesetzt und statt der Segel als Antrieb für die Schiffe benutzt. Damit waren die Schiffseigner unabhängiger als zuvor, da der Wind nicht immer als Kraftquelle zur Verfügung stand. Auch konnten nun mit den Schiffen schwerere Lasten auf den Wasserwegen transportiert werden, so z. B. die Kohle, die als Energieträger für die Industrie von äußerster Wichtigkeit war.

1 a) Beschreibe die Zeichnung M1.
b) Liste mithilfe von M1 und dem Text Veränderungen durch die Industrialisierung auf.

2 Zwei Personen streiten über die Vor- und Nachteile von Segel- bzw. Dampfschiffen. Spielt die Szene in einem Rollenspiel nach.

3 Beurteile, ob die Industrialisierung Fluch oder Segen für die Menschheit war.

Adam Opel (1837–1895)

M1: *Festschrift – 15 Jahre Opel-Nähmaschinen*

Mit Nähmaschinen fing es an

Opel entwickelte und baute ein Damenfahrrad (Werbung, 1895).

Im Herbst 1862 baute Adam Opel seine erste Nähmaschine in der väterlichen Schlosserei in Rüsselsheim. Bis zu diesem Zeitpunkt war dieser Ort, der einige Ansätze von Industrialisierung zeigte, vorwiegend durch Handwerk und Landwirtschaft geprägt. Doch bald sollte die Stadt zu einem großen Industriestandort heranwachsen.
Schnell musste Adam Opel feststellen, dass er für die Produktion eine größere Werkstatt brauchte. Bislang wurde in einem umgebauten Kuhstall produziert. Die erste Fabrik wurde 1869 außerhalb Rüsselsheims, aber in unmittelbarer Nachbarschaft zur Eisenbahnlinie entlang des Mains nach Frankfurt gebaut. Hier konnte dann auch die Dampfkraft einer Dampfmaschine eingesetzt werden. Im Jahr 1884 war aus dem ehemaligen Ein-Mann-Betrieb eine Firma mit 240 Arbeitern geworden. Da anfangs in Rüsselsheim Industriearbeiter fehlten, warb Adam Opel Arbeitskräfte aus dem Umland an bzw. begann, eine systematische Lehrlingsausbildung zu betreiben.

Produktion von Fahrrädern

Schon in den Jahren, als Adam Opel in Paris in der Nähmaschinenproduktion arbeitete, lernte er das Fahrrad kennen. Unter der zunehmenden Konkurrenz bei der Nähmaschinenherstellung entschied Opel, auch Fahrräder zu produzieren. Dieser Übergang von der Nähmaschinen- zur Fahrradproduktion war ein Phänomen, das innerhalb des Präzisionsmaschinenbaus weltweit zu beobachten war. Anfangs wurden nur Männerräder gebaut. Doch mit dem richtigen Gespür für Geschäfte entwickelte Opel auch ein Damenfahrrad und stellte es als etwas Besonderes heraus.

M2: *Wilhelm, Sohn von Adam Opel, wirbt für das erste „Blitz“-Fahrrad der eigenen Produktion, 1888.*

1. Berichte über den Werdegang von Adam Opel.
2. Erkläre, warum die Entwicklung eines Damenfahrrades etwas Besonderes war.
3. Begründe, warum die Standortwahl für die erste Fabrik besonders günstig war.

M3: *Der Opel-Wagen „Patent-Automobilsystem Lutzmann" von 1898 – rechts Heinrich Opel, der dritte Sohn Adam Opels (Foto, 1899)*

M4: *Die Teerfarbenwerke Meister, Lucius & Co. in Hoechst (Holzstich, 1863) – gut zu erkennen ist die verkehrsgünstige Lage unmmittelbar am Main*

Opel baut erste Autos

Nähmaschinen und Fahrräder hatten Opel bis 1895 zum größten Arbeitgeber der Region mit 600 Mitarbeitern gemacht. Um die Jahrhundertwende gab es bei der Nachfrage nach Fahrrädern aber eine Krise und der Absatz ging zurück.

Opel suchte deswegen nach neuen Produktionsmöglichkeiten. Die Söhne von Adam Opel, Fritz und Wilhelm, sahen diese Möglichkeit im Automobilbau. Die Brüder waren von den technischen Möglichkeiten, die der Automobilbau bot, begeistert. Nach Informationsreisen, z. B. zu den ersten deutschen Autorennen und Fabriken, die Motorwagen bauten, erwarben Fritz und Wilhelm Opel 1899 die Dessauer Motorwagenfabrik von Friedrich Lutzmann.

Mit dem Stamm der hoch qualifizierten Mitarbeiter begannen die beiden Brüder in die Automobilproduktion einzusteigen. Opel gehört damit zu den Pionieren des Automobilbaus in Deutschland.

Farben aus Hoechst

1863 wurde von Geschäftsleuten die Teerfarbenfabrik Meister, Lucius & Co. in Hoechst, nahe Frankfurt, gegründet.

In dieser Fabrik wurden zunächst Farben für Textilien hergestellt. Dazu benutzte man ein kostengünstiges Abfallprodukt aus der Kokserzeugung, den Steinkohlenteer. Die Farbstoffe wurden jetzt nicht mehr aus Pflanzen, wertvollen Hölzern oder tierischen Produkten gewonnen, sondern wurden chemisch erzeugt. Durch dieses Verfahren konnten Farben hergestellt werden, die echter und kräftiger aussahen und nicht so schnell aus Textilien herausgewaschen wurden. Außerdem waren sie beinahe in unbegrenzten Mengen für den riesigen Bedarf der Textilindustrie produzierbar. Ein weiterer Höhepunkt bei der Farbentwicklung war die chemische Erzeugung von Grün. Es blieb auch im Gaslampenlicht grün, während das zuvor aus Naturstoffen hergestellte Grün in diesem Licht unvermeidlich blau erschienen war.

Das Firmenlogo der Teerfarbenfabrik

Logo der Firma Hoechst. Stilisiert sind Turm und Brücke des Verwaltungsgebäudes

4 Beschreibe die Entwicklung der Adam Opel AG zum Automobilbauer.

5 Begründe, warum durch chemische Verfahren neue Produktionswege beschritten werden konnten.

6 Recherchiere im Internet die weitere Entwicklung von Opel und Hoechst.

Papierherstellung im Wandel der Zeit

M1: *In einer Papiermühle wird Papier geschöpft (Holzschnitt, 1689).*

M2: *Maschine zur Papierherstellung von 1809. Aus einem Bottich wird Faserbrei angesaugt und über Siebe verteilt.*

Papier schöpfen
Zerkleinerte Lumpen oder zerkleinertes Altpapier werden in Wasser eingeweicht und dann weiter zerkleinert, bis ein feiner Faserbrei entsteht. Anschließend wird mit einem Schöpfrahmen der Brei abgeschöpft. Als nächstes wird die abgeschöpfte Masse ausgepresst und dann mithilfe von Filz getrocknet. Das Endprodukt ist ein einzelnes Blatt Papier.

Vom Papyrus zum Papier

Das Wort Papier kommt von Papyrus, dem Schreibmaterial der alten Ägypter. Papyrus ist aber kein Papier in unserem heutigen Sinn, sondern eine aus der Papyruspflanze hergestellte, biegsame, pflanzliche Schreibunterlage.
Papier, wie wir es kennen, wurde um das Jahr 105 n. Chr. von den Chinesen erfunden. Über Arabien gelangte das lange Zeit gut gehütete Geheimnis der Papierherstellung schließlich nach Europa.
In Deutschland war Papier bis in das späte Mittelalter unbekannt, man schrieb auf Pergament, das aus Ziegen-, Kuh- oder Schafshäuten hergestellt wurde. Die ersten Papiermühlen Europas entwickelten sich um 1114 in Spanien, das damals unter arabischer Herrschaft stand. In Deutschland entstand die erste Papiermühle erheblich später, und zwar erst 1390 in Nürnberg.

Verbesserte Papierproduktion

Durch die Erfindung des Buchdrucks durch Johannes Gutenberg sowie die zunehmende Verwaltung und die aufkommenden Zeitschriften und Zeitungen stieg der Bedarf an Papier sehr stark an.
Eine Verbesserung der Produktion von Papier brachte 1799 die von dem Franzosen Louis Robert erfundene Papiermaschine. Sie mechanisierte den Schöpfvorgang. Allerdings wurde auch hier immer noch auf Lumpen oder „Altpapier" als Papierrohstoff zurückgegriffen.
Erst die Idee des sächsischen Webers Friedrich Gottlieb Keller, die Fasern für Papier nicht mehr aus alten Lumpen, sondern aus Holz zu gewinnen, brachte der Papierindustrie einen Aufschwung. So wurde seit dem 19. Jahrhundert Holz zum wichtigsten Faserrohstoff. Die Faserstoffe stellen dabei etwa 70 % an der Papiermasse.

1 Beschreibe den Vorgang des Papierschöpfens (M1).
2 Erkläre die Forschritte durch die Erfindungen von Louis Robert und Friedrich Keller.
3 Papyrus, Pergament, Papier. Erkläre die Abfolge.

M3: *Bei der Bleiche wird der gelblichbraune Zellstoff mithilfe von Chemikalien weiß geblichen.*

Fotopapier aus Osnabrück

Im Jahr 1894 legte Felix Hermann Maria Schoeller mit dem Kauf der Papierfabrik in Burg Gretesch (heute Osnabrück) den Grundstein für eine erfolgreiche Fabrik zur Fotopapierherstellung. Schoeller hatte sich dabei die Lage und die Art seines Unternehmens genau überlegt. Die Papierproduktion erlebte in den letzten Jahren einen ungeheuren Aufschwung. Bücher, Broschüren, Zeitungen, aber auch Handzettel, Parolen oder gewerbliche Angebote mussten auf Papier gedruckt werden. Die Papiermacher kamen bei der Produktion kaum nach.

Mit der Fotografie eröffnete sich in der Papierherstellung ein neuer Markt. Felix Schoeller war überzeugt, dass die Entwicklung der Fotografie erst am Anfang stand und eine gute Zukunft versprach. Wichtig für den Erfolg seiner Fotopapierfabrik war das Vorkommen von besonders gutem Wasser. Dies war im Untergrund der Papierfabrik ausreichend vorhanden.

Grunersche Papiermühle um 1850 in Burg Gretesch (Osnabrück)

M4: *Die Papiermaschine „Eins" in der Schoeller-Papierfabrik in Osnabrück. Die Firma Schoeller ist der größte deutsche Papierhersteller.*

4 Berichte über die Ansiedlung der Fotopapierfirma Schoeller.

5 Beschreibe die Papiermaschine „Eins" (M4). Beachte dabei die Verhältnisse Mensch – Maschine – Produktion.

6 Vergleiche die Herstellung von Papier im Mittelalter, zur Zeit der Industriellen Revolution und heute (M1, M2, M4).

6 Starthilfe
Achte dabei auf Papiermenge, Größen, Technik u. a.

Industrialisierung und Umwelt

M1: *Ansicht der Portland-Cement-Fabrik in Wiesbaden-Biebrich (Zeichnung von Cornelius Wagner, um 1900)*

Kokerei
In einer Kokerei wird aus Steinkohle Koks erzeugt. Dabei werden viel Schwefel, Ruß und Rauch freigesetzt. Die Koksherstellung war notwendig, da mit diesem Brennstoff höhere Temperaturen erreichet wurden. Die hohen Temperaturen waren für die Herstellung von Eisen notwendig.

Industrieanlagen und Siedlungen breiten sich aus

Der schnelle Ausbau der Industrie im 19. Jahrhundert führte auch zu erheblichen Eingriffen in die Natur. Durch den Bau von Fabriken, Eisenbahntrassen, Straßen, Kanälen und neuen Siedlungen veränderte sich das Bild der Umwelt erheblich. Die Eingriffe veränderten die Lebensbedingungen von Tieren, Pflanzen und Menschen. Wälder, Wiesen und Felder mussten Industrieanlagen weichen. Neue Siedlungen für die benötigten Arbeiter und Angestellten wurden gebaut. Eingriffe des Menschen in die Natur hatte es zwar schon immer gegeben, doch waren sie jetzt erheblich größer und belastender für die Umwelt.

Luftverschmutzung durch Industriebetrieb

Mit der zunehmenden Industrialisierung stieg auch die Zahl der Betriebe, die Schadstoffe in die Luft ausstießen. Industriebetriebe wie Kokereien, Glashütten, Eisen- und Stahlwerke oder Chemiebetriebe waren wesentliche Verursacher der Luftverschmutzung.

Q1: Schreiben von 14 Bürgern der Gemeinde Halsbrücke an das sächsische Finanzministerium, Mai 1846:
Der Obstbaum gedeiht nur kümmerlich und ist er endlich tragbar und steht in Blüte, so braucht der Hüttenrauch diese nur gelind zu überstreichen, um sie zu vergiften.

2 Starthilfe
Beachte bei der Recherche z. B. Auswirkungen auf die Umwelt, ...

1 a) Berichte über die Eingriffe in die Natur.
b) Weise entsprechende Änderungen mithilfe von M1 und M1 bzw. M2 auf den Seiten 58/59 nach.

2 Recherchiere über Industrieansiedlungen von damals und heute in deiner Heimatgemeinde und stelle deine Ergebnisse vor (Präsentation, Plakat etc.)

Unter den Gartenfrüchten, die man jedes Frühjahr zu säen und pflanzen pflegt, ist nicht eine, die der Hüttenrauch verschonte. ... Von einem solchen totalen Schaden werden wir heuer betroffen, wir schweben aber auch Jahr für Jahr in der nämlichen Gefahr. Derartige Verluste sind wir, die wir meist arme Berg- und Hüttenarbeiter sind, auf die Dauer auszuhalten nicht im Stande, sondern gehen dabei allmählich der Verarmung entgegen.

Q2: Aus einer Statistik von 1911:
Die Sterblichkeit an Luftröhrenentzündung und Lungenkatarrh [Entzündung des Lungengewebes] ist in den Stadtgemeinden ... um mehr als das Doppelte größer als in den Landgemeinden; sie steigt zu ungewöhnlicher Höhe ... In den Zeiträumen zwischen 1875 und 1879 starben in jeder der genannten Städte [Essen, Bochum, Duisburg und Dortmund] an jenen Krankheiten von je 100 000 Einwohnern jährlich 100 bis 120 ...

M2: *„Pfui Deiffel" (Zeichnung von Heinrich Kley, um 1905)*

Verschmutzung der Gewässer

Bis Ende des 19. Jahrhunderts galt die Meinung, dass Verunreinigungen in Flüssen in Form von Fäkalien und Schadstoffen der Industrie durch die Flüsse selbst abgebaut werden können. Es galt das Prinzip des Verdünnungseffekts, d.h. die Wassermassen könnten sich selbst reinigen. Oft kam es aber zu Problemen zwischen Unternehmern und Anwohnern. Dabei galt es, die Interessen beider Seiten abzuwägen.

Q3: Aus einer Kosten-Nutzen-Analyse über Gewässerverschmutzung, Ende des 19. Jahrhunderts:
Der wirtschaftliche Wert der Industrien, welche Abwässer liefern, (ist) ca. 100mal größer als der Wert der Binnenfischerei ... Haben sich an einem kleinen Fluss wie z.B. Wupper oder Emscher ... so viele Fabriken angesiedelt, dass die Fischzucht ... gestört wird, so muss man dieselbe preisgeben. Die Flüsse dienen dann als die wohltätigen Ableiter der Industrieabwässer nach dem Meere. ... Die Fischerei hat ... keinen Anspruch auf alleinige Berechtigung.

Q4: Aus einem Bericht im Jahr 1901:
Im September 1901 speiste die AG Wasserwerk ... ungereinigtes Ruhrwasser in ihr Leitungsnetz ein und löste damit in Gelsenkirchen und Umgebung eine Typhusepidemie mit 350 Todesopfern aus. Die Epidemie war der Ausgangspunkt für erste Versuche, die ... Wassergewinnung aus der durch Abwässer stark belasteten Ruhr zu kontrollieren ...

Typhus
Krankheit, die durch verunreinigtes Wasser übertragen werden kann. Sie bewirkt hohes Fieber, Bauchschmerzen und Darmverstopfung. Unbehandelt kann die Krankheit tödlich verlaufen.

Epidemie
das örtlich und zeitlich gehäufte Auftreten einer Krankheit.

3 a) Nenne Folgen der Luftverunreinigung.
b) Interpretiere die Zeichnung „Pfui Deiffel" (M2).
4 Schreibe aus Sicht eines Binnenfischers einen Leserbrief.
5 Erkläre, wie es zur Typhusepidemie kam, und berichte über die Folgen.
6 Recherchiere die Wasserqualität eines hessischen Flusses heute und vergleiche.

6 Starthilfe
www.hmuelv.hessen.de/ (Hessisches Ministerium für Umwelt, Energie, Landwirtschaft und Verbraucherschutz)

Armut und Hunger

M1: *Lumpensammler auf einer Müllkippe (1887)*

Das Leben der Fabrikarbeiter war im 19. Jahrhundert durch Hunger und Armut geprägt. Das Bevölkerungswachstum hatte dazu geführt, dass viele Menschen Arbeit suchten, die Fabrikbesitzer konnten aber nicht genügend Arbeitsplätze zur Verfügung stellen.
Durch das Überangebot an Arbeitssuchenden konnten es sich die Unternehmer erlauben, geringe Löhne zu zahlen. Trotz harter Arbeit waren bis etwa 1880 die Löhne der Arbeiter so gering, dass sie für die Grundbedürfnisse Kleidung, Nahrung und Wohnung kaum reichten.
Besonders hart traf es größere Familien. Da der Hauptanteil an den Gesamtausgaben einer Familie die Nahrungsmittel waren, mussten die Menschen in diesem Bereich sparen und sich einschränken. Kartoffeln und Brot waren die Hauptnahrungsmittel der armen Leute, Fleisch gab es meistens nur sonntags.

Q1: Aus einem Augenzeugenbericht über die Ernährung eines Arbeiterkindes:

... mein Mittagessen [bestand] ganz überwiegend aus Kartoffeln. Ich habe sie dann mittags gekocht und etwas Speck oder zerlassenes Schweineschmalz und eine zerschnittene Zwiebel daraufgeschüttet ... Ein Festessen war es, wenn 2 Groten (Groschen, norddeutsches Kleingeld) erübrigt werden konnten, beim Fleischer ... eine Gewürzgurke zu kaufen. Morgen- und Abendessen bestanden aus Brot und Kaffee[ersatz]; gelegentlich wurden abends noch einmal Kartoffeln gebraten ... So bin ich bei Roggenbrot groß geworden. Ich weiß den Preis für ein halbes Brot nicht mehr ... er betrug aber einen Tageslohn der Mutter. Bestreichen konnte ich mein Brot mit Schmalz, selten mit Butter, manchmal auch nur mit Sirup.

Wochenlohn des Mannes:	**22,00 Mark**
Frühstück und Nachmittagskaffee (pro Person ein Brötchen)	1,50 Mark
Milch	1,40 Mark
Zucker	0,87 Mark
Kaffee, 375 Gramm	0,90 Mark
Zichorien (Kaffeeersatz)	0,15 Mark
Brot	2,50 Mark
Butter	2,25 Mark
180 Gramm Fleisch pro Tag	2,10 Mark
Kartoffeln	1,50 Mark
Mohrrüben, Reis, Kohl, Erbsen, Bohnen, Gewürz	1,50 Mark
Feuerung (Herd)	2,10 Mark
Petroleum	0,50 Mark
Miete pro Woche	4,97 Mark
Mietsteuer pro Woche	0,32 Mark
Zwirn und Nadeln	0,10 Mark
Summe der Ausgaben	**22,66 Mark**

M2: *Ein Bautischler aus Berlin stellte um 1870 seinem Wochenlohn die Ausgaben für seine Familie mit vier Kindern gegenüber.*

1 a) Versetze dich in eine Person aus M1. Beschreibe deine Gefühle.
b) Erkläre, warum die Menschen Lumpen auf einer Müllkippe sammelten.

2 Beurteile die Ernährung des Arbeiterkindes.

Tag	Tageszeit	Vater: *Metallarbeiter* / Sohn: *Lehrling*	Mutter: *Aushilfsarbeiterin* / Tochter: *schulpflichtig*
alltags	6 Uhr	Kaffee (Malz/Gerste), Schwarzbrot mit Bückling, Käse oder Wurst (ohne Butter)	trockenes Schwarzbrot, in Kaffee (Gerste/Malz) gestippt
	12 Uhr	Schwarzbrot mit Pflaumenmus	
	19 Uhr	Mehlspeise oder Eintopfgerichte (Erbsen, Linsen, Kartoffeln), Wasser oder Kaffee (Malz/Gerste)	
sonntags	mittags, morgens und abends	Kuhfleisch (von notgeschlachteten Tieren), Kartoffeln, Schwarzbrot, Kaffee, etwas Aufschnitt	

M3: *Speiseplan einer Arbeiterfamilie*

Q2: Die Zeitschrift „Concordia" kommentierte die Liste des Bautischlers folgendermaßen:
Wo bleibt nun Kleidung und Schuhwerk? Und wo Wäsche und Seife usw., wo die Winterfeuerung, wo Doktor und Apotheker? Von Luxusausgaben wie Bier, Tabak usw. ganz zu schweigen. Ferner darf nicht vergessen werden, dass im Winter der Mann regelmäßig „fremd" (arbeitslos) ist und gar nichts verdient. Aber wie kommen die Leute denn nun zurecht? Die Antwort lautet: Erstens verdient die Frau mit, zweitens vermietet er an Schlafburschen (Untermieter).

Q3: 1845 berichtet die Zeitung „Das westphälische Dampfboot" über Tagelöhner:
Wenn sie (die Tagelöhner) alle Tage Arbeit haben und ihre körperlichen Kräfte aufs Äußerste anstrengen, so können sie die dringlichen Anforderungen ihres Magens notdürftig befriedigen.

denk|mal

Auch heute gibt es Millionen Menschen in Deutschland, deren Einkommen nicht ausreicht, die grundlegenden Bedürfnisse zu befriedigen. Jedes sechste Kind, das sind rund 2,4 Millionen Mädchen und Jungen, leidet bei uns unter Armut.
Was würde Armut für dich bedeuten? Welche Auswirkungen hätte dies in deiner Freizeit, der Schule oder zu Hause?

Bückling
Ein Bückling ist ein geräucherter Hering.

gestippt
Gestippt bedeutet getaucht. Hier ist gemeint, dass Brot in Flüssigkeit getaucht wird, damit es weicher wird.

notgeschlachtet
Ein Tier, das eine Krankheit hat, wird geschlachtet oder man schlachtet Tiere, damit eine ansteckende Tierkrankheit sich nicht ausbreiten kann.

Tagelöhner
Ein Tagelöhner ist eine Person, die keine feste Arbeit hat, sondern täglich ihre Arbeitskraft anbietet. Die Bezahlung erfolgt tageweise und nicht nach Stundenlohn.

3 a) Beschreibe den Speiseplan der Arbeiterfamilie (M3).
b) Erkläre, warum Vater und Sohn während der Woche einen anderen Speiseplan haben als Mutter und Tochter.

4 Kürze die Ausgaben der Bautischlerfamilie so, dass der Wochenlohn des Vaters ausreicht. Begründe deine Entscheidung.

5 Die Bautischlerfamilie kann alle Ausgaben bezahlen. Begründe mithilfe von Q2.

Jede Arbeitskraft wird gebraucht

M1: *Mädchen in einer Spinnerei (1908)*

M2: *Junge im Bergbau (um 1910)*

Kinder werden an einer Seilwinde in einen Bergwerksschacht herab gelassen (1844).

Kinderarbeit

Da der Lohn des Vaters oft zum Leben für die Familie nicht ausreichte, mussten auch Kinder dazuverdienen. Besonders in den Textilfabriken wurden sie bevorzugt eingestellt, denn sie erhielten weniger Lohn und konnten die Maschinen oft genauso gut bedienen wie die Erwachsenen.

Q1: Anna erzählt später über ihr Leben:
Als ich fünfeinhalb war, musste ich schon etwas mitverdienen. Ich ging also in die Fabrik (Textilfabrik). Als ich die Arbeit ordentlich erlernt hatte, bekam ich wöchentlich 40 Kreuzer. Oft hatte ich mehr Püffe (leichte Stöße) bekommen, als der Lohn eines Tages in Kreuzern zerlegt (umgerechnet) ausmacht, denn die Herren Kattundrucker (Baumwolldrucker) konnten schlagen, so viel sie wollten. Niemand hat sich drum gekümmert. Die Arbeitszeit dauerte im Sommer von sechs Uhr früh bis sieben abends mit einer Stunde Mittagspause.
Als ich sechs Jahre alt war, musste ich auch in die Schule gehen. Von halb acht bis neun Uhr abends.

Q2: Über ein Fabrikkind wird berichtet:
Jetzt (im Winter) kommt wieder die Zeit, wo jener arme Junge früh um 5 Uhr von dem Lager sich erheben und eine Stunde weit durch nasskaltes Gestöber in seine Fabrik eilen muss. Dort mit kurzer Rast für ein karges Mahl ist er beschäftigt den ganzen, ganzen langen Tag. Er arbeitet an einer Maschine, welche Wellen von Staub aufjagend mit rasenden Schlägen die Baumwolle zerklopft, auflockert ... Den ganzen langen, lieben Tag ... bis in die Nacht hinein, bis 9–10 Uhr abends. Dann ... eilt [er] seine Stunde Weges nach Hause.

1. a) Beschreibe die Kinder M1 und M2. Achte besonders auf die Gesichtsausdrücke.
   b) Versetze dich in die Lage eines der Kinder. Wie fühlt es sich, was denkt es?
2. a) Fasse den Tagesablauf von Anna zusammen (Q1).
   b) Die Arbeit war anstrengend und auch gesundheitsschädlich. Erkläre (Q1, Q2).
3. Erläutere, warum Kinder häufig in Fabriken arbeiteten.

M3: *Frauen in einer Weberei (um 1900)*

M4: *Wäschewaschen mit einem Waschbrett (um 1920)*

Frauenarbeit

Neben den Kindern mussten auch die Mütter arbeiten gehen, um den Lebensunterhalt der Familie zu sichern.

Q3: Eine Historikerin berichtet über Frauenarbeit:

Die Gründe für die Fabrikbeschäftigung verheirateter Frauen sind im Wesentlichen keine anderen als diejenigen für die Beschäftigung von Arbeiterinnen überhaupt in der Fabrik. Sie liegen in der Unzulänglichkeit des Verdienstes des Familienoberhauptes ... Vor allem aber sind es die niederen Löhne der Arbeiterinnen, die ihre Verwendung den Arbeitgebern überall erwünscht scheinen lassen ... Der Beweis hierfür ist, dass die Löhne in den Industriezweigen am niedersten sind, in denen Arbeiterinnen in größerer Zahl verwendet werden.

Q4: Bericht über einen Arbeitstag einer Fabrikarbeiterin 1909:

Sind die Kinder versorgt, so laufen die Mütter hastig zur Fabrik, um an surrenden Maschinen ein Stück Brot zu verdienen. Kaum haben sie den Fabriksaal betreten, so heißt es: schuften! ...

Um halb zwölf Uhr mittags geht es ... nach Hause, um ... Kartoffeln und Hering zu richten ... Um halb ein Uhr geht es dann wieder im Trab in die Fabrik, wo wir müde und gehetzt bis halb sechs oder halb sieben [arbeiten] ... Nach Arbeitsschluss eilen wir aufs Neue durch die Gassen, um unsere Kinder zusammenzuholen ...

Sind alle daheim ... und die Kinder zu Bett gebracht ... dann beginnt für uns Frauen die Quälerei von Neuem ... Mit einem Eimer auf dem Kopf, einem ... in der Hand hasten wir an den Bach, um zu waschen. Gar manchmal wird es zwölf Uhr und noch später ...

Fabrikarbeiterin mit Kind (1897)

Wäscherinnen am Fluss (1904)

4 Berichte über die Gründe, warum Fabrikarbeit von Frauen erwünscht ist.

5 a) Berichte über den Arbeitstag einer Arbeiterin.
b) Beschreibe M3 und vergleiche mit heute.

6 Begründe, warum die Belastung der Fabrikarbeiterinnen mit Familie besonders groß war.

Die Wohnbedingungen von Arbeiterfamilien

M1: *Arbeiterfamilie in einer Berliner Wohnung (1907)*

Die meisten Fabriken hatten sich in Städten angesiedelt. Da es keine öffentlichen Nahverkehrsmittel gab, zogen die Menschen, die Arbeit in Fabriken suchten, in die Städte. Doch diese konnten die Menschen kaum aufnehmen, es herrschte Wohnungsmangel. Viele lebten deswegen in Ställen, Schuppen, Kellern, Dachböden oder Hinterhöfen. Seit 1850 entstanden in der Nähe der Fabriken mehrstöckige Mietskasernen. Hier waren die Mieten allerdings wegen der hohen Nachfrage nach Wohnraum in unmittelbarer Nähe der Fabrik sehr hoch. Um Kosten zu sparen, lebten bis zu sechs Menschen in einem Zimmer von 20 Quadratmetern. Dies war nötig, weil die Vermieter für eine Wohnung mit Küche und einem Zimmer ungefähr den Wochenlohn eines Fabrikarbeiters als Monatsmiete verlangten.

Um die Kosten für die Miete aufzubringen, vermietete man die Betten häufig an sogenannte Schlafburschen. Diese teilten sich das Bett zu zweit oder dritt. Diese Schlafgänger besaßen keine eigene Wohnung und mieteten sich nur einen Platz zum Schlafen.

Q1: Ein Zeitzeuge schilderte, wie Familien ihre Wohnung untervermieteten:

Da die Arbeitenden beim Morgengrauen das Haus verließen und erst am Abend zurückkehrten, waren sie in erster Linie an einer Schlafmöglichkeit interessiert ... Die jungen Arbeiter und Arbeiterinnen konnten sich lediglich eine Schlafstelle in ... [einem] voll genutzten Wohnraum leisten – eine Lagerstelle, nicht mehr, und auch diese nur für Stunden. Zahlreiche Vermieter vermieteten die Lagerstätte bei Nacht und bei Tag.

1 Schildere die Wohnverhältnisse der Familie in M1.

2 a) Arbeite aus dem Text heraus, warum es eine Wohnungsnot gab.
b) Begründe, warum die Vermieter hohe Mieten fordern konnten.

3 Erkläre, was ein Schlafgänger war.

Das Bett ... wurde nicht kalt. Auch Familien besaßen in der Regel nur einen Raum, der Koch-, Wohn- und Schlafraum war.

Q2: In einem Bericht von 1908 wurden die Wohnbedingungen von Arbeitern geschildert:
Wir betreten eine der berüchtigten Mietskasernen, welche im hiesigen Industriegebiet in so großer Anzahl vorhanden sind und noch täglich allerorts wie Pilze aus der Erde hervorschießen, eine natürliche Folge tatsächlichen Wohnungsmangels ... Diese Häuser, meist 3 bis 4 Stockwerke hoch, werden mit Vorliebe an neuangelegten Straßen errichtet. Inmitten Haufen von Schutt und Geröll bieten sie schon von Weitem einen öden und trostlosen Anblick. In halb fertigem Zustande werden sie oft bezogen. Das ganze Haus besteht durchweg aus Abteilungen von 2 bis 3 Zimmern, für je eine Familie bestimmt. Ein pestilenzartiger Geruch strömt uns entgegen, wenn wir die langen, dunklen und feuchten Korridore, die die einzelnen Wohnabteile auf jeder Etage verbinden und in welchen Licht und Luft sehr seltene Erscheinungen sind, betreten. Überall strotzt es von Unrat und Unsauberkeit. Ein Armeleutegeruch in des Wortes verwegenster Bedeutung. Fast 40 bis 50 % aller Arbeiterwohnungen bestehen aus 2 Zimmern, werden bewohnt von Familien, die 6 bis 10 Köpfe stark sind ... In gesundheitlicher Beziehung jeder Beschreibung spottend, wie den elenden, krankhaft aussehenden Insassen unschwer anzusehen ist. Und erst die innere Wohnungseinrichtung! Das dürftigste Möblement, ohne jeglichen Sinn für häusliche Zweckmäßigkeit ... In einem Schlafraume, mit zwei Bettstellen ..., der nie gelüftet, noch seltener gereinigt wird und dessen Bettzeug daher einem Haufen stinkender Lumpen ähnlich ist, kampieren oft bis 10 Personen, vier Kinder in einem Bette, zwei am Kopf und zwei am Fußende, ohne Rücksicht auf Alter und Geschlecht.

Korridor
anderes Wort für Flur

Möblement
im Sinne von: mit Möbeln eingerichtet

pestilenzartig
meint fauligen Geruch durch die unsauberen Wohnverhältnisse

M2: *Hof in einer Arbeitersiedlung in Hamburg (1900)*

M3: *Mietskasernen mit Hinterhöfen in Berlin (um 1900)*

4 Berichte über die Eindrücke des Berichterstatters zu den Wohnbedingungen:
  a) von den Orten, an denen die Häuser gebaut werden (M2, M3).
  b) von den Inneneinrichtungen und Schlafstellen (Q1, Q2).

5 Bewerte die Wohnverhältnisse der Arbeiter.

Das andere Leben – das Bürgertum

M1: *Wohnzimmer einer reichen bürgerlichen Familie (1914)*

Jungfer
Jungfer meint hier eine weibliche Bedienstete.

Mahagoni
Mahagonigewächse sind vorwiegend Bäume, deren Holz bei Möbel-, Fenster-, und Bootsbau eingesetzt wird.

Aussteuer
Als Aussteuer werden Güter bezeichnet, die die Braut mit in die Ehe bringt.

Neben der in den Städten entstandenen Arbeiterschicht bildete sich eine andere Schicht, das sogenannte Bürgertum, heraus. Hierzu gehörten Kaufleute, Ärzte, Apotheker, Professoren, Rechtsanwälte und andere Studierte sowie Fabrikbesitzer und höhere Beamte.

Diese Schicht zeigte in der Öffentlichkeit, dass sie sich zur „besseren" Gesellschaft zählte. Dies wurde beispielsweise durch gute Kleidung oder gut eingerichtete Wohnungen deutlich. Außerdem schickten die bürgerlichen Familien ihre Söhne zum Gymnasium und ließen sie studieren. Die Töchter wurden bei ihrer Heirat mit einer großzügigen Aussteuer ausgestattet.

Q1: Ein Hamburger Kaufmannssohn erinnert sich um 1900:

Da das unsrige [Haus] sehr geräumig war, brauchte meine Mutter außer dem Kinderfräulein: eine Köchin, eine Unterköchin, ein Serviermädchen, eine Jungfer und ein Dienstmädchen, das vor allem putzte. Zum Stiefelputzen und Anmachen der Heizung kam eine männliche Hilfskraft ... Und dann die Einrichtung! Das Mahagoni der Möbel und die hölzernen Wandverkleidungen, die Türdrücker und Beschläge aus Messing, das Silber und das Kristall auf dem Tisch konnten ihre Aufgabe, zu repräsentieren (sich darzustellen), ja nur erfüllen, wenn es ständig neu auf Hochglanz gebracht wurde.

1 a) Beschreibe das Wohnzimmer einer bürgerlichen Familie (M1).
b) Erschließe die wesentlichen Unterschiede zwischen den Wohnverhältnisse von Arbeiterfamilien und Familien des Bürgertums (M1, M1 von Seite 70).

2 Nenne Arbeiten, für die in bürgerlichen Haushalten Personal eingestellt wurde (Q1).

M2: *Schilder an einem bürgerlichen Haus (1900)*

Q2: In einer Haushaltszeitschrift wird über die Ausstattung einer standesgemäßen Heirat berichtet:

Es gehören dazu: a) Leibwäsche: 3 Dutzend Hemden, ... 6 Promenadenröcke, 2 Frisiermäntel, ... b) Tisch- und Bettwäsche: ... 3 Teegedecke, 2 Kaffeedecken, ... 6 passende Kopfkissen ..., 6 einfache Bezüge, 18 Laken ... Deckbett und 2 Kopfkissen, 6 Laken. Zwei Messing- oder Holzbettstellen mit Federboden, Rosshaarmatratze, ... und einem kleinen Rosshaarkissen, einer Kamelhaardecke und ... einer Daunendecke oder Federbetten. ... c) Küchenwäsche: 2 Dutzend Handtücher, 3 Dutzend Teller-, 2 Dutzend Gläser-, 1 Dutzend Tassen-, 2 Dutzend Fenstertücher. Dazu kommen noch je 1 Dutzend Zylinder-, Lampen-, Toiletten-, Silber-, Messertücher ..., kurz im Ganzen etwa 30 Dutzend Küchenwäsche, eine enorme Zahl, aber für den Gebrauch doch nicht zu viel, wie die junge Hausfrau bald finden wird.

Q3: Ein Dichter beschreibt einen bürgerlichen Weihnachtsabend:

Klingeling, Klingeling. Die Türen sprangen auf, und solch ein Glanz erstrahlte aus dem großen Zimmer hinein, dass die Kinder mit lautem Ausruf: Ach! Ach! wie erstarrt auf der Schwelle stehen blieben ... Der große Tannenbaum in der Mitte trug viele goldene und silberne Äpfel, und wie Knospen und Blüten keimten Zuckermandeln und bunte Bonbons und was es sonst noch für schönes Naschwerk gibt, aus allen Ästen. Als das Schönste an dem Wunderbaum musste aber wohl gerühmt werden, dass in seinen dunklen Zweigen hundert kleine Lichter wie Sternlein funkelten und ... die Kinder freundlich einlud, seine Blüten und Früchte zu pflücken.

M3: *Kaufhaus Wertheim in Berlin Mitte (1890)*

Leibwäsche
Unterwäsche

Promenadenröcke
Röcke für den Spaziergang

Messing
goldfarbene Legierung aus Kupfer und Zink

Rosshaarmatratzen
sind mit Pferdehaar gefüllt. Ross ist ein anderes Wort für Pferd.

3 Berichte über die Aussteuer einer Tochter aus bürgerlichen Verhältnissen (Q2).
4 Berichte über einen bürgerlichen Weihnachtsabend (Q3).
5 Erläutere die Schilder an einem bürgerlichen Hauseingang von 1900.
6 Arbeite Unterschiede zwischen dem Leben der Arbeiter und der Bürger heraus.

6 Starthilfe
Denke dabei an die Wohnverhältnisse, die Ernährung, die Kinder u. a.

Fotografien analysieren

Fotos sind Momentaufnahmen und zeigen das, was zum Zeitpunkt der Aufnahme zu sehen war. Es werden also momentane Eindrücke in einem Bild festgehalten. Somit können Fotografien viel „erzählen".
Wenn man Fotos als historische Quellen benutzt, muss man allerdings einiges beachten, denn Fotos können auch lügen. Je nachdem, welchen Ausschnitt ein Fotograf wählt, können sehr unterschiedliche Eindrücke entstehen. Aber auch durch das nachträgliche Retuschieren (Überarbeiten) eines Fotos können Manipulationen vorgenommen werden.
Benutzt man Fotografien als Bildquellen, müssen deshalb zuvor einige Punkte geklärt werden:

- Wann und unter welchen Umständen ist das Bild entstanden,
- was verschweigt der Fotograf durch den gewählten Blickwinkel,
- ist das Bild retuschiert worden?

Es muss also die Frage gestellt werden: Ist das, was auf dem Foto zu sehen ist, eine getreue Wiedergabe der Wirklichkeit? Sind beispielsweise die abgebildeten Ereignisse, Gegenstände oder Verhältnisse wirklich aus der Zeit, aus der die Fotografie stammt. Das kann beispielsweise geprüft werden, indem eine ganze Abfolge von Bildern verglichen wird. Zur weiteren Absicherung können auch schriftliche Quellen zu dem fotografierten Thema herangezogen werden. Nur so lassen sich historische Bildquellen auch wirklich genau auswerten, denn Fotografien sind nie objektiv.

M1: *Blick in den Hinterhof eines Wohnhauses in der Fischerstraße im Berliner Zentrum (Fotopostkarte, um 1900)*

Im Folgenden lernst du den methodischen Umgang mit historischen Fotografien kennen. In M1 siehst du ein Beispiel zum Thema „Wohnen" aus der Zeit der Industrialisierung. Für die Analyse dieses Fotos sollst du die drei Schritte mit den entsprechenden Fragen für die Analyse anwenden. Bei der Fotoanalyse musst du jedoch beachten, dass sich nicht alle Bilder auf die immer gleiche Weise erarbeiten lassen.

Schritt 1: ***Fragen zum Foto***
- → Wer hat das Foto aufgenommen?
- → Wann wurde das Foto gemacht?
- → Gibt die Bildunterschrift Hinweise?
- → Gibt es Zeichen der Bearbeitung?

Schritt 2: ***Fragen zum Motiv***
- → Was ist auf dem Foto dargestellt?
- → Was zeigen der Vordergrund, der Hintergrund und die Bildmitte?
- → Wie sind die Menschen gekleidet?
- → Welche Gebäude sind zu sehen?
- → Sind die Dinge so dargestellt, wie du sie bislang kennst?
- → Sind weitere Informationen zur Analyse notwendig?

Schritt 3: ***Aussage und Deutung***
- → Wie ist dein Eindruck?
- → Welche Gesamtaussage lässt sich über das Foto machen?
- → Bleiben Fragen offen, die noch geklärt werden müssen?

M2: *Die Familie von Bohlen und Halbach vor ihrer Villa in Badenweiler (Foto, Anfang der 1880er-Jahre)*

Mögliche Auswertung von M1

Zu Schritt 1: Der Fotograf des Bildes und das genaue Aufnahmedatum sind unbekannt. Man weiß nur, dass es um das Jahr 1900 gemacht wurde. In der Bildunterschrift erfährt man, dass es im Berliner Zentrum, und zwar in der Fischerstraße, aufgenommen wurde und einen Blick in den Hinterhof dokumentiert.

Zu Schritt 2: Auf dem Foto ist der Hinterhof einer Wohnanlage zu sehen. Im Vordergrund erkennt man eine Wasserpumpe, im Hintergrund sind ein kleiner Anbau eines Hauses, ein Haus und ein hölzerner Treppenaufgang mit einer einzelnen Grünpflanze zu erkennen. Der Hof ist mit Bruchsteinen gepflastert, einige Stellen sind aufgebrochen. In der Bildmitte ist ein hölzerner Treppenaufgang zu sehen. Rechts von dem Aufgang läuft eine Frau, die zwei Eimer trägt. Sie hat über ihrem langen, dunklen Kleid eine Schürze umgebunden. Das, was das Foto zeigt, ist aus dem Unterricht bekannt und gibt die schlechten Lebensverhältnisse in Städten wieder.

Zu Schritt 3: Das Foto zeigt sehr bescheidene Wohnverhältnisse im Zentrum von Berlin. Die Häuser machen einen heruntergekommenen Eindruck. Eine Wasserversorgung in den Wohnungen gab es nicht, weswegen die Frau an der Wasserpumpe Wasser holen musste. Die Frau selbst ist einfach, aber ordentlich gekleidet. Sie macht einen angestrengten Eindruck.
Das Foto stellt die ärmliche Lebenssituation von Arbeitern zur Zeit der Industrialisierung um 1900 in Deutschland dar.

1 Wende bei dem Foto M2 die Arbeitsschritte selbstständig an.

Lösungsversuche für die sozialen Probleme

soziale Frage
Als soziale Frage bezeichnet man die Auseinandersetzung mit den sozialen Missständen, die durch die Industrielle Revolution hervorgerufen wurden.

M1: *Knaben beim gemeinsamen Essen im Rauhen Haus (Holzstich, um 1855)*

Johann Hinrich Wichern (1808–1881)

Adolf Kolping (1813–1865)

Tipp
www.kolping.de

Kirchenleute greifen ein

In den Industriegebieten war das Elend der Arbeiterinnen, Arbeiter und deren Kinder sehr groß. Diese weitreichenden sozialen Probleme, auch soziale Frage genannt, wurden lange Zeit auch von der Kirche nicht aufgegriffen. So blieb das Engagement in der katholischen wie in der evangelischen Kirche einzelnen Personen überlassen.
Wenige Kirchenvertreter versuchten, den Menschen zu helfen. Der evangelische Pastor Johann Hinrich Wichern gründete 1833 ein Haus in Hamburg, das sich um gefährdete, alleinstehende Jugendliche kümmerte. In dem sogenannten „Rauhen Haus" wurden sie in familienähnlichen Gruppen betreut.
Durch die wachsende Textilindustrie seiner Stadt hatte der katholische Priester Adolf Kolping die soziale Not der Industriearbeiter täglich vor Augen. 1848 gründete er den „Katholischen Gesellenverein". Dieser Verein bot Wohnheime für wandernde Gesellen und später auch Sparkassen und Krankenkassen an.

Q1: Der Priester Adolf Kolping stellte um 1840 folgende Forderungen für junge Handwerker und Arbeiter:
... dem jungen Handwerker [fehlt] zumeist die Gelegenheit, sich außer der Werkstätte und dem Wirtshaus irgendwo behaglich niederzusetzen. Man richte in allen Städten einen freundlichen geräumigen Saal ein, sorge für Beleuchtung und Wärme und öffne es allen jungen Arbeitern. Je nützlicher und angenehmer, je freier und würdiger der Aufenthalt ... gemacht wird, umso größer wird die Teilnahme sein. Da dürfte es nicht an guten Büchern, Schriften und Zeitungen fehlen, zu tüchtigen Bürgern muss man sie erziehen. Ein tüchtiger Bürger muss ein tüchtiger Christ und ein tüchtiger Geschäftsmann sein.

1 a) Berichte über das Engagement von Johann Heinrich Wichern.
b) Ordne das Bild M1 in die Tätigkeiten von Johann Heinrich Wichern ein.

2 Arbeite aus Q1 die Überlegungen von Adolf Kolping heraus.

3 Recherchiere über das heutige Engagement des Kolping-Werkes.

Unternehmer helfen

Die Mehrzahl der Unternehmer kümmerte sich nicht um die Lebensbedingungen ihrer Arbeiter. Nur einige wenige waren daran interessiert, die Lage der Arbeiter zu verbessern. Dabei spielten zum einen christliche und menschliche Überlegungen eine Rolle. Zum anderen hatten die Unternehmer aber auch Angst davor, dass die zunehmende Verelendung zu Aufständen führen konnte. Ein weiteres Interesse lag darin, die Arbeitskraft der Arbeiter zu erhalten.

Der Unternehmer Friedrich Harkort führte beispielsweise 1836 eine Betriebskrankenkasse ein, die die Arbeiter und ihre Familien im Falle von Krankheit unterstützten. Der Unternehmer Carl Schwarz richtete in seiner Baumwollspinnerei in Erlangen eine Art Werkskantine für seine Arbeiter ein.

Q2: Der Unternehmer Alfred Krupp schrieb 1877 in einem Aufruf an die Arbeiter seiner Fabrik:

Um die Lage meiner Arbeiter zu verbessern, war ich von jeher zunächst darauf bedacht, ihnen ein möglichst sorgenfreies Dasein für Zeiten zu verschaffen, in denen sie selbst nicht mehr arbeiten könnten. Ihr selbst wisst am besten, wie es mit Kranken, Invaliden und ausgedienten Arbeitern bei uns gehalten wird. Dann habe ich Arbeitern Wohnungen gebaut, worin bereits 20 000 Seelen untergebracht sind, Schenkungen verliehen und Einrichtungen getroffen zur billigen Beschaffung von allem Lebens- und Hausbedarf. Ich habe mich dadurch in Schuldenlast gesetzt, die abgetreten werden muss. Damit dies geschehen kann, muss jeder seine Schuldigkeit tun – in Übereinstimmung mit unseren Vorschriften.

Invaliden
Menschen, die das Rentenalter noch nicht erreicht haben, aber aufgrund von Unfällen oder Krankheiten arbeitsunfähig sind

M2: *Werkswohnungen für Beschäftigte der Krupp-Werke in Essen, erbaut 1872 (Foto, 1910)*

Friedrich Harkort, Unternehmer (1793–1880)

Alfred Krupp, Unternehmer (1812–1887)

4 a) Berichte über die Beweggründe der Unternehmer, das Elend ihrer Arbeiter zu lindern.
b) Liste auf, welche Maßnahmen sie ergriffen haben (Text, M2, Q2).

Einigkeit macht stark – Arbeiter wehren sich

Proletarier
Bezeichnung für lohnabhängige Arbeiter, die nichts außer ihrer Arbeitskraft besitzen

Unternehmer

M1: *„Der Streik" (Gemälde von Robert Koehler, 1886)*

Anführer

Die Arbeiter, auch Proletarier genannt, litten unter äußerst schlechten Arbeitsbedingungen und erhielten nur sehr niedrige Löhne. Tägliche Arbeitszeiten von 16–18 Stunden waren die Regel. Die Arbeiter mussten sechs Tage in der Woche arbeiten, lediglich die Sonn- und Feiertage waren arbeitsfrei. Urlaub gab es nicht und die schlecht gesicherten Maschinen oder die kaum gestützten Bergwerksstollen verursachten oft tödliche Unfälle.

Die Menschen erkannten, dass sie ihre Lage nur verbessern konnten, wenn sie sich gemeinsam wehrten. Daher schlossen sie sich in Arbeitervereinen zusammen. Später folgten Gewerkschaften und Parteien, mit deren Hilfe die Arbeiter auf die Unternehmer Druck ausübten, um so ihre Forderungen durchzusetzen. Als wirksamstes Mittel erwies sich dabei der Streik.

Q1: In einer Näherei sollte für den halben Lohn gearbeitet werden, weil es zu wenig Arbeit gab, aber niemand entlassen werden sollte. Eine Arbeiterin erinnerte sich:
Unsere Firma wollte das Risiko auf sich nehmen, uns auch bei dem eingeschränkten Absatz voll zu beschäftigen, wenn wir für den halben Lohn arbeiten wollten. Von Organisation hatten wir keine Ahnung – und wir waren in einer Notlage, denn die meisten Arbeiterinnen ... lebten, wie man sagt, von der Hand in den Mund. So sagten wir zu, es einmal eine Woche zu versuchen.
Nun wurde darauf losgeschuftet. Das Resultat war kläglich; von dem um die Hälfte gekürzten Lohn wurden uns die vollen Kosten für Garn und Nadeln in Abzug gebracht. Das brutale Vorgehen des Unternehmers brachte uns zur Besinnung. Wir beschlossen einmütig, lieber zu feiern (zu streiken), als für

1b) Starthilfe
Für die Personen Anführer und Unternehmer:
Der Anführer ist erbost: „Die Männer, Frauen und Kinder arbeiten schon seit ..."
Der Unternehmer steht ruhig auf der Treppe und antwortet: „Was wollt ihr denn mit der ganzen freien Zeit ..."

1 a) Beschreibe das Geschehen in M1. Achte dabei auf die Körperhaltung der Personen.
b) Wähle zwei Personen aus. Schreibe ein mögliches Gespräch zwischen den beiden.

einen solchen Lohn zu arbeiten, von dem zu existieren nicht möglich war.
Drei Arbeiterinnen, zu denen auch ich gehörte, wurden bestimmt, dies dem Chef mitzuteilen ... Als der Chef merkte, dass wir uns nicht so leicht unterkriegen ließen, wurde er so wütend, dass er uns rot vor Ärger anschrie: „Na, dann werde ich euch den vollen Preis wieder zahlen! Wollt ihr nun wieder arbeiten?“ Da antworteten wir ihm kurz: „Jawohl, nun werden wir wieder arbeiten.“ Wir waren durch unseren Erfolg selbst überrascht. Dem Unternehmer war es aber ebenso neu, dass Arbeiterinnen ... geschlossen ihre Forderungen stellten.

Immer öfter wehrten sich Arbeiter und Arbeiterrinnen gegen die schlechten Arbeitsbedingungen. Dabei lernten sie schnell, dass gemeinsames Vorgehen sehr erfolgreich sein konnte. Sie schlossen sich zusammen, legten die Arbeit nieder und zogen protestierend durch die Stadt. Streiks sollten dabei immer ohne Gewalt ausgeführt werden.

Q2: Die abgesandten Bergleute aus dem Rheinland und aus Westfalen beschlossen am 24. Mai 1889 folgende Forderungen:
I. Der Ausstand (Streik) der Bergarbeiter sämtlicher Zechen von Rheinland und Westfalen beginnt am Montag, den 27. Mai ... und dauert, bis die Erfüllung folgender allgemeiner Forderungen ... schriftlich ... eingesandt sind.
II. Forderungen
1. Es darf die Schicht unter Tage für alle Bergarbeiter nur acht Stunden betragen ...
2. Es dürfen keine Überstunden ... gemacht werden, bevor ... [man sich] verständigt hat.
3. Eine Lohnerhöhung von 15 pCt (Prozent) für alle Schichtlohnarbeiter; ... von 20 pCt. für alle im Gedinge Arbeitende, mit einem bisherigen monatlichen Verdienste von nur 50 bis 80 Mark; eine Lohnerhöhung von 15 pCt. für solche, die 80 bis 100 Mark verdienten und eine Lohnerhöhung von 10 pCt. für diejenigen, die 100 Mark und darüber verdient haben.
4. Es dürfen weder Delegierte noch sonstige Arbeiter nach Wiederaufnahme der Arbeit in irgendeiner Weise gemaßregelt oder benachteiligt werden.

M2: *Wandschmuck einer Arbeiterwohnung (Ende des 19. Jh.)*

Gedinge
eine Lohnzahlung z. B. im Bergbau, bei der nicht die Stunde, sondern die in der Stunde erbrachte Leistung bezahlt wird (heutige Bezeichnung: Akkord)

2 a) Berichte über die Vorgänge in der Näherei (Q1).
b) Erkläre, wie es den Arbeiterinnen gelang, ihre Forderungen durchzusetzen.

3 Erläutere die Aussage auf dem Wandschmuck in M2.

4 Beurteile die Forderungen der Bergleute (Q2).

5 Diskutiert, ob Streiks auch heute für Arbeitnehmer ein gutes Mittel sind, um ihre Forderungen durchzusetzen.

3 Starthilfe
Beziehe in deine Antwort die Überschrift dieser Doppelseite ein.

Ein Lösungsversuch der sozialen Frage

Karl Marx (1818–1883) entstammte einer Anwaltsfamilie aus Trier. Schon während seines Studiums der Philosophie beschäftigte er sich mit Fragen der Gesellschaft und der Arbeiterschaft. In Schriften und Büchern veröffentlichte er seine Erkenntnisse.

M1: *Karl Marx und französische Arbeiter diskutieren (Szene von 1844, gemalt 1961).*

Friedrich Engels (1820–1895) war Sohn eines erfolgreichen Textilfabrikanten. Während seiner Ausbildung zum Handlungsgehilfen lernte er vor allem in England die Arbeits- und Lebensbedingungen der Arbeiterklasse kennen. Dies änderte seine politische Einstellung.

Die Arbeiterbewegung wurde durch verschiedene politische Vordenker unterstützt. Zu ihnen gehörten z. B. Karl Marx und Friedrich Engels. Beide hatten einen großen Einfluss auf die Abeiterbewegungen.

Nach den Vorstellungen von Marx und Engels gab es auf der einen Seite die Klasse der Proletarier, die ihre Arbeitskraft verkaufen mussten. Dafür bekamen sie Lohn, mit dem sie gerade leben konnte. Auf der anderen Seite gab es die Klasse der Besitzenden, die Fabrikbesitzer, die durch den Verkauf von den erarbeiteten Produkten Gewinne erzielten. Deswegen konnten sie weitere Maschinen und Fabriken kaufen und die Proletarier noch mehr ausbeuten.

Nach den Ideen von Marx und Engels konnte eine bessere Gesellschaft nur durch einen Klassenkampf gelingen. Dabei sollten alle Produktionsmittel und das Privateigentum in den Besitz des Volkes übergehen und eine klassenlose Gesellschaft entstehen. Diese Form der Gesellschaft, in der es keine Klassen mehr gibt, wird Kommunismus genannt.

Die Theorie von Marx und Engels beeinflusste viele Arbeiterbewegungen. Auch Parteien griffen immer wieder auf die Erkenntnisse der beiden Denker zurück, denn das Ziel, die soziale Frage zu lösen, fanden viele richtig. Den Weg über eine Revolution wollten sie dabei aber nicht gehen. Vielmehr sollte der Weg auf demokratische Weise beschritten werden, z. B. mit einem Wahlrecht für Arbeiter oder die Umgestaltung des Staates durch gewählte Abgeordnete in einem Parlament. Die älteste Arbeiterpartei, die diesen Weg verfolgte, ist die Sozialdemokratische Partei Deutschlands, die SPD.

1 a) Erkläre, wie sich nach Karl Marx und Friedrich Engels das Proletariat und die besitzende Klasse verändern müssen, damit eine gerechtere Gesellschaft entsteht.
b) Nenne die Maßnahme, mit der dies erreicht werden sollte.

2 Erkläre den Weg, den die SPD zur Lösung der sozialen Frage gehen wollte.

Für Karl Marx und Friedrich Engels gab es als Lösung für die soziale Frage nur einen Weg. Die bürgerliche Gesellschaft mit ihrem Besitz an Produktionsmitteln (z. B. Fabriken) musste beseitigt werden. Dazu sollte das Proletariat das Bürgertum gewaltsam stürzen und alle Produktionsmittel und das Privateigentum in den Besitz des Volkes überführen. So sollte eine klassenlose, d. h. kommunistische Gesellschaft entstehen.

Q1: In dem Kommunistischen Manifest schrieb Karl Marx 1848:
Die Geschichte aller bisherigen Gesellschaft ist die Geschichte von Klassenkämpfen.
Freier oder Sklave ... Baron oder Leibeigener, Zunftbürger oder Gesell, kurz, Unterdrücker und Unterdrückter standen in stetem Gegensatz zueinander, führten einen ununterbrochenen ... Kampf, der jedes Mal mit einer revolutionären Umgestaltung der ganzen Gesellschaft endete ...

M1: *Karl Marx und Friedrich Engels (1867)*

Q2: Über die kommunistische Bewegung in Europa schrieb Karl Marx:
Ein Gespenst geht um in Europa – das Gespenst des Kommunismus.
Die Kommunisten erklären, dass ihre Zwecke nur erreicht werden können durch den gewaltsamen Umsturz aller bisherigen Gesellschaftsordnung. Möge die herrschende Klasse vor einer kommunistischen Revolution erzittern. Die Proletarier haben nichts zu verlieren ...
Was der Lohnarbeiter durch seine Tätigkeit sich aneignet, reicht bloß dazu hin, um sein nacktes Leben wieder zu erzeugen. ... Ihr entsetzt euch darüber, dass wir das Privateigentum aufheben wollen. Aber in eurer bestehenden Gesellschaft ist das Privateigentum für neun Zehntel ... aufgehoben.

Neben den Vorstellungen der Kommunisten gab es auch weniger revolutionäre Ansätze wie z. B. die der SPD.

Q3: Im Gothaer Programm fordert die SPD im Mai 1875 Folgendes:
Die ökonomische Abhängigkeit des Arbeiters von dem Kapitalisten bildet die Grundlage der Knechtschaft in jeder Form, und es erstrebt deshalb die sozialdemokratische Partei unter Abschaffung der jetzigen Produktionsweise (Lohnsystem) durch genossenschaftliche Arbeit den vollen Arbeitsertrag für jeden Arbeiter ...
Erteilung des allgemeinen, gleichen, direkten und geheimen Wahlrechts an alle Männer vom 20. Lebensjahr an zur Wahl für das Parlament, die Landtage der Einzelstaaten, die Provinzial- und Gemeindevertretungen wie alle übrigen Vertretungskörper ...

genossenschaftliche Arbeit
Genossenschaften sind der Zusammenschluss von Personen, die sich unternehmerisch betätigen. Die Produktionsmittel gehören dabei allen, die zur Genossenschaft gehören. Genossenschaftliches Arbeiten bedeutet, dass alle Mitglieder verantwortlich mit allen Mitteln umgehen und auch alles selbst verwalten.

1. Erarbeite aus Q1 die Analyse von Karl Marx über die Entwicklung von Gesellschaften.
2. Erkläre, was Karl Marx mit dem „Gespenst des Kommunismus" meinte.
3. a) Nenne Aspekte, mit deren Hilfe die SPD die soziale Frage klären wollte.
   b) Nenne Gründe, warum die SPD das Wahlrecht forderte.

Der Staat greift ein – soziale Sicherung

Bislang hatte die Politik die Meinung vertreten, dass sich die Probleme der Arbeiter von allein lösen würden und ein Eingreifen des Staates nicht nötig war. Doch die Streiks, die Unruhen und die Unzufriedenheit, aber auch die Forderungen von Unternehmern und der Kirche, etwas gegen die sozialen Missstände zu unternehmen, führten zu Maßnahmen vonseiten des Staates.

Kaiser Wilhelm I. und sein Reichskanzler Otto von Bismarck hatten zudem Angst davor, dass die Arbeiter zu Anhängern der Arbeiterpartei SPD werden könnten. Die SPD vertrat die Interessen der Arbeiter und wurde von den Regierenden als staatsgefährdend eingestuft.

Um die Arbeiter an den Staat zu binden, wurden von Bismarck von 1883 bis 1889 in mehreren Schritten Sozialgesetze zur Kranken-, Unfall- und Rentenversicherung eingeführt. Diese Maßnahmen waren der Beginn der staatlichen Sozialpolitik.

Q1: Reichskanzler Otto von Bismarck äußerte sich über die Sorgen der Arbeiter im März 1884:

Die Frage von Arbeitszeit und Lohnhöhe ist durch Gesetze außerordentlich schwierig zu lösen. Ich habe darüber auch nur sporadisch lokale Klagen gehört. Der eigentliche Beschwerdepunkt [des Arbeiters] ... ist die Unsicherheit seiner Existenz. Er ist nicht sicher, dass er immer Arbeit haben wird, er ist nicht sicher, dass er immer gesund ist, und er sieht voraus, dass er einmal alt und arbeitsunfähig sein wird. Verfällt er aber der Armut auch nur durch längere Krankheit, so ist er darin nach seinen eigenen Kräften völlig hilflos und die Gesellschaft erkennt ihm gegenüber bisher eine eigentliche Verpflichtung ... nicht an ... Solange der Staat ihm da nicht entgegenkommt und solange er zu dem Entgegenkommen kein Vertrauen hat, da wird er immer wieder zu dem sozialistischen Wunderdoktor laufen.

Versicherungsart	Krankenversicherung	Unfallversicherung	Altersversicherung
Einführung	– 1883	– 1884	– 1889
Beitragshöhe	– 2–3 % des Lohnes	– unterschiedlich	– 1 % des Lohnes
Wer zahlt?	– 2/3 zahlt der Arbeiter, 1/3 zahlt der Unternehmer	– der Unternehmer zahlt allein	– Arbeiter und Unternehmer zahlen je die Hälfte
Welche Leistungen erhält der Arbeiter?	– Bezahlung der Arztbesuche und der Medikamente – Kosten für Krankenhausaufenthalt – bis zu 50 % des Durchschnittslohns als Krankengeld ab dem 3. Krankheitstag bis zu 26 Wochen	– Bezahlung der Heilungskosten – bei Erwerbsunfähigkeit Weiterzahlung von 2/3 des Einkommens – bei Unfalltod 1/5 des Lohns für Witwen	– Altersrente ab 70 Jahren nach 30 Jahren Beitragszahlung

M1: *Übersicht über die Sozialgesetzgebung*

1. Erkläre, warum der Staat sich der sozialen Frage annahm.
2. Erschließe aus Q1, was Bismarck unter der Unsicherheit der Existenz verstand.
3. Erkläre mithilfe von M1, welche Absicherungen für die Arbeiter geschaffen wurden.

M2: *Eine Bilanz der Regierung von 1913 zum Erfolg der Sozialversicherung*

Mit der Einrichtung der Sozialversicherung wurden erste Schritte unternommen, soziale Missstände zu beseitigen. Aber weiterhin gab es Kritik, da vielen die Leistungen zu gering waren. Ein Beispiel hierfür war die seit 1889 eingeführte Invaliditäts- und Alterssicherung, die jedem versicherungspflichtigen Arbeiter eine kleine Altersrente ab dem 70. Lebensjahr sicherte, wenn er mindestens 30 Jahre lang Beiträge gezahlt hatte. Allerdings wurden nur wenige Menschen 70 Jahre alt. Vor allem Arbeiter starben aufgrund ihrer schweren Arbeit und der schlechten Lebensbedingungen oft früher. Wenn ein Versicherter vor dem 70. Lebensjahr erwerbsunfähig wurde und fünf Jahre lang Beiträge gezahlt hatte, erhielt er eine Invalidenrente.

M3: *Rentenauszahlung (Stich, um 1890)*

4 Schildere, worin die Regierung die Erfolge der Sozialversicherungen sah (M2).

5 Beurteilt, ob die gesetzliche Sozialversicherung Missstände beseitigte (M2, M3).

6 Recherchiert, was heute zu den Sozialversicherungen gehört.

Menschen suchen neues Glück

M1: *Deutsche Auswanderer besteigen in Hamburg ein Schiff nach New York (19. Jh.).*

Zwischen 1820 und 1914 verließen über fünf Millionen Deutsche ihre Heimat. Sie wollten in Argentinien, Brasilien, Australien und vor allem in den USA ein neues Leben beginnen.

Q1: Der deutsche Auswanderer Fritz Abel berichtet 1888 aus New York über sein neues Leben:

Ich wohne in Brooklyn, der großen Schlafkammer New-Yorks in einem sehr guten Boarding-house oder wie man es in Deutschland nennen würde: „Pensionshause"..... Mein Zimmer ist ziemlich klein, ungefähr wie die kleine Stube, ohne Ofen, drei Treppen hoch und hat nichts in sich als Bett, Waschtisch, und eine Kommode, wie Spiegel & Stühle und einen kleinen Tisch ... frühmorgens um ½ 7 läutet die Glocke zum Aufstehen, ... um um ½ 8 am Kaffeetisch erscheinen zu können. Da gibt es denn recht schlechten Kaffee, schlechtes Brod und ein Stück Schuhsohle, wollte schreiben Beefsteak. Aber hinunter muss das meiste doch, denn vor 12 Uhr gibts nichts zu essen, um ¾ 8 gehts ins Comptoir (Lager) und da wird dann stramm gearbeitet bis um 12 oder ½ 1 Uhr. Dann aber kommt auch die schönste Stunde des Tages, der Lunch ... Suppe, Fleisch und Gemüse, Käse und Bier dazu, das stärkt dann ordentlich bis zum Abend ... Um 1 1/1 oder 2 Uhr beginnt dann die Arbeit wieder und dauert bis 6 Uhr und man geht dann nach Hause um sein Dinner ... ein Stück Roastbeefe, Thee etc. etc. und ein Glas Wasser. ... Der Dollar rechnet für eine Mark in Deutschland und ich muss gerade so leben wie ich lebe, um mit 100 Dollar den Monat zu reichen.

Fritz Abel
geb. 1868 in Magdeburg, machte in Deutschland eine kaufmännische Lehre und arbeitete in New York als Lagerangestellter.

Tipp
Weitere Auswandererbriefe könnt ihr unter www.auswandererbriefe.de finden.

1 Versetze dich in eine der Personen in M1 und beschreibe deine Gefühle so kurz vor der Auswanderung.

2 a) Beschreibe, wie Fritz Abel seine Situation in den USA um 1888 beurteilt.
b) Vergleiche die Situation eines Arbeiters in Deutschland zur gleichen Zeit.

3 Argumentiere aus Sicht eines deutschen Arbeiters um 1900 für oder gegen eine Auswanderung.

4 Recherchiere im Internet die Zahlen und Motive heutiger Auswanderer.

Voraussetzungen der Industrialisierung

Zu Beginn des 19. Jh. war die Landwirtschaft noch nicht in der Lage, die sprunghaft gestiegene Bevölkerung zu versorgen. Durch Erfindungen und Verbesserungen von landwirtschaftlichen Geräten konnte aber bald eine immer größere Zahl von Menschen versorgt werden. Ein weiterer Beitrag zur Steigerung der Ernteerträge war die Erfindung des Mineraldüngers durch Justus Liebig. Aber auch die verbesserte Viehwirtschaft förderte eine sicherere Versorgung der Menschen.

Die Dampfmaschine

Mit der Erfindung der Dampfmaschine waren die Menschen nicht mehr von Wind oder Wasser als Antriebskraft abhängig. Durch die Dampfmaschine konnte mit leistungsstarken Pumpen Wasser aus größeren Tiefen der Bergwerke nach oben befördert werden. Die Dampfmaschine fand in verschiedensten Industriezweigen ihre Anwendung. Durch die Dampflokomotiven wurde eine große Mobilität erreicht. Menschen und Waren konnten schnell von einem Ort zum anderen Ort gebracht werden.

Soziale Frage

Mit der Industrialisierung begann das Elend der Arbeiter: Schlechte Löhne, viel zu kleine Wohnungen und Kinderarbeit sind Zeichen der Zeit. Arbeiterbewegungen, Vereine und Parteien nahmen sich der Probleme an. Der Staat reagierte mit den Sozialversicherungen, die durch Otto von Bismarck eingeführt wurden.

Daten & Fakten

1750–1850
Anstieg der Bevölkerung
verbesserte Landwirtschaft
Fortschritte in der Medizin

1750–1770
mechanische Webstühle
Dampfmaschine von James Watt

1. Hälfte des 19. Jh.
Beginn der Industrialisierung in Deutschland

1834
Gründung des Deutschen Zollvereins

1883–1889
staatliche Sozialgesetzgebung

Begriffe

Bauernbefreiung
Bevölkerungswachstum
Mineraldünger
mechanische Webstühle
Dampfmaschine
Zollverein
Dampflokomotive
Kinderarbeit
Mietskaserne
soziale Frage
Sozialversicherung
Proletarier
Bürgertum

Zum Weiterlesen

Els Pelsgrom: Umsonst geht nur die Sonne auf. dtv. 11. Aufl. 2000
Willi Fährmann: Der lange Weg des Lukas B. Arena. 4. Aufl. 1994

1 Technischer Fortschritt

Du kannst …

a) die Szene in M1 beschreiben und über die Erfindung berichten. ✓

b) erklären, warum die Erträge in der Landwirtschaft gesteigert werden konnten. ✓✓

c) begründen, warum politische Veränderungen, medizinische Erfindungen und neue Technologien in der Landwirtschaft Voraussetzungen für die Industrialisierung waren. ✓✓✓

M1: *Der Dampfpflug*

2 Der Siegesszug der Eisenbahn

M2: *Erste deutsche Dampflok „Adler" – ein Vergleich*

Du kannst …

a) den Vergleich in M2 beschreiben. ✓

b) erklären, welche Bedeutung die Eisenbahn für die industrielle Entwicklung hatte. ✓✓

c) die Zusammenhänge zwischen Kohleförderung, Eisenproduktion, Eisenbahn und Zollverein erläutern. ✓✓✓

3 Die Lebensverhältnisse

M3: *Mutter mit Kind in einer Wohnküche in Berlin (1909)*

M4: *Lesende Frau in einem bürgerlichen Wohnzimmer in Berlin (1913)*

Du kannst …

a) die Fotografien M5 und M6 beschreiben. ✓

b) die Personen in M5 und M6 dem Proletariat bzw. dem Bürgertum zuordnen und deine Zuordnung begründen. ✓✓

c) beurteilen, ob die Lebensbedingungen der Proletarier menschenwürdig waren. ✓✓✓

M5: *Der prassende (verschwenderisch lebende) Altersrentner (Karikatur, Ende des 19. Jh.)*

4 Die Sozialversicherungen

Du kannst …

a) die drei Sozialversicherungen nennen. ✓

b) die Absicherungen, die für die Arbeiter geschaffen wurden, erklären. ✓✓

c) die Leistungen der Alterssicherung mithilfe der Karikatur bewerten. ✓✓✓

Entstehung des monarchischen Nationalstaates

00 1810 1820 1830 1840 1850 1860 1870 1880 1890 1900

Kapitel 03

Im Januar 1871 riefen die deutschen Fürsten im Schloss von Versailles einen deutschen Kaiser aus, der das Deutsche Reich regieren sollte. Mit diesem Akt bestimmten die deutschen Fürsten nicht nur einen Monarchen zum Staatsoberhaupt, sondern vereinten auch die Vielzahl der deutschen Staaten in einem Reich.

Diesem Ereignis ging ein langer Weg voraus, auf dem Studenten, Arbeiter und Bürgerliche mit friedlichen und gewaltsamen Mitteln um die deutsche Einheit, Menschenrechte und politische Mitbestimmung gekämpft hatten. Viele ihrer demokratischen Ziele sind erst in der Bundesrepublik Deutschland verwirklicht worden.

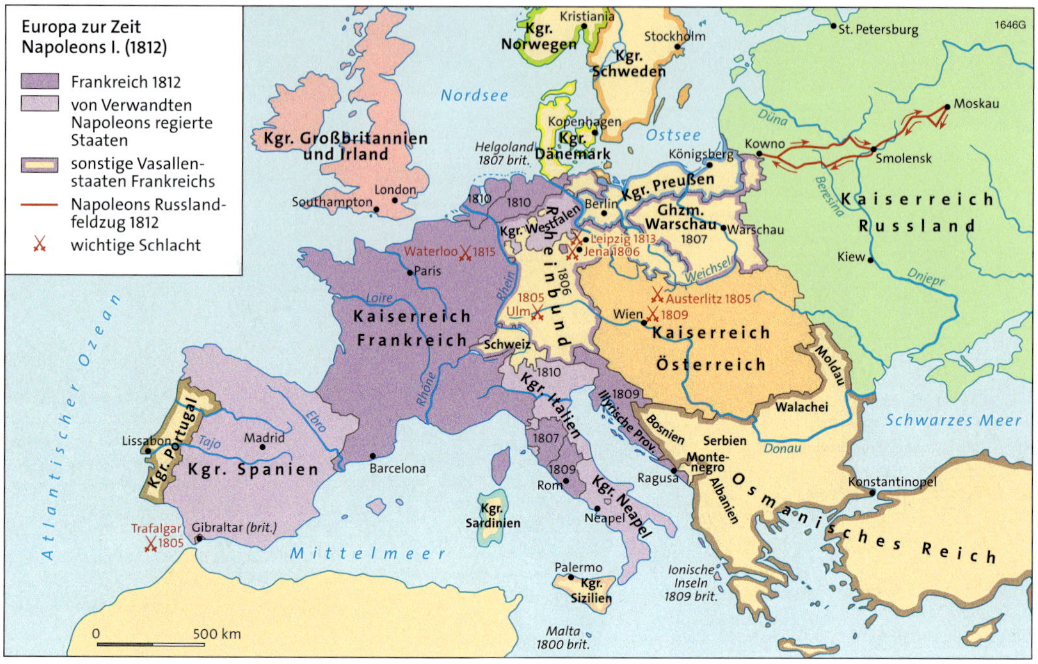

M1: *Europa im Jahr 1812*

Europa unter Napoleons Herrschaft

Zu Beginn des 19. Jahrhunderts gelang es Frankreich unter der Führung Napoleons, große Teile Europas zu erobern. 1801 musste Österreich alle Gebiete westlich des Rheins an Frankreich abtreten. Unter dem Druck Napoleons schlossen sich 1806 16 deutsche Staaten zum Rheinbund zusammen und unterstellten sich französischem Schutz. Napoleon war es nun im Rheinbund nicht nur möglich, französische Soldaten zu stationieren, sondern auch die Truppen des Rheinbundes in sein Heer zu integrieren.
Durch Siege über Preußen (1806) und Österreich (1809) konnte Napoleon diese Staaten zu Abkommen mit Frankreich zwingen.

Einigkeit im Widerstand

Für die großen Staaten wie Preußen und Österreich war die Niederlage gegen Frankreich beschämend. Dies und die französische Besatzungspolitik führten zu einer Unzufriedenheit der Menschen und zur Bildung nationaler und patriotischer Bewegungen in weiten Teilen Europas. In deutschen Ländern entwickelte sich besonders unter Handwerkern und Studenten eine große Begeisterung für einen nationalen Befreiungskrieg gegen die Franzosenherrschaft.
Die Niederlage Napoleons im Russlandfeldzug im Winter 1812/13 bestärkte diese Bewegung und setzte die deutschen Herrscher unter Druck. Der preußische König rief als Erster zum Krieg auf.

national
Menschen, die national denken, sehen sich als Gemeinschaft mit politischen und kulturellen Gemeinsamkeiten. Sie haben das Ziel eines vereinten Staates.

patriotisch
das Vaterland liebend

1. Beschreibe anhand der Karte den Machtbereich Napoleons im Jahr 1812 (M1).
2. Erkläre, inwiefern die Angliederung des Rheinbundes an Frankreich Napoleon half, Preußen und Österreich zu besiegen.
3. Die Deutschen lebten vor der napoleonischen Besatzung in vielen Kleinstaaten. Stelle Vermutungen an, warum es gerade jetzt zu nationalen Bewegungen kam.

M2: *Lützower Freikorps (zeitgenössische Radierung)*

Das Lützower Freikorps war eine Freiwilligeneinheit der preußischen Armee. Seine Angehörigen wurden auch „Schwarze Jäger" genannt, weil die Freikorpssoldaten ihre Alltagskleidung schwarz gefärbt hatten, um eine einheitliche Uniform zu haben. Wie in der preußischen Armee üblich, hatten sie zudem ihre Ärmelaufschläge und die Kragen mit rotem Stoff besetzt.

Q1: Friedrich Wilhelm III. in seinem Aufruf „An Mein Volk" vom 17. März 1813:

... Brandenburger, Preußen, Schlesier, Pommern, Litauer! ... Ihr wisst, was euer trauriges Los ist, wenn wir den beginnenden Kampf nicht ehrenvoll enden. Erinnert Euch ... der Güter, die ... unsere Vorfahren blutig erkämpften: Gewissensfreiheit, Ehre, Unabhängigkeit, Handel, Kunstfleiß und Wissenschaft ... Große Opfer werden von allen ... gefordert werden ... Ihr werdet jene lieber bringen für das Vaterland, für Euren angeborenen König, als für einen fremden Herrscher ... Aber welche Opfer auch von Einzelnen gefordert werden mögen, sie wiegen die heiligen Güter nicht auf, für die wir sie hingeben, für die wir streiten und siegen müssen, wenn wir nicht aufhören wollen, Preußen und Deutsche zu sein.

Preußen, Österreich, Russland und Großbritannien schlossen sich gegen Frankreich zusammen. Unter Führung Bayerns traten auch die südlichen Rheinbundstaaten dem Bündnis bei. Innerhalb der Bevölkerung Preußens, aber auch der Rheinbundstaaten war die Begeisterung groß. Eine breite Freiwilligenbewegung aus allen Schichten und besonders unter Studenten formierte sich. Sie schlossen sich zu Freiwilligenverbänden zusammen. Diese Freikorps kämpften an der Seite der deutschen Truppen oder gingen eigenverantwortlich vor.

Nach vielen kleinen Gefechten kam es im Oktober 1813 zur entscheidenden Schlacht bei Leipzig. Noch während der Schlacht wechselten die sächsischen Truppen auf die deutsche Seite. In der sogenannten Völkerschlacht wurde Napoleon besiegt.

4 Erkläre, warum die Befreiungskriege im Frühjahr 1813 begannen.

5 Arbeite aus Q1 heraus, mit welchen Formulierungen Friedrich Wilhelm III. besondere Wirkung erzielen will, um sein Volk für den Krieg zu gewinnen.

6 Erläutere die Entstehung der Freiwilligenverbände während der Befreiungskriege.

5 Starthilfe

Der preußische König Friedrich Wilhelm III. spricht die verschiedenen Bevölkerungsgruppen seines Landes direkt an, z. B. „Brandenburger" und „Preußen". Außerdem ...

M1: *Eine Sitzung auf dem Wiener Kongress 1814/15*

Erwartungen an den Neubeginn

Nach dem Sieg über Napoleon versammelten sich von September 1814 bis Juni 1815 die Fürsten und Minister der verbündeten Staaten Großbritannien, Russland, Österreich und Preußen in Wien. An diesem Kongress nahmen ebenfalls Vertreter anderer deutscher und europäischer Staaten sowie Gesandte des besiegten Frankreichs teil. Nach den Kriegs- und Besatzungsjahren sollte Europa auf dem Wiener Kongress neu geordnet werden.

Die Erwartungen waren besonders in den deutschen Staaten groß. Die Hoffnungen reichten hier von einem deutschen Staat unter zentraler Führung eines Monarchen über einen geeinten Bundesstaat bis zu einem nationalen Staat, in dem die Bürger durch Wahlen ihre Regierung bestimmen können.

Bundesstaat
Verbindung mehrerer Staaten zu einem Gesamtstaat. Der Bundesstaat entscheidet über alle wesentlichen Fragen, z. B. über die gemeinsame Außenpolitik. Die einzelnen Staaten behalten jedoch ihre Eigenständigkeit, z. B. Innenpolitik, Regierung, Polizei u. a.

Q1: Aus einer Flugschrift an den Wiener Kongress:

Welcher wahre Deutsche kann kalt und schläfrig abwarten, was geschehen wird? Wer fühlt sich nicht durch den Gedanken begeistert, dass der Zeitpunkt da ist, wo der Deutsche an der Donau und am Rhein den an der Elbe und Weser als seinen Mitbruder umarmen und wenn es nottut, sein Blut vergießen wird; der Zeitpunkt, wo die Herrscher der Völker ... bekennen, dass diese nicht um ihretwillen, sondern sie um ihrer Völker willen da sind.

Q2: Ein Unbekannter schrieb am 10. November 1814 in einer Zeitung:

Jetzt scheint der Augenblick gekommen, wo die Nation für so viel Treue und Aufopferung eine gerechte Anerkennung ihrer Würde in einer geläuterten Verfassung erwarten darf.

1. Beschreibe die Aufgabe des Wiener Kongresses.
2. Fasse zusammen, welche Hoffnungen die Menschen der deutschen Länder in den Wiener Kongress setzten (Q1, Q2).

Die Wiederherstellung der alten Ordnung

Die Beteiligten des Wiener Kongresses wollten jene Verhältnisse wiederherstellen, die vor der Französischen Revolution und vor der napoleonischen Besatzung in Europa herrschten. Nach den Revolutions- und Kriegsjahren sehnten sich die Fürsten nach Ruhe und der guten alten Zeit. Die Hoffnungen ihrer Völker auf freiheitliche Rechte und nationale Einheit ignorierten sie. Sie verstanden sich als Herrscher von Gottes Gnaden und sahen in den liberalen Ideen ihrer Untertanen ein revolutionäres Übel.

Q3: Fürst von Metternich schrieb 1826 über seine Politik auf dem Wiener Kongress:
Das erste Ziel der Bemühungen ... ist die Aufrechterhaltung der gesetzlichen Ordnung, die das glückliche Ergebnis dieser Wiederherstellung ist; eines Zustandes der Ruhe, der allen die Früchte eines so teuer erkauften Friedens sichert ... die Unterdrückung des noch bestehenden Übels [ist] die ... unerlässliche Vorbedingung dafür ... Dieses Übel ist der revolutionäre Geist, geboren aus jener ordnungswidrigen Unruhe, welche die Umwälzungen der Epoche der heutigen Generation aufgeprägt haben.

Die Neuordnung Europas sollte vor allem die Macht der Herrschenden stärken. Zur Sicherung ihrer Macht und des Friedens sollte ein Gleichgewicht der starken Staaten hergestellt werden. Daher wurden Großbritannien, Russland, Österreich, Preußen und Frankreich als Großmächte gefestigt. In Frankreich wurde hierzu die alte Monarchie unter dem Bruder Ludwigs XVI. wiederhergestellt.

M2: *„Der Anti-Zeitgeist" (Karikatur aus dem Jahr 1819)*

Der Deutsche Bund

In Wien gründeten die deutschen Staaten den Deutschen Bund als losen Zusammenschluss eigenständiger Einzelstaaten. Ein deutscher Nationalstaat lag weder im Interesse der Großmächte England, Russland und Frankreich noch Österreichs und Preußens. Beide hätten in einem einheitlichen Deutschland ihre Großmachtstellung einschränken müssen. Aber auch die Herrscher der kleineren deutschen Staaten hatten kein Interesse, in einem geeinten Deutschland auf ihre Unabhängigkeit zu verzichten.
Mit dem Deutschen Bund wurden die Anhänger der nationalen und freiheitlichen Ideen tief enttäuscht. Für sie war ein loser Staatenbund aus zersplitterten unabhängigen Einzelstaaten ein schlechter Lohn für ihre Opfer in den Befreiungskriegen.

Esel: *Dummheit*
Steckenpferd: *Stammbaum*
Falke: *Zeichen für den Adel*
Fledermäuse: *Symbol für Teufel und Tod*
Eulen: *Hexen- und Teufelssymbol*
Jakobinermütze: *seit der Französischen Revolution ein Freiheitssymbol*
Waage: *Symbol für Gerechtigkeit*

liberale Ideen
Zu den liberalen Ideen zählte im 19. Jh. der Wunsch nach Freiheit und Eigenverantwortung in politischer, wirtschaftlicher und gesellschaftlicher Hinsicht. Die Liberalen forderten in diesen Bereichen weniger Einschränkungen von der Obrigkeit.

Fürst von Metternich
(1773–1859)
österreichischer Staatsmann und prägende Figur des Wiener Kongresses

3 Vergleiche die Interessen der Bevölkerung mit denen der Herrschenden (Q3).
4 Erkläre, warum in Wien kein deutscher Nationalstaat gegründet wurde.
5 Verfasse als patriotischer Journalist einen Artikel über die Ergebnisse des Kongresses.

M1: *Karte vom Deutschen Bund 1815*

Dem Deutschen Bund gehörten das Kaiserreich Österreich und das Königreich Preußen mit ihren deutschen Gebieten an; gleichfalls die Königreiche Bayern, Württemberg, Sachsen, Hannover und 29 deutsche Kleinstaaten. Hinzu kamen die letzten vier freien Städte Frankfurt am Main, Hamburg, Bremen und Lübeck.

1 In Deutschland hofften viele Bürger, dass auf dem Wiener Kongress nationale Einheitsstaaten gegründet würden. Erkläre, inwiefern diese Hoffnungen enttäuscht wurden.

2 a) Nenne Staaten, die Gebiete innerhalb und außerhalb des Deutschen Bundes hatten (M1).
b) Vermute, welche Konsequenzen dies für den Deutschen Bund hatte.

3 a) Das Kaiserreich Österreich wurde auch Vielvölkerstaat genannt. Untersuche, warum es diesen Beinamen erhielt (M1).
b) Stelle Vermutungen an, warum Österreich die Bewegung zur Bildung von Nationalstaaten unbedingt unterdrücken wollte.

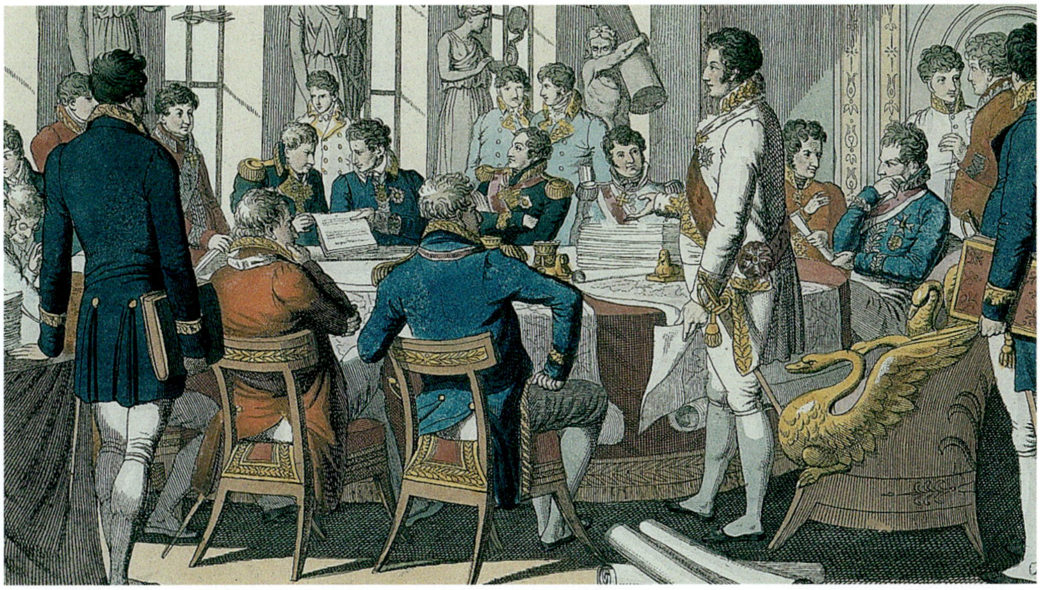

M1: *Tagung des Bundestages in Frankfurt am Main – Bundesversammlung der Gesandten der Fürsten aller deutschen Bundesstaaten 1816*

1815 unterschrieben die Staaten des Deutschen Bundes die Deutsche Bundesakte. Dieses Dokument regelte die Beziehungen zwischen den Staaten.

Q1: Aus der Deutschen Bundesakte:

Art. 1: Die [35] souveränen Fürsten und [vier] freien Städte Deutschlands, mit Einschluss ... des Kaisers von Österreich und der Könige von Preußen, von Dänemark (für Holstein und Lauenburg) und der Niederlande (für Luxemburg) ... vereinigen sich zu einem beständigen Bunde, welcher der Deutsche Bund heißen soll.

Art. 2: Der Zweck desselben ist: Erhaltung der äußeren und inneren Sicherheit Deutschlands und der Unabhängigkeit und Unverletzbarkeit der einzelnen deutschen Staaten.

Art. 3: Alle Bundesmitglieder haben als solche gleiche Rechte ...

Art. 4: Die Angelegenheiten des Bundes werden durch eine Bundesversammlung besorgt, in welcher ... [sie] durch ihre Bevollmächtigten teils einzelne, teils Gesamtstimmen ... führen ...

Art. 11: Alle Mitglieder des Bundes versprechen, sowohl ganz Deutschland als jeden einzelnen Bundesstaat gegen jeden Angriff in Schutz zu nehmen, und garantieren sich gegenseitig ihre sämtlichen ... Besitzungen. Bei einem erklärten Bundeskrieg darf kein Mitglied einseitige Unterhandlungen mit dem Feinde eingehen ...
Die Bundesglieder ... verpflichten sich, ... keine Verbindung einzugehen, welche gegen die Sicherheit des Bundes oder einzelner Bundesstaaten gerichtet wären.

freie Städte
Frankfurt am Main, Hamburg, Bremen und Lübeck waren Städte, die sich selbst verwalteten und regierten und in keinen Staat integriert waren.

Gesamtstimmen
Neben jenen Abstimmungen, in denen die Bundesstaaten über jeweils eine Stimme verfügten, gab es Abstimmungen, in denen die Mitglieder je nach Größe mit vier, drei, zwei oder einer Stimme abstimmten.

1 Zeige auf, aus welchen Mitgliedern sich der Deutsche Bund zusammensetzte (Q1).

2 a) Erkläre, zu welchem Zweck der Deutsche Bund gegründet wurde.
b) Arbeite heraus, wie dieses Ziel erreicht werden sollte.

3 Viele Menschen forderten eine Volksvertretung für Deutschland. Beurteile, ob die Bundesversammlung dieser Forderung entsprach (M1).

Das Wartburgfest

Viele Jenaer Studenten kämpften in den Befreiungskriegen beim Lützower Freikorps. Die Farben des Freikorps Schwarz und Rot nahmen sie in der Fahne ihrer Burschenschaft wieder auf und verzierten diese mit goldenem Eichenlaub und goldenen Fransen.

1815 lösten die Jenaer Studenten an ihrer Universität die alten Landsmannschaften, in der die Studentenschaft je nach ihrer Herkunft aufgeteilt waren, auf. Geprägt von den Freiheitskriegen empfanden sie die alte Organisation als unzeitgemäß und gründeten die „Allgemeine Deutsche Burschenschaft".

Q1: 1818 schrieb der Student Heinrich von Gagern über die Ziele der Burschenschaft:
Wir wünschen unter den einzelnen Staaten Deutschlands einen größeren Gemeinsinn, ... keine eigene Politik der einzelnen Staaten ... überhaupt wir wünschen, dass Deutschland als ein Land und das deutsche Volk als ein Volk angesehen werden könne. ... Wir wünschen eine Verfassung für das Volk nach dem Zeitgeiste und nach der Aufklärung desselben, nicht dass jeder Fürst seinem Volke gibt, was er Lust hat und wie es seinem Privatinteresse dienlich ist. ... Die bestehende Meinung ist auch, dass überhaupt die Verfassung nicht von den einzelnen Staaten ausgehen solle, sondern dass die eigentlichen Grundzüge der deutschen Verfassung gemeinschaftlich sein sollten ...

Zum vierten Jahrestag der Völkerschlacht von Leipzig und dem 300. Jahrestag der Reformation rief die Jenaer Burschenschaft Studenten anderer Universitäten auf, mit ihnen auf die Wartburg zu ziehen und für ihre Ziele zu demonstrieren. Das Fest von ca. 500 Studenten war von Begeisterung geprägt und gipfelte in einer ungeheuren Provokation: Etwa 20 freiheitsfeindliche Bücher sowie Symbole des Militärs und der obrigkeitlichen Bürokratie wurden unter Beifall verbrannt.

Die Farben Schwarz-Rot-Gold wurden zum Symbol für das Streben nach Einheit, Freiheit und Bürgerrechten. Als Trikolore (dreifarbige Fahne) etablierte sich die Fahne 1832. Die Reihenfolge der Farben war jedoch noch nicht festgelegt.

M1: *Deutsche Studenten verbrennen auf der Wartburg die Schriften von Freiheitsfeinden (Holzstich, um 1880).*

1. Nenne Ziele der Jenaer Burschenschaftler (Q1).
2. Zeige, wie die Jenaer Studenten die Einheit der Deutschen vorlebten.
3. Vermute, für wen das Wartburgfest eine Provokation gewesen ist. Begründe.
4. ⊕ Nimm Stellung zu Bücherverbrennungen als politischem Ausdrucksmittel.

Die Karlsbader Beschlüsse

Das Wartburgfest schreckte die Anhänger der alten Ordnung auf. Angesichts der sich ausbreitenden Burschenschaften und der Zustimmung in Teilen der Bevölkerung waren die Regierungen besonders wachsam. Als 1819 ein Jenaer Student einen bekannten Schriftsteller wegen dessen Feindschaft gegen die Ziele der Burschenschaften ermordete, war ein Anlass gefunden, die ungeliebte Protestbewegung mit strengen Gesetzen zu bekämpfen. Unter Federführung Österreichs und Preußens beschloss der Deutsche Bund die „Karlsbader Beschlüsse“:
- Überwachung der Universitäten durch staatliche Beamte
- Lehrverbot für Professoren, die die öffentliche Ordnung gefährdeten und Studenten negativ beeinflussten
- Verbot der Burschenschaften
- Studenten, die von der Universität verwiesen wurden, durften an keiner anderen Universität studieren
- Schriften, die weniger als 320 Seiten umfassten, durften nicht ohne behördliche Genehmigung gedruckt werden.

Besonders Österreich und Preußen setzten die Beschlüsse mit aller Härte durch. Viele Professoren, Journalisten oder Schriftsteller flohen ins Ausland oder wechselten ständig ihre Wohn- und Arbeitsorte.
Das Kammergericht in Berlin verurteilte 204 Studenten zu oft langjährigen Haftstrafen und 39 zum Tode. Alle Todeskandidaten wurden zu Festungshaft begnadigt. Erst im Jahr 1840 gewährte ihnen der neue preußische König anlässlich seines Regierungsantritts Amnestie und damit die Freiheit.

Amnestie
Straferlass

M2: *Der Denker-Club (anonyme Karikatur, um 1820)*

5 Erkläre, warum der Deutsche Bund die Karlsbader Beschlüsse verabschiedete.
6 Diskutiert, wie sich die Beschlüsse auf die Betroffenen auswirken konnten.
7 a) Deute die Karikatur M2.
b) Setze die Karikatur in Beziehung zu den Karlsbader Beschlüssen.
c) Verfasse zu einer Person aus der Karikatur eine Gedankenblase.

7 a) Starthilfe
Achte auf die beschriebenen Tafeln im Hintergrund. Nutze auch die Anleitungen auf Seite 14/15.

Die Forderungen der Burschenschaftler

M1: *Der Zug der Studenten auf die Wartburg (Ausschnitt aus einem Holzschnitt, 1817)*

Nach dem Wartburgfest 1817 hielten Jenaer Burschenschaftler ihre politischen Grundsätze in einer Denkschrift fest. Die Schrift wurde wegen des Misstrauens der Behörden nicht veröffentlicht, aber von Hand abgeschrieben und weitergegeben.

unveräußerlich
Unveräußerliche Rechte sind an eine Person gebunden und nicht auf eine andere übertragbar.

Q1: Aus der Jenaer Denkschrift:

1. Ein Deutschland ist, und ein Deutschland soll bleiben. Je mehr die Deutschen durch verschiedene Staaten getrennt sind, desto heiliger ist die Pflicht für jeden ..., dahin zu streben, dass die Einheit nicht verloren und das Vaterland nicht verschwinde ...

16. Der Wille des Fürsten ist nicht das Gesetz des Volkes, sondern das Gesetz des Volkes soll der Wille der Fürsten sein ...

20. Gesetze sind keine Verordnungen ... Gesetze müssen von denen ausgehen oder angenommen werden, welche nach ihnen leben sollen ... Alle Gesetze haben die Freiheit der Person und die Sicherheit des Eigentums zum Gegenstande ...

28. Das erste und heiligste Menschenrecht, unverlierbar und unveräußerlich, ist die persönliche Freiheit. ... Solange Leibeigenschaft in irgendeinem Teile Deutschlands besteht, solange muss sich der Segen des Vaterlandes in Fluch umwandeln ...

31. Das Recht, in freier Rede und Schrift seine Meinung über öffentliche Angelegenheiten zu äußern, ist ein unveräußerliches Recht jedes Staatsbürgers ...

32. Überhaupt sind öffentliche Gerichtspflege und das Geschworenengericht in Fällen, bei denen es um die Todesstrafe geht, die sichere Bürgschaft für die gerechte Verwaltung des Rechts.

1. Teilt die Grundsätze der Denkschrift Q1 auf sechs Gruppen auf. Besprecht in der Gruppe jeweils den Inhalt eures Grundsatzes.
2. Gestaltet in der Klasse eine mögliche Szene auf dem Wartburgfest.
   a) Verfasst eine kurze Rede, in der ihr euren Grundsatz vorstellt. Begründet, warum euch dieser wichtig ist.
   b) Formuliert euren Grundsatz in einem kurzen Leitspruch. Einigt euch, wie ihr euren Leitspruch den Zuhörern präsentieren wollt.
   c) Stellt nacheinander die verschiedenen Grundsätze vor.
   d) Diskutiert über die Wichtigkeit der verschiedenen Grundsätze.

Wir untersuchen das „Deutschlandlied“

Das „Deutschlandlied“, auch „Lied der Deutschen“ genannt, wurde 1841 von dem Dichter und Professor August Heinrich Hoffmann von Fallersleben geschrieben. 1922 wurde es zur deutschen Nationalhymne erklärt. Heute singen wir die dritte Strophe als Nationalhymne der Bundesrepublik Deutschland.
Das „Deutschlandlied“ hat eine wechselvolle Geschichte hinter sich. Diese Seite leitet euch an, das Lied und sein Geschichte zu erforschen.

Q1: „Das Lied der Deutschen“:
Deutschland, Deutschland über alles,
Über alles in der Welt,
Wenn es stets zu Schutz und Trutze
Brüderlich zusammenhält,
Von der Maas bis an die Memel,
Von der Etsch bis an den Belt –
Deutschland, Deutschland über alles,
Über alles in der Welt!

Deutsche Frauen, deutsche Treue,
Deutscher Wein und deutscher Sang
Sollen in der Welt behalten
Ihren alten schönen Klang,
Uns zu edler Tat begeistern
Unser ganzes Leben lang –
Deutsche Frauen, deutsche Treue,
Deutscher Wein und deutscher Sang!

Einigkeit und Recht und Freiheit
Für das deutsche Vaterland!
Danach lasst uns alle streben
Brüderlich mit Herz und Hand!
Einigkeit und Recht und Freiheit
Sind des Glückes Unterpfand –
Blüh im Glanze dieses Glückes,
Blühe, deutsches Vaterland!

Den Inhalt erschließen

- Lest den Text in Ruhe durch.
- Durchsucht das Lied anschließend nach unbekannten Wörtern und klärt deren Bedeutung.
- In der ersten Strophe werden verschiedene geografische Angaben gemacht. Kopiert euch die Karte von Seite 94. Schlagt dann die Ortsangaben in einem Atlas nach und kennzeichnet sie in eurer Kopie.
- Fasst den Inhalt jeder Strophe zusammen.
- Belegt, dass Hoffmann von Fallersleben ein Anhänger der nationalen und freiheitlichen Ideen war.

Die Melodie untersuchen

- Die Melodie der deutschen Nationalhymne stammt von Joseph Haydn. Besorgt euch eine Aufnahme und hört sie euch aufmerksam an. **Oder** singt in der Klasse gemeinsam die dritte Strophe des Deutschlandliedes.
- Beschreibt, wie die Melodie auf euch wirkt und ihr euch beim Singen gefühlt habt.
- Beurteilt, ob die Musik den Text unterstützt.

Die Ergebnisse auswerten

- Diskutiert, welche Reaktionen das Lied zur Zeit seiner Entstehung ausgelöst haben könnte. Betrachte sowohl die Anhänger von Reformen als auch deren Gegner.
- Heute singen wir die dritte Strophe des „Deutschlandliedes“ als Nationalhymne der Bundesrepublik Deutschland. Diskutiert darüber, ob der Inhalt dieser Strophe für euch selbst eine Bedeutung hat.
- Nehmt Stellung dazu, ob die deutsche Nationalhymne gut geeignet ist, Deutschland nach außen zu repräsentieren.

M1: *Hoffmann von Fallersleben (1798–1874)*

Hier findet ihr verschiedene Vorschläge für vertiefende Recherchen zum „Lied der Deutschen“:

- Sammelt Informationen über das Leben und Wirken von Hoffmann von Fallersleben.
- Erforscht, wie das „Deutschlandlied“ entstanden ist.
- Findet heraus, wann und wie das Lied veröffentlicht wurde und welche Wirkung es erzielte.
- Recherchiert, ab wann und warum die ersten beiden Strophen nicht mehr öffentlich gesungen werden dürfen.

Tipp

Geht im Internet auf die Seite des Deutschen Historischen Museums www.dhm.de/lemo/home.html. Klickt dort auf „Suche“ und recherchiert mithilfe von Suchbegriffen.

Schaumburg-Lippe
deutsches Fürstentum (seit 1815) mit einer Fläche von 340 km², was ungefähr der Fläche der heutigen Stadt Bremen entspricht

Gränzverlegenheit.

„Sie sehen, Herr Gränzwächter, daß ich nix zu verzolle hab', denn was hinte auf'm Wagen ist, hat die Lippi'sche Gränz noch nit überschritten, in der Mitt' ist nix, und was vorn drauf is, ist schon wieder über der Lippischen Gränze drüben."

M1: *„Sie sehen, Herr Gränzwächter, daß ich nix zu verzolle hab', denn was hinte auf'm Wagen ist, hat die Lippi'sche Gränz noch nit überschritten, in der Mitt' ist nix, und was vorn drauf ist, ist schon wieder über der Lippi'schen Gränze drüben." (Karikatur von 1849)*

Die Wirtschaft in Fesseln

Die Staaten des Deutschen Bundes bildeten nicht nur auf der Landkarte einen bunten Flickenteppich, sondern gingen auch wirtschaftlich eigene Wege. Sie erhoben beispielsweise an ihren Grenzen eigene Zölle auf Handelswaren. Dies führte dazu, dass sich Waren, die innerhalb des Deutschen Bundes durch mehrere Staaten transportiert werden mussten, verteuerten. Häufig konnten Waren aus dem Ausland billiger angeboten werden. Die innerdeutschen Zölle beeinträchtigten als Zollschranken die Entwicklung von Handel und Industrie, denn Rohstoffe und Waren stiegen durch den Transport im Preis. Dadurch hatten die verarbeitenden Betriebe geringere Einnahmen, sodass zum Beispiel für die Anschaffung besserer Maschinen weniger Geld übrig blieb.

Maut
Benutzungsgebühr für Straßen

Mautner
Bezeichnung für jene Personen, die die Maut kassierten

Q1: Der Wirtschaftswissenschaftler Friedrich List schrieb 1819:

Achtunddreißig Zoll- und Mautlinien in Deutschland lähmen den Verkehr im Innern und bringen dieselbe Wirkung, wie wenn jedes Glied des menschlichen Körpers unterbunden wird, damit das Blut ja nicht in ein anderes überfließe. Um von Hamburg nach Österreich, von Berlin in die Schweiz zu handeln, hat man zehn Staaten zu durchschneiden, zehn Zollordnungen zu studieren, zehnmal Durchgangszoll zu bezahlen ... Trostlos ist dieser Zustand für Männer, welche handeln möchten; mit neidischen Blicken sehen sie über den Rhein, wo ein großes Volk vom Kanal bis an das Mittelländische Meer, vom Rhein bis an die Pyrenäen, von Holland bis Italien auf freien Flüssen und offenen Landstraßen Handel treibt, ohne einem Mautner zu begegnen.

1. Beschreibe mithilfe von M1 die Situation des Handels im Deutschen Bund.
2. Erkläre, wie sich die innerdeutschen Zölle auf die Wirtschaft auswirkten.
3. Vergleiche, wie Friedrich List die wirtschaftliche Lage in Deutschland und in Frankreich beurteilt (Q1).

Der Fall der Zollschranken

Aufgrund der geringen Gewinne der Betriebe und Unternehmen verfügte auch der Staat über weniger Steuereinnahmen. Somit lag eine Verbesserung der Situation auch im Interesse der Politik.
Bereits 1818 vereinheitlichte Preußen innerhalb seiner Staatsgebiete die Zollgesetze. Später verhandelte es mit anderen Staaten über einen Wirtschaftsverbund ohne innerdeutsche Zölle. 1828 erfolgte die Gründung des Preußisch-Hessischen Zollvereins. Im selben Jahr schlossen sich auch andere deutsche Staaten zu einheitlichen Wirtschaftsgebieten zusammen. 1834 gelang es Preußen schließlich, 18 Staaten im Deutschen Zollverein zusammenzuschließen.

Q2: „Der Deutsche Zollverein" von Hoffmann von Fallersleben:

Schwefelhölzer, Fenchel, Bricken,
Kühe, Käse, Krapp, Papier,
Schinken, Scheren, Stiefel, Wicken,
Wolle, Seife, Garn und Bier;
Pfefferkuchen, Lumpen, Trichter,
Nüsse, Tabak, Gläser, Flachs,
Leder, Salz, Schmalz, Puppen, Lichter,
Rettig, Rips, Raps, Schnaps, Lachs, Wachs!
Und ihr anderen deutschen Sachen,
Tausend Dank sei euch gebracht!
Was kein Geist je konnte machen,
Ei, das habet ihr gemacht:
Denn ihr habt ein Band gewunden
Um das deutsche Vaterland,
Und die Herzen hat verbunden
Mehr als unser Bund dies Band.

Bricken
Fischart

Krapp
Pflanze, mit der Stoffe rot gefärbt werden können

Wicken
Nahrungs- und Futterpflanze

Rips
Stoffart

M2: *„Das Lichten des Hochwaldes" (Karikatur zur Gründung des Zollvereins 1834, spätere Kolorierung)*

4 Erkläre, wie das Problem der Binnenzölle gelöst wurde.
5 Untersuche, wie Hoffmann von Fallersleben den Deutschen Zollverein bewertete (Q2).
6 Beurteile, ob der Deutsche Zollverein die politische Einheit Deutschlands vorantreiben konnte.

4 Starthilfe
Hierzu kannst du noch einmal auf der Seite 54/55 nachlesen.

Das Bürgertum fordert Mitbestimmung

M1: *Gemälde eines Familienkonzerts (um 1835)*

Der Aufstieg des Bürgertums

In den 1830er- und 1840er-Jahren setzte sich in den deutschen Staaten die Industrialisierung durch. Der wirtschaftliche Aufschwung ließ das Bürgertum an gesellschaftlicher Bedeutung und an Selbstbewusstsein gewinnen. Es war die Bevölkerungsgruppe, die sich durch Besitz und Bildung auszeichnete. Die Bürgerlichen grenzten sich nicht nur klar von den Arbeitern und Bauern ab, sondern auch vom Adel.

In seinem wirtschaftlichen Wirken stieß das Bürgertum jedoch immer wieder an bürokratische und staatliche Grenzen, sodass in dieser Bevölkerungsgruppe eine Protestbewegung heranreifte. Dieser gelang es, in wirtschaftlichen Bereichen der staatlichen Obrigkeit Zugeständnisse abzuringen. So waren die Schaffung eines zollfreien innerdeutschen Marktes, aber auch die staatliche Förderung des Eisenbahnbaus ein Verdienst des bürgerlichen Engagements.

Das Bürgertum entwickelte sich zur führenden Gesellschaftsschicht. Unter ihren Vertretern fand ein reger Meinungsaustausch zu politischen Fragen statt. Geleitet von den bürgerlichen Tugenden Leistung und Bildung engagierten sich Bürgerliche daher nicht nur in der Wirtschaft, sondern auch in politischen Bereichen. Sie wollten die Politik nach ihren Bedürfnissen mitgestalten.

Auf staatlicher Ebene blieb die Politik jedoch Angelegenheit der Fürsten. Die Verabschiedung von Verfassungen in den deutschen Einzelstaaten sowie die Einrichtung von Volksvertretungen gehörten deshalb zu den politischen Zielen des Bürgertums.

2 Starthilfe

Achte unter anderem auf Möbel, Kleidung, Tätigkeiten und Dekoration.

1 Beschreibe die Bevölkerungsgruppe der Bürgerlichen.

2 Untersuche, wie sich in M1 das bürgerliche Selbstbewusstsein widerspiegelt.

3 Diskutiert, warum gerade das Bürgertum mit den politischen Verhältnissen unzufrieden war.

Hoffnungen in Preußen

Als es 1840 in Preußen zum Thronwechsel kam, keimten im preußischen Bürgertum große Hoffnungen auf politische Veränderungen auf. Dem neuen König Friedrich Wilhelm IV. eilte der Ruf voraus, ein vielseitig interessierter und vor allem geistig aufgeschlossener Mann zu sein. Einige von Friedrich Wilhelms ersten Amtshandlungen bestärkten diesen Eindruck. Hierzu gehörte beispielsweise die Amnestie für politische Gefangene.
Schon bald stellte sich jedoch heraus, dass es sich nur um ein paar liberal scheinende Gesten zum Auftakt seiner Regierung handelte. Für seinen Staatsapparat wie für die Universitäten berief Friedrich Wilhelm IV. konservative Staatsmänner und Professoren. Des Weiteren ließ er oppositionelle Bücher und Zeitschriften verbieten. Und während einige mittel- und süddeutsche Staaten bereits über Verfassungen und Volksvertretungen verfügten, sprach sich Friedrich Wilhelm IV. klar gegen die konstitutionelle Monarchie aus.

Q1: Friedrich Wilhelm IV. betonte 1847:
Es drängt Mich zu der feierlichen Erklärung, dass es keiner Macht der Erde je gelingen soll, Mich zu bewegen, das natürliche, gerade bei uns durch seine innere Wahrheit so mächtig machende Verhältnis zwischen Fürst und Volk in ein konventionelles, konstitutionelles zu wandeln, und dass Ich es nun und nimmermehr zugeben werden, dass sich zwischen unserm Herrgott im Himmel und diesem Lande ein beschriebenes Blatt gleichsam als eine zweite Vorsehung eindrängte, um uns mit seinen Paragraphen zu regieren und durch sie die alte heilige Treue zu ersetzen.

Q2: Gegen eine Volksvertretung bemerkte Friedrich Wilhelm IV.:
... Das ist völlig undeutsch und obendrein völlig unpraktisch ... denn es führt notwendig zu unlösbaren Konflikten mit der Krone, welche nach dem Gesetze Gottes und des Landes und nach eigener Bestimmung herrschen soll, aber nicht nach dem Willen von [Mehrheiten] ... regieren kann und darf.

M2: *Friedrich Wilhelm IV., König von Preußen, in seinem Arbeitszimmer (Gemälde von 1846)*

konservativ
am Althergebrachten, bisher Bestehenden festhaltend

oppositionell
gegnerisch, mit der Regierungspolitik nicht einverstanden

konstitutionelle Monarchie
Form der Monarchie, in der der Monarch durch eine Verfassung in seiner Macht mehr oder weniger beschränkt ist. Hierbei ist die Volksvertretung in einem bestimmten Maß an der Gesetzgebung und der Genehmigung des Staatshaushalts beteiligt.

4 a) Beschreibe die Darstellung Friedrich Wilhelms IV. in dem Gemälde M2.
b) Charakterisiere, welches Herrschaftsverständnis zum Ausdruck kommen sollte.

5 Erkläre, warum das Bürgertum große Hoffnungen in Friedrich Wilhelm IV. setzte.

6 a) Arbeite aus Q1 und Q2 heraus, warum Friedrich Wilhelm eine Verfassung und die Zusammenarbeit mit einer Volksvertretung ablehnte.
b) Antworte Friedrich Wilhelm IV. auf seine Aussage in Q2. Versuche, ihn aus Sicht eines liberalen Vertreters des Bürgertums von einer Volksvertretung zu überzeugen.

M1–M4 sind Illustrationen vom „Neuruppiner Bilderbogen". Bilderbögen waren Einblattdrucke zu aktuellen Themen der Zeit.

M1: *Beginn der Kämpfe in Berlin nach Schüssen vor dem königlichen Schloss am 18. März 1848*

M2: *Straßenkämpfe zwischen Bürgern und Soldaten in Berlin am 18. und 19. März 1848*

Die Not des Volkes

Die erste Hälfte des 19. Jahrhunderts brachte für viele Menschen erhebliche Verschlechterungen ihrer wirtschaftlichen Lage. Das Nahrungsangebot reichte kaum für die stetig wachsende Bevölkerung. Missernten verteuerten daher nicht nur die Lebensmittel, sondern führten auch zu Hungersnöten.

Besitzlose Landarbeiter zogen zu Tausenden in die Städte, um in den neuen Fabriken Arbeit zu finden. Da es sehr viele Arbeit suchende Menschen gab, war es den Unternehmern möglich, ihnen geringe Löhne zu zahlen.

Die Industrialisierung entwickelte sich zudem zu einer erdrückenden Konkurrenz für die Handwerker und Heimarbeiter. Sie mussten ihre Waren und Leistungen zu derart niedrigen Preisen verkaufen, dass ihnen kaum Gewinn bzw. Lohn blieb.

Die Not der Menschen führte immer wieder zu Unruhen in der Bevölkerung, die aber von Polizei und Militär niedergeschlagen wurden.

Abdankung
Thronverzicht

Heimarbeiter
erhielten von einem Unternehmer Rohstoffe, die sie zu Hause verarbeiteten. Die fertigen Produkte lieferten sie gegen Lohn an den Unternehmer.

Revolten in Paris als Vorboten

In den deutschen Staaten wurden die Forderungen nach Reformen immer lauter. Die deutschen Fürsten und ihre Regierungen fanden keine Mittel, um die Probleme zu lösen. Die Unzufriedenheit mit der Obrigkeit breitete sich daher auf weite Bevölkerungsschichten aus.

1848 ließen Meldungen aus Paris die Menschen in Deutschland aufhorchen. Vom 22. bis 29. Februar zwangen Studenten und Arbeiter den französischen König zur Abdankung und Flucht. Weitere Ergebnisse der Pariser Revolte waren die Einführung des allgemeinen Wahlrechts für Männer ab 21 Jahren sowie die Errichtung von Nationalwerkstätten, in denen Arbeitslose beschäftigt wurden.

Die Ereignisse in Paris lösten in Deutschland eine ungeahnte revolutionäre Begeisterung aus. Im März 1848 kam es in vielen deutschen Städten zu Demonstrationen und Revolten. Auch Landsitze von Grundherren wurden überfallen.

1. Beschreibe die Nöte breiter Bevölkerungsschichten in der ersten Hälfte des 19. Jh.
2. Vergleiche die Probleme der armen Bevölkerungsgruppen mit denen der Bürgerlichen (siehe auch Seite 102).
3. Erkläre die Bedeutung der Revolten in Paris für die revolutionäre Bewegung in den deutschen Staaten.

M3: *Umritt Friedrich Wilhelms IV. in Berlin am 21. März, dabei verkündete er die nationale Einheit.*

M4: *Der Trauerzug für die gefallenen Revolutionäre am 22. März passierte das Berliner Schloss.*

Revolution im Deutschen Bund

In vielen deutschen Staaten wurde den Aufständischen kein Widerstand entgegengebracht. In der Hoffnung, weitere Unruhen und größeren Schaden an ihrer Macht abwenden zu können, kamen viele Fürsten den liberalen Forderungen nach.
Auch in Wien forderten am 13. März 1848 Tausende Bürger und Studenten Reformen. Gegen Mittag wurde jedoch das Militär gegen sie eingesetzt. Unter den Demonstranten brach Aufruhr aus und sie begannen in der Stadt Barrikaden zu errichten. Innerhalb weniger Stunden stießen Arbeiter aus den Vorstädten zu den Aufständischen hinzu.
Für den Kaiser in Wien war die Situation dadurch verschärft, dass in Ungarn, Böhmen und Oberitalien Aufstände ausbrachen, in denen die Unabhängigkeit von Österreich gefordert wurde. Um in Wien wieder Herr der Lage zu werden, machte der Kaiser am 14. März weitreichende Zugeständnisse und hob z. B. die Zensur der Presse auf.
Auch in Preußen begann es Anfang März zu brodeln, bis sich am 13. März der Unmut der Berliner zu Unruhen steigerte. Durch den Einsatz des Militärs sollte für Ruhe gesorgt werden. Dadurch verschärfte sich der Volkszorn. Am 14. März griff die Kavallerie ein, worauf die Demonstranten Barrikaden errichteten. Am 15. März fielen erste Schüsse.
Alarmiert von den brutalen Straßenkämpfen in Wien, änderte Friedrich Wilhelm IV. seine Vorgehensweise. Am 18. März verkündete er vor den Demonstranten, die Zensur aufzuheben und einen Landtag einzuberufen. Als die Menge den Abzug des Militärs forderte und in dieser gespannten Situation zwei Schüsse fielen, radikalisierte sich auch in Berlin die Stimmung. Ca. 4000 Aufständische kämpften gegen 14 000 Soldaten.
Am 19. März versprach Friedrich Wilhelm IV. den Abzug der Truppen. Er entließ seine Minister und errichtete ein Übergangskabinett. Am 21. März ritt er in den Farben der Revolution durch Berlin und verkündete, sich für die nationale Einheit einzusetzen.

Kavallerie
berittene Truppen

4 Erstelle eine Zeitleiste zu den Aufständen in Wien und Berlin.
5 Schreibe als Zeitgenosse einen Bericht zu den Illustrationen des Neuruppiner Bilderbogens. Ziehe dabei auch ein Fazit und gib einen Ausblick.
6 Nimm Stellung zu dem Ausspruch Friedrich Wilhelms: „Demokraten bekämpft man mit Soldaten."

4 Starthilfe
Im Methodenglossar findest du eine Anleitung zur Erstellung einer Zeitleiste.

Die Frankfurter Nationalversammlung

M1: *Einzug der Abgeordneten in die Frankfurter Paulskirche am 31. März 1848 (zeitgenössisches Aquarell)*

Beruf	Anzahl
Verwaltungsbeamte	141
Freiberufler (v. a. Anwälte)	124
Lehrer und Professoren	90
Richter	78
Großgrundbesitzer	38
Geistliche	23
Ärzte	15
Großhändler	13
Kaufleute	13
ohne Beruf	13
Militär	11
Fabrikanten	7
Handwerker	4
Bauern	3

M2: *Die soziale Herkunft der Abgeordneten in der Nationalversammlung*

Nach den blutigen Tagen in Wien und Berlin forderten süddeutsche Politiker eine rasche Einberufung eines deutschen Parlamentes. Sie luden demokratisch gesinnte Politiker aus den deutschen Ländern nach Frankfurt am Main ein. Dort fanden sich am 31. März 1848 mehr als 500 Delegierte zu einem Vorparlament zusammen.

Nach vier Sitzungen beschloss das Vorparlament die Einberufung einer verfassungsgebenden Nationalversammlung. Diese Versammlung sollte über die Grundzüge und die Verfassung des neuen Staatswesens beraten. Darüber hinaus sollte sie die Macht der Einzelstaaten beseitigen und die deutsche Einheit und Freiheit erwirken.

Am 1. Mai wurde in der Frankfurter Paulskirche die Nationalversammlung feierlich eröffnet. Die Abgeordneten des Parlaments kamen aus allen regionalen Teilen des Deutschen Bundes und aus verschiedenen sozialen Schichten. In den Beratungen trafen daher viele unterschiedliche Interessen aufeinander.

Die Abgeordneten vertraten zwar ihre persönlichen Meinungen, da sie keinen Verbänden oder Parteien angehörten. Allmählich fanden sich jedoch Abgeordneten zu kleinen Gruppen mit ähnlichen politischen Zielen zusammen. Um sich abzusprechen, verbündeten sich die Abgeordneten zu parteiähnlichen Klubs. So hatten sie in Abstimmungen bessere Chancen, die gemeinsamen Interessen gegen andere Delegierte durchzusetzen. In wenigen Wochen organisierten sie eine wirkungsvolle Parteiarbeit.

Die Klubs trafen sich zu internen Beratungen in Wirtshäusern oder Hotels. Diese Versammlungsorte gaben ihnen ihre Namen „Augsburger Hof", „Casino" oder „Württemberger Hof".

1. Nenne die Ziele der Frankfurter Nationalversammlung.
2. a) Untersuche die soziale Zusammensetzung der Nationalversammlung (M2).
   b) Beurteile, ob in Frankfurt das gesamte Volk durch Abgeordnete vertreten war.
3. Erläutere, warum sich politische Klubs herausgebildet hatten.

Eine Klubversammlung des Augsburger Hofes

Q1: Der Abgeordnete Robert von Mohr über eine Beratung des Augsburger Hofes:
Die Versammlung ist vollzählig, denn es handelt sich um die Besprechung eines wichtigen, am nächsten Morgen in der Paulskirche bevorstehenden Antrages ...
In den ersten Minuten bietet die Versammlung das gewöhnliche Bild einer ... Wirtshausgesellschaft dar. Man setzt sich, wählt aus der sehr bescheidenen Speisekarte ..., lässt sich ... ein Gutachten über das heutige Bier stellen ... Da ertönt die Glocke des Vorsitzenden; es wird ruhig; die Zigarren kommen in Brand, ... nun eröffnet sich die Beratung, in regelmäßiger Abwechslung der „Für“ und „Gegen“ Sprechenden. Die Reden sind natürlich einfacher und schmuckloser als in der Paulskirche. Es sind ja keine Zuhörer, Zuhörerinnen und Zeitungsberichterstatter anwesend; sie sind kürzer, da die sämtlichen Mitglieder der Versammlung auf demselben politischen Standpunkt stehen ... Im Ganzen ... ist große Ruhe und Aufmerksamkeit, und die Verhandlung bietet ein sehr befriedigendes Beispiel anständigen, kenntnis- und geistreichen, ernsten und ehrlichen Meinungsaustausches dar. ... es muss nun zur Abstimmung geschritten werden. Vor allem wird ... entschieden, dass es Parteifrage sei, also der Klub wie ein Mann stimmen werde; und nun soll es an die Abstimmung über die einzelnen Fragen gehen, als ein Ruf ertönt: „Eine Deputation!“ ... es treten ... aus der dichten Tabakwolke, welche das Zimmer ... erfüllt, zwei ... Mitglieder des Kasinos hervor, welche in kurzen, höflichen Worten Mitteilung machen, dass man sich im Kasino mit der bevorstehenden Frage beschäftigt habe, zu diesem oder jenem Beschlusse gekommen sei und nun sehr wünsche, dass die im Augsburger Hofe vereinigten Herren auch dieselbe Meinung teilen möchten. ... hierauf [wird] von dem Vorsteher geantwortet: man sei soeben in der Beratung begriffen, werde sich beeilen, das Ergebnis in das Kasino gelangen zu lassen ... Hierauf entfernten sich die Gesandten, und die Abstimmung nimmt ihren Fortgang.
Ist endlich alles bereinigt ... werden noch ... diejenigen zwei Redner für die morgende Beratung bezeichnet, welche als Vertreter ... des Augsburger Hofes aufzutreten haben ... und nun entsteht noch die Frage, wer den näher stehenden Klubs die Mitteilung von den gefassten Beschlüssen machen wolle. ... Die freiwilligen Botschafter ... treten den ... Weg an. Die übrigen werden ... ermahnt, ... die Rückkunft der Deputation zu erwarten, weil vielleicht noch etwas zu beschließen sei; allein die Geduld und der Gehorsam haben ihre Grenzen, ... man wird es ja schon morgen in der Kirche hören, was in den anderen Klubs beschlossen worden ist.

M1: *Mitgliederporträt des Augsburger Hofes*

Deputation
Abordnung von Mitgliedern einer Versammlung oder Vereinigung, die in deren Auftrag einzelne Angelegenheiten erledigt

1. a) Gliedere die Quelle in Sinnabschnitte und gib ihnen Überschriften.
   b) Gib mit eigenen Worten den Verlauf der Klubversammlung wieder.
2. Erkläre, zu welchem Zweck sich die Abgeordneten trafen.
3. Arbeite heraus, weswegen die Klubs Deputationen aussandten.
4. Erläutere die Aussage: „Mancher gute Vorschlag hat es nicht in die Nationalversammlung geschafft, weil er in den Vorberatungen der Klubs untergegangen ist.“

Republik oder Monarchie?

Die Hauptaufgabe der Nationalversammlung war es, eine Verfassung zu erarbeiten. Ein wichtiger Punkt war die Staatsform. Nur wenige Konservative wollten den Staatenbund erhalten. Die Mehrheit der Abgeordneten stritt darüber, ob Deutschland eine Republik oder eine Monarchie sein sollte. Dabei diskutierten sie auch, wie umfangreich die Macht der gewählten Volksvertreter sein sollte.

Wahlrecht für alle?

Für die neue Verfassung musste geklärt werden, wer das Recht erhalten sollte, zu wählen und gewählt zu werden. Die Frankfurter Nationalversammlung selbst war nur von Männern gewählt worden und allein Männer waren Abgeordnete. Ein Wahlrecht für Frauen war sogar für viele fortschrittliche Abgeordnete undenkbar. Die Nationalversammlung debattierte vielmehr darüber, welche Männer bzw. welche sozialen Schichten das Wahlrecht erhalten sollten.

Q1: Aus der Rede von H. von Beckerath aus der Casino-Fraktion (rechte Mitte):
Ein großer Teil der Bevölkerung findet sich in einem Zustande, in welchem er alle ... Kräfte dazu zu verwenden hat, dass die ... [wichtigsten Bedürfnisse] des Lebens befriedigt werden. In diesem Zustand reicht der Blick nicht über dieses ... Ziel hinaus, und auch der geringste Grad von Einsicht in politischen Dingen ist hier nicht anzutreffen.

Q2: Aus der Rede von August E. Pfeiffer (linke Mitte):
Die ... große Mehrheit derer, die ihr Leben ... für die Sache der Freiheit und der Rechte des Volkes eingesetzt hatten – es waren eben Handwerksgehilfen, Fabrikarbeiter, Tagelöhner. Sie werden Ihnen das Recht, das sie ... erkämpft haben, nicht ... wieder nehmen, und wenn Sie es tun, dann werfen Sie die Saat aus zu einer neuen Revolution.

M1: *Die Frankfurter Nationalversammlung debattiert.*

1 Stelle dar, welche Staatsformen die verschiedenen Abgeordneten anstrebten (M1).
2 a) Arbeite aus den Quellen Q1 und Q2 heraus, welche Haltung die Redner zum Wahlrecht hatten.
b) Erkläre, wie sie ihre Meinung begründeten.
c) Nimm Stellung zu den Reden in Q1 und Q2.

Klein- oder großdeutsch?

Eine weitere wichtige Streitfrage war, ob Österreich mit seinen vielen verschiedenen Völkern zu Deutschland gehören sollte. Der Vielvölkerstaat konnte in der bestehenden Form nicht Teil eines deutschen Nationalstaates werden. Gleichzeitig war allen bewusst, dass sich Österreich nicht von seinen nichtdeutschen Gebieten trennen würde.

Q3: Der Dichter Ludwig Uhland in einer Rede über die kleindeutsche Lösung:
Eine wahre Einigung muss alle deutschen Ländergebiete zusammenfassen. Das ist eine stümperhafte Einheit, die einen Dritteil der deutschen Länder außerhalb der Einigung lässt. ... Welche Einbuße wir an Macht, an Gebiet, an Volkszahl erleiden würden, das ist hinreichend erörtert, ich füge nur eins bei: Deutschland wird ärmer um all die Kraft des Geistes ..., die in einer deutschen Bevölkerung von acht Millionen lebendig ist.

Wahl- oder Erbmonarchie?

Dass das Oberhaupt des deutschen Staates ein Monarch sein sollte, war Wunsch einer breiten Mehrheit in der Nationalversammlung. Zu einem wesentlichen Streitpunkt wurde jedoch die Frage, ob der deutsche Kaiser vom Parlament gewählt werden sollte. Dies würde bedeuten, dass die Volksvertreter nach dem Tod des Kaisers gleichermaßen über seinen Nachfolger entscheiden könnten. Ein Teil der Abgeordneten wollte dagegen lediglich eine einmalige Wahl des Kaisers und daraus folgend eine Erbmonarchie ohne weiteres Wahlrecht des Parlaments.

Q4: Ludwig Uhland über ein Erbkaisertum:
Die einmalige Wahl [eines Kaisers] ... ist ... ein Verzicht auf das Wahlrecht. Ich hoffe, Sie werden diesen Verzicht nicht aussprechen; er steht im Widerspruch mit dem Geist, durch den Sie hier hierhergerufen sind. Die Revolution und ein Erbkaiser – das ist ein Jüngling mit grauen Haaren.

Vielvölkerstaat
Staat, der im Gegensatz zum Nationalstaat mehrere Sprachen, Kulturen und Volksgruppen umfasst

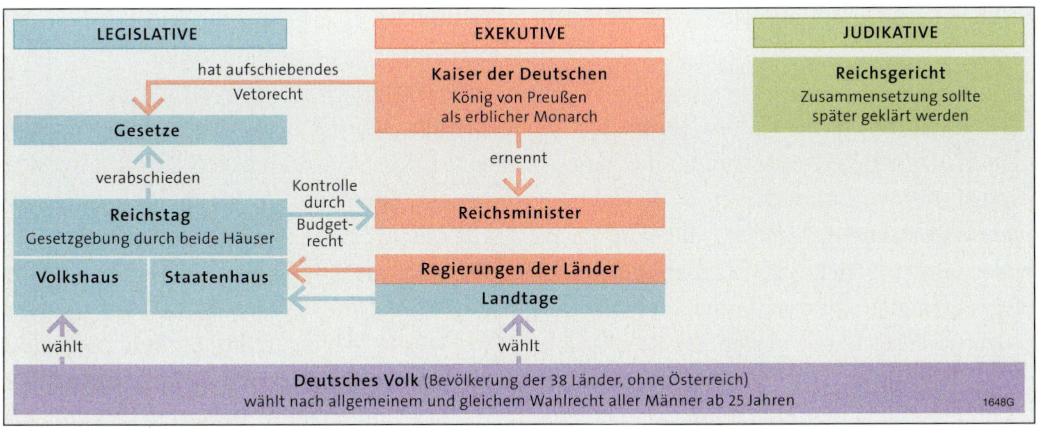

M2: *Schaubild zur Verfassung von 1849*

3 Erkläre, warum über die Zugehörigkeit Österreichs zu Deutschland gestritten wurde.

4 ⊕ Benenne Gründe, die für Ludwig Uhland gegen eine Erbmonarchie sprachen (Q4).

5 a) Analysiere das Schaubild M2 mithilfe des Methodenglossars.
b) Arbeite aus M2 heraus, wie die vier Streitfragen aus den roten Teilüberschriften von der Nationalversammlung entschieden wurden.

M1: *„Zwischen mich und mein Volk soll sich kein Blatt Papier drängen."* (1848)

Ablehnung der Kaiserkrone

Schon Ende des Jahres 1848 wurde deutlich, dass sich die Nationalversammlung für einen Kaiser an der Spitze des Staates entscheiden würde. Viele Abgeordnete sahen im preußischen König Friedrich Wilhelm IV. eine gute Wahl.

Q1: Friedrich Wilhelm IV. im Dezember 1848 an einen Vertrauten über eine mögliche Ernennung zum Kaiser:
Jeder deutsche Edelmann, der ein Kreuz oder einen Strick im Wappen führt, ist hundertmal zu gut dazu, um solch ein Diadem! aus Dreck und Letten der Revolution, des Treubruchs und des Hochverrats geschmiedet, anzunehmen. Die alte, legitime ... Krone deutscher Nation, das Diadem von Gottes Gnaden, das den, der es trägt, zur höchsten Obrigkeit Deutschlands macht, der man Gehorsam schuldet um des Gewissens willen, das *kann* man annehmen, *wenn* man in sich die Kraft dazu fühlt und die angeborenen Pflichten es zulassen. *Die* Krone aber vergibt keiner als Kaiser Franz Joseph (der Kaiser von Österreich), *ich* und unseresgleichen und wehe dem!, der es ohne uns versucht und wehe dem!, der sie annimmt, wenn ihr Preis der Verlust eines Drittels von Deutschland und der edelsten Stämme unseres deutschen Volkes ist. Gott helf uns! Amen.

Als im April 1849 eine Delegation der Nationalversammlung Friedrich Wilhelm IV. um die Annahme der Krone bat, lehnte dieser höflich, aber unmissverständlich ab. Und obwohl 29 kleine und mittlere deutsche Staaten die Frankfurter Verfassung annahmen, lehnten Preußen wie Österreich diese ab.

Q2: Friedrich Wilhelm IV. antwortete der Delegation der Nationalversammlung:
Die Botschaft ... hat mich tief ergriffen ... In dem Beschluss der deutschen Nationalversammlung ... erkenne ich die Stimme der Vertreter des deutschen Volkes. ... Die deutsche Nationalversammlung hat auf mich ... gezählt, wo es gilt, Deutschlands Einheit und Kraft zu gründen. Ich ehre dieses Vertrauen, sprechen Sie ihr meinen Dank dafür aus. ... Aber ... ich würde Ihr Vertrauen nicht rechtfertigen, ich würde dem Sinne des deutschen Volkes nicht entsprechen, ich würde Deutschlands Einheit nicht aufrichten, wollte ich mit Verletzung heiliger Rechte und meiner früheren ... Versicherung, ohne das freie Einverständnis der gekrönten Häupter, der Fürsten und der freien Städte eine Entschließung fassen.

Diadem
meint hier ein Herrschaftszeichen

Letten
ein Schieferton

freie Städte
Die Städte Hamburg, Bremen, Lübeck und Frankfurt a .M. waren als eigenständige Stadtrepubliken seit 1815 Mitglieder des Deutschen Bundes.

1. Erkläre, wie der preußische König die Ablehnung der Kaiserkrone begründet (Q1, Q2).
2. Erläutere, wie die Karikatur M1 das Verhältnis zwischen dem preußischen König und der Nationalversammlung spiegelt.

Das Ende der Revolution

Die deutschen Herrscher hatten bald ihren alten Einfluss wiedererlangt und ließen sich von der Nationalversammlung nicht in ihre Politik hereinreden. Noch im April 1849 beriefen Preußen und Österreich ihre Abgeordneten aus Frankfurt ab. Ohne Unterstützung der beiden großen Länder sahen viele Abgeordnete keine Möglichkeiten mehr, die Vorstellungen der Nationalversammlung umzusetzen. Die letzten Abgeordneten wurden von der württembergischen Regierung daran gehindert, weiter zu tagen.
Im Sommer 1849 kam es in Sachsen, Baden und in der Pfalz noch einmal zu Aufständen. Diese wurden jedoch von Truppen des Deutschen Bundes niedergeschlagen. Mit der Niederschlagung der letzten Aufstände zeigten die Fürsten, wie die Macht in Deutschland verteilt war.

Das Erbe von Frankfurt

Die Revolution war zwar gescheitert, aber sie blieb nicht ohne Wirkung. Die Revolution hatte viele Bevölkerungsgruppen für die Politik geöffnet. Erstmals waren politische Grundrechte auf den Straßen erkämpft und im Parlament öffentlich diskutiert worden.

Q3: Der Zeitzeuge und Historiker Leopold von Ranke (1795–1886) urteilte über die Nationalversammlung:
Die Frankfurter Nationalversammlung ist dadurch einzig in ihrer Art, dass in ihrer Mitte alle Fragen über das Gesamtleben der Nation in freier Diskussion erörtert wurden, und die verschiedenen Standpunkte ... ihre Vertreter fanden. Sie war gleichzeitig eine Akademie der politischen Wissenschaften in Bezug auf die nationalen Anliegen ... [aber] tatsächlich ohne Macht.

Akademie
Lehrstätte zur Förderung von Wissenschaft und Forschung

M2: *Kapitulation der letzten badischen Revolutionäre vor preußischen Truppen im Juli 1849 (Zeitungsillustration).*

3 Berichte, wie die Revolution von 1848/49 endete.
4 a) Erläutere, wie der Zeitzeuge von Ranke die Nationalversammlung beurteilt (Q3).
b) Nimm Stellung dazu.

Ein erster deutscher Staatenbund

Otto von Bismarck (1815–1898)

Dualismus
Hier ist das Nebeneinander zweier mächtiger Länder innerhalb eines Staates gemeint, die das Ziel verfolgen, innerhalb dieses Staates mehr Macht und Einfluss als der andere zu erlangen.

Bundesrat
Hier tagten die Vertreter der einzelnen eigenständigen Staaten des Deutschen Bundes.

Kampf um die Vorherrschaft in Deutschland

Mit dem Scheitern der Frankfurter Nationalversammlung wurde deutlich, dass eine Einigung Deutschlands von unten nicht möglich war. Der Einfluss der Volksvertreter war zu gering, um ihre Interessen gegenüber den erstarkten Fürsten durchzusetzen.

Die Einheit Deutschland konnte nur von oben durchgesetzt werden. Die Macht zur Umsetzung der Einheit hatten allein der König von Preußen und der Kaiser von Österreich. Beiden war bewusst, dass in einem geeinten Deutschland nur einer von ihnen die Vorherrschaft haben konnte. Da weder Preußen noch Österreich auf Einfluss verzichten wollten, spitzte sich der Dualismus zwischen ihnen immer weiter zu. Führende Politiker sahen sogar einen Krieg als unvermeidlich an.

Q1: 1856 schrieb Otto von Bismarck, preußischer Gesandter im Bundesrat des Deutschen Bundes:
Über unser Gezänk und Intrigen im Frieden geht dabei Deutschland noch sicherer zugrunde, als über einen guten Krieg, ... der uns wenigstens klare Verhältnisse zueinander brächte. Aber wenn wir des auch fromm vermeiden wollen, Österreich wird ihn führen, sobald ihm die Gelegenheit günstig ist.

Tatsächlich nutzten beide Mächte 1866 eine Streitigkeit, um gegeneinander Krieg zu führen. Überraschend schnell errang Preußen den Sieg und entschied den preußisch-österreichischen Dualismus für sich.

M1: *Der Norddeutsche Bund*

Die Gründung des Norddeutschen Bundes

Im Friedensvertrag musste Österreich der Auflösung des Deutschen Bundes zustimmen. Gleichfalls war es gezwungen, darin einzuwilligen, bei der Neugestaltung Deutschlands nicht beteiligt zu werden. 1867 gründete Preußen mit den deutschen Staaten nördlich des Mains den Norddeutschen Bund und sicherte sich dort den Führungsanspruch.

Die südlichen Staaten galten als „international unabhängig". Dies war ein Zugeständnis an Frankreich, das ein großes, mächtiges Deutschland in der Mitte Europas als Bedrohung sah. Preußen war klar, dass Frankreich eine schnelle Vereinigung von Nord- und Süddeutschland nicht akzeptieren würde. Um einen Krieg mit Frankreich zu verhindern, blieben die südlichen Staaten selbstständig. Der Anschluss Süddeutschlands blieb aber ein politisches Ziel des Norddeutschen Bundes. Aus diesem Grund blieb der Zollverein bestehen. Darüber hinaus wurden die süddeutschen Staaten mit geheimen Schutzverträgen an den Norddeutschen Bund gebunden.

Q2: Otto von Bismarck äußerte seinen Standpunkt zu Süddeutschland 1867 in einer Rede vor dem Reichstag:

Unser Verhältnis zu Süddeutschland wird sich ... meines Erachtens einfach und mit Sicherheit entwickeln. Wir haben zunächst mit Süddeutschland die Gemeinschaft des Zollvereins ... so halte ich die Vereinigung von Nord- und Süddeutschland ... für definitiv gesichert. Im Süden kann kein Zweifel darüber sein, dass, wenn er in seiner ... [Unverletzlichkeit] gefährdet werden sollte, Norddeutschland ihm unbedingt brüderlich beisteht, im Norden ist kein Zweifel darüber, dass wir des Beistandes Süddeutschlands gegen jeden Angriff ... sicher sind ...

Für den Augenblick wüsste ich dem, was ich gesagt habe, nichts weiter hinzuzufügen als die nochmalige Aufforderung: Meine Herren, arbeiten wir rasch! Setzen wir Deutschland sozusagen in den Sattel! Reiten wird es schon können.

M2: *„Kommt alles unter einen Hut? Ich glaube, es kommt unter eine Pickelhaube!" (österreichische Karikatur aus dem Jahr 1870)*

Pickelhaube
Lederhelm mit Metallbeschlag und -spitze, 1842 von der preußischen Armee eingeführt

1 Erkläre, warum die Einigung Deutschlands nur von oben möglich war.
2 Beschreibe den preußisch-östereichischen Dualismus. Berichte, wie er gelöst wurde.
3 Untersuche mithilfe der Karte M1 die Bedeutung Preußens im Norddeutschen Bund.
4 Arbeite aus Q2 heraus, wie Bismarck die Chancen für eine Vereinung von Nord- und Süddeutschland einschätzte.
5 Interpretiere die Karikatur M2.

5 **Starthilfe**
Du kannst hierfür die Anleitung auf der Methodenseite 14/15 nutzen.

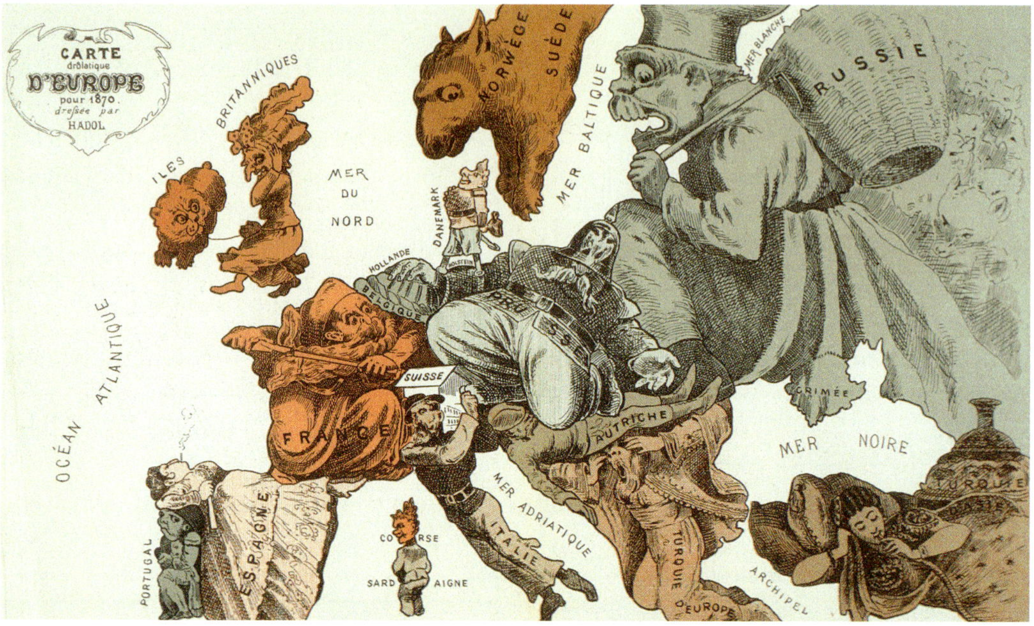

M1: *Europakarte aus Frankreich aus der Zeit kurz vor dem Deutsch-Französischen Krieg 1870/71 (Karikatur)*

Ein Krieg für die Einheit

Obwohl die Reichseinigung 1849 gescheitert war, blieb sie ein Wunsch vieler Deutscher. Ein wichtiger Schritt zu diesem Ziel war die Gründung des Norddeutschen Bundes 1867. Einer Vereinigung mit den süddeutschen Staaten stand jedoch Frankreich im Weg. Eine kriegerische Auseinandersetzung mit Frankreich wollte Preußen zunächst vermeiden. In der Folgezeit wurde Preußen aber immer selbstbewusster. Beide Seiten hielten bald einen Krieg für unvermeidbar, um die jeweiligen Interessen durchzusetzen.
Preußen vermied jedoch einen Angriffskrieg, da Preußen dies den Ruf eines Kriegstreibers eingebracht hätte. Außerdem hätten die süddeutschen Staaten in diesem Fall nicht die Pflicht zur militärischen Unterstützung gehabt, weil ihre Bündnisse nur für den Verteidigungsfall galten. Deshalb nutzte Preußen verschiedene Gelegenheiten, Frankreich auf diplomatischem Weg zu reizen. Schließlich sah sich der französische Kaiser so in seiner Ehre verletzt, dass er Preußen 1870 den Krieg erklärte. Aufgrund der bestehenden Bündnisverträge kämpften nun die nord- und süddeutschen Staaten gemeinsam in einem „Nationalkrieg“ gegen Frankreich.

Die Gründung des Deutschen Reiches

Im Krieg zeigte sich bald, dass die deutschen Truppen den französischen überlegen waren. Den Sieg vor Augen begannen Verhandlungen mit den süddeutschen Staaten über einen Eintritt in den Norddeutschen Bund. Bereits im November 1870 wurden die Verträge zum Beitritt unterzeichnet und zudem beschlossen, den Bund zukünftig Deutsches

1 Starthilfe
Untersuche, wie in der Karte M1 Preußen und Frankreich dargestellt wurden. Achte auf Körperhaltung, Mimik sowie angedeutete Charaktereigenschaften. Du kannst auch die Methodenseite 14/15 zur Karikaturanalyse nutzen.

1 Stelle dar, wie in Frankreich über Preußen und die deutschen Einheitsbestrebungen gedacht wurde (M1, Text).
2 Erkläre, warum Preußen Frankreich zu einer Kriegserklärung reizte.

M2: *Siegesfeier in Berlin anlässlich des Einzugs der preußischen Truppen (Foto, 1871)*

Reich zu nennen. Darüber hinaus einigten sich die deutschen Fürsten darauf, dem preußischen König gemeinsam die Kaiserwürde anzutragen. Damit wollten sie verdeutlichen, dass es sich bei dem neu gegründeten Reich um ein Fürstenbündnis handelte. Noch während des Krieges, am 18. Januar 1871, riefen sie im Schloss von Versailles bei Paris Wilhelm I. zum Kaiser aus.

Q1: „Proklamation an das deutsche Volk" verlesen von Otto von Bismarck vor den in Versailles anwesenden Fürsten:

Wir Wilhelm, von Gottes Gnaden König von Preußen, nachdem die deutschen Fürsten und freien Städte den einmütigen Ruf an Uns gerichtet haben, mit der Herstellung des Deutschen Reichs die seit mehr als sechzig Jahren ruhende deutsche Kaiserwürde zu erneuern und zu übernehmen, ... bekunden hiermit, dass Wir es als eine Pflicht gegen das gemeinsame Vaterland betrachtet haben, diesem Ruf ... Folge zu leisten ... Uns ... und unseren Nachfolgern ... wolle Gott verleihen, allezeit Mehrer des deutschen Reiches zu sein, nicht an siegreichen Eroberungen, sondern an Gütern und Gaben des Friedens auf dem Gebiet nationaler Wohlfahrt, Freiheit und Gesittung.

Q2: Der britische Politiker Disraeli sagte im Februar 1871:

Nicht ein einziger der Grundsätze der Handhabung unserer auswärtigen Angelegenheiten, welche noch vor einem halben Jahr von allen Politikern als selbstverständliche Richtlinien anerkannt wurden, steht noch in Geltung. Wir stehen vor einer neuen Welt, neue Einflüsse sind am Werk. Das Gleichgewicht der Macht ist völlig zerstört ...

Schloss von Versailles
Dieser Ort galt europaweit als Symbol für Herrschaftsmacht. Für die Proklamation des deutschen Kaisers war dieser Ort bewusst gewählt. Es war eine Demütigung und Machtdemonstration gegenüber Frankreich, das lange eine deutsche Einheit verhindert hatte.

3 Begründe, warum es den Fürsten wichtig war, dass sie den Kaiser ausriefen.
4 Erläutere, wie Wilhelm I. seine Rolle als deutscher Kaiser sah (Q1).
5 Untersuche anhand von Q2, wie die Reichsgründung auf das Ausland wirkte.
6 Versetze dich in das Jahr 1871. Formuliere deine Gedanken über die Reichseinigung.

M1: *Die Proklamation des Deutschen Kaiserreiches (Friedrichsruher Fassung) von Anton von Werner. Geschenk des Kaisers Wilhelm I. an Bismarck zu dessen Geburtstag 1885.*
① Kronprinz Friedrich, ② Kaiser Wilhelm I., ③ Großherzog von Baden,
④ Kriegsminister von Roon, ⑤ Fürst von Bismarck, ⑥ Generalfeldmarschall von Moltke

Historische Gemälde vergleichen

Im 19. Jahrhundert erlebte die historische Malerei ihren Höhepunkt. Viele geschichtliche Ereignisse oder bedeutende Begebenheiten der Gegenwart wurden in sehr aufwendigen Gemälden festgehalten.
Für die Verewigung der Kaiserproklamation wurde der Maler Anton von Werner nach Versailles geladen. Er wohnte dort der Zeremonie bei, die nach seinen Worten „in prunklosester Weise und außerordentlicher Kürze" stattfand. Im Auftrag des Großherzogs von Baden sollte von Werner ein monumentales Historienbild anfertigen. Dies wurde ein Geschenk der deutschen Fürsten an Kaiser Wilhelm zum 80. Geburtstag im Jahr 1877; die sogenannte „Schlossfassung", 4,34 x 7,32 Meter (S. 88/89).

Zwei weitere Fassungen gab der Kaiser selbst in Auftrag. Eine von ihnen war ein Geschenk an Otto von Bismarck zu dessen 70. Geburtstag 1885; die sogenannte „Friedrichsruher Fassung", 1,67 x 2,02 Meter (M1).
Eine andere Fassung diente als Vorlage für einen Holzstich, der als Illustration in Büchern zur preußischen Geschichte verwendet wurde (M2).

Schritt 1: Vergleich der künstlerischen Gestaltung

- Um welche Gattung/Technik handelt es sich (Wandbild, Gemälde, Holzschnitt usw.)?
- Wie ist der Bildaufbau gestaltet? Wie ist das Verhältnis von Vorder-, Mittel- und Hintergrund? Ergeben sich Diagonalen, Linien oder stechen einzelne Elemente hervor?
- Wie werden die Figuren dargestellt (Bewegung oder Ruhe, Haltung, Mimik, Gestik)?

Schritt 2: Vergleich der Entstehung

- Wer hat die Bilder jeweils in Auftrag gegeben?
- Wer hat das Bild angefertigt?
- Für welchen Zweck waren die Bilder gedacht?

Schritt 3: Deutung

- Wer wird jeweils als „Reichsgründer" hervorgehoben?
- Wird die Reichsgründung als „gesamtdeutsches" oder preußisches Ereignis dargestellt?

Mögliche Auswertung

Zu Schritt 1: Beide Bilder sind Gemälde, dennoch unterscheiden sie sich bereits deutlich in ihrer Größe. Die Schlossfassung ist ein sehr großes Wandgemälde, auf dem die dargestellten Personen nahezu in ihrer wirklichen Größe zu sehen sind. Die Friedrichsruher Fassung ist dagegen deutlich kleiner.
Die Bilder unterscheiden sich auch im Bildaufbau. In der Schlossfassung ist in der Bildmitte bis zum rechten Rand eine große Menge Offiziere zu sehen, die alle auf einen erhöhten Punkt in der linken Bildhälfte schauen. Sie leiten als Diagonale den Blick des Betrachters von rechts unten nach links oben. Dort steht eine weitere Personengruppe auf einer Erhöhung. Eine Lücke zwischen den Soldaten fokussiert den Blick auf den Kaiser, der dort gemeinsam mit den deutschen Fürsten steht. Zwischen den Fürsten und den Offizieren stehen Bismarck und Graf von Moltke. Sie

waren wichtige Berater Wilhelms I. und führenden Köpfe im Deutsch-Französischen Krieg. Um auch sie ins Blickfeld zu holen, lässt von Werner einige Lücken in den Reihen der Offiziere.

In der Friedrichsruher Fassung hat von Werner eine andere Perspektive gewählt. Der Betrachter befindet sich nun zwischen der Gruppe der Offiziere, die rechts stehend dem Kaiser zujubeln. Links ist der Kaiser wieder erhöht hervorgehoben. Die Zahl der Offiziere ist hier deutlich reduziert worden. Gleichfalls sind auch nur noch sehr wenige deutsche Fürsten zu erkennen. Dagegen rücken drei andere Personen ins Blickfeld. Zum einen ist Moltke nun deutlich im Vordergrund. Otto von Bismarck steht im Bildzentrum und fällt zudem durch seine weiße Paradeuniform auf. Diese hat er zwar in Versailles nicht getragen, aber sie gebührt dem Anlass und dient vor allem der Hervorhebung. Als Dritter fällt der Kriegsminister Roon auf, der wegen Krankheit bei der Zeremonie gar nicht dabei war, aber wie Moltke ein enger Vertrauter Bismarcks war.

Zu Schritt 2: Beide Gemälde sind vom selben Maler angefertigt worden. Anton von Werner war zu seiner Zeit ein bekannter Maler von Historienbildern. Er zeichnete sich durch einen sehr realistischen Stil aus. Anton von Werner war bei dem von ihm dargestellten Ereignis anwesend.

Beide Bilder waren Geschenke. Die Fassung von 1877 war ein Geschenk der deutschen Fürsten an den Kaiser, sodass es als ein offizielles diplomatisches Geschenk betrachtet werden kann. Als monumentales Wandgemälde hing es im Schloss des Kaisers. Dadurch hatte das Bild auch eine politische Bedeutung, z. B. wenn hochrangige Gäste zu Besuch waren.

Die Fassung von 1885 war dagegen ein Geschenk des Kaisers an Otto von Bismarck. Es fällt deutlich kleiner aus und war für den Privatgebrauch auf Bismarcks Anwesen gedacht.

Zu Schritt 3: Die Schlossfassung deutet die Kaiserproklamierung als „gesamtdeutsches" Ereignis, an dem die Fürsten, die sich mit dem Kaiser auf der Erhöhung versammeln, einen gleichwertigen Anteil tragen. Besonders hervorgehoben wird die Bedeutung des Militärs, denn erst der erfolgreiche Krieg gegen Frankreich machte die deutsche Einigung möglich.

Die Friedrichsruher Fassung rückt dagegen den Anteil der deutschen Fürsten und des Militärs in den Hintergrund. Die Fokussierung auf bedeutende preußische Staatsmänner macht die Kaiserproklamierung zu einer innerpreußischen Angelegenheit. Die Ergänzung Roons unterstreicht noch einmal, dass es nicht allein um das Einzelereignis der Proklamation geht, sondern auch um jene Personen, die den Weg dorthin ermöglicht hatten.

M2: *Die Proklamation des Deutschen Kaiserreiches nach einer Vorlage von Anton von Werner. Holzstich, um 1880*
① Kronprinz Friedrich, ② Kaiser Wilhelm I., ③ Großherzog von Baden, ④ Kriegsminister von Roon, ⑤ Fürst von Bismarck, ⑥ Generalfeldmarschall von Moltke

1 Führe einen Vergleich zwischen den Darstellungen der Kaiserproklamation in M1 und M2 durch.

Die Verfassung

Das Deutsche Reich bestand als Bundesstaat aus 25 Einzelstaaten. Hinzu kam das sog. „Reichsland" Elsass-Lothringen, das Frankreich nach dem verlorenen Krieg an Deutschland abtreten musste. Die 22 Monarchien und die drei gewählten Regierungen der freien Städte behielten ihr Herrschaftsgebiet und hatten weiter die höchste Gewalt auf ihrem Territorium. Daher musste ihnen im Reich ein Mitspracherecht eingeräumt werden. Hierfür diente der Bundesrat, in den die Länder ihre Regierungsvertreter entsandten.
Die zentrale Gewalt des Reiches übten folgende Verfassungsorgane aus: der Kaiser, der Reichskanzler und der Reichstag. Das Deutsche Reich war eine konstitutionelle Monarchie mit einem Kaiser an seiner Spitze. Zusätzlich sah die Verfassung ein Parlament vor, den Reichstag. Er war an der Gesetzgebung beteiligt und bestimmte über den Haushalt der Regierung. Insgesamt hatte der Reichstag jedoch eine schwache Stellung, denn die Regierung wie auch der Reichskanzler wurden nicht vom Parlament gewählt, sondern vom Kaiser ernannt. Der Kanzler wiederum war nur dem Kaiser verantwortlich und von dessen Vertrauen abhängig.
Die Hoffnungen vieler Bürger auf mehr Demokratie gingen mit der neuen Verfassung nicht in Erfüllung. So waren Grundrechte, die in dem Verfassungsentwurf von 1849 aufgelistet waren, in ihr nicht festgeschrieben.

freie Städte
Freie Städte waren jetzt nur noch Hamburg, Bremen und Lübeck. Frankfurt am Main fiel 1866 an Preußen.

Haushalt
Geldmittel, die einem Staat für einen begrenzten Zeitraum, z. B. ein Jahr, zur Verfügung stehen. Mit diesen Geldern finanziert er seine staatlichen Aufgaben wie z. B. Verwaltung, Soziales, Polizei oder Militär.

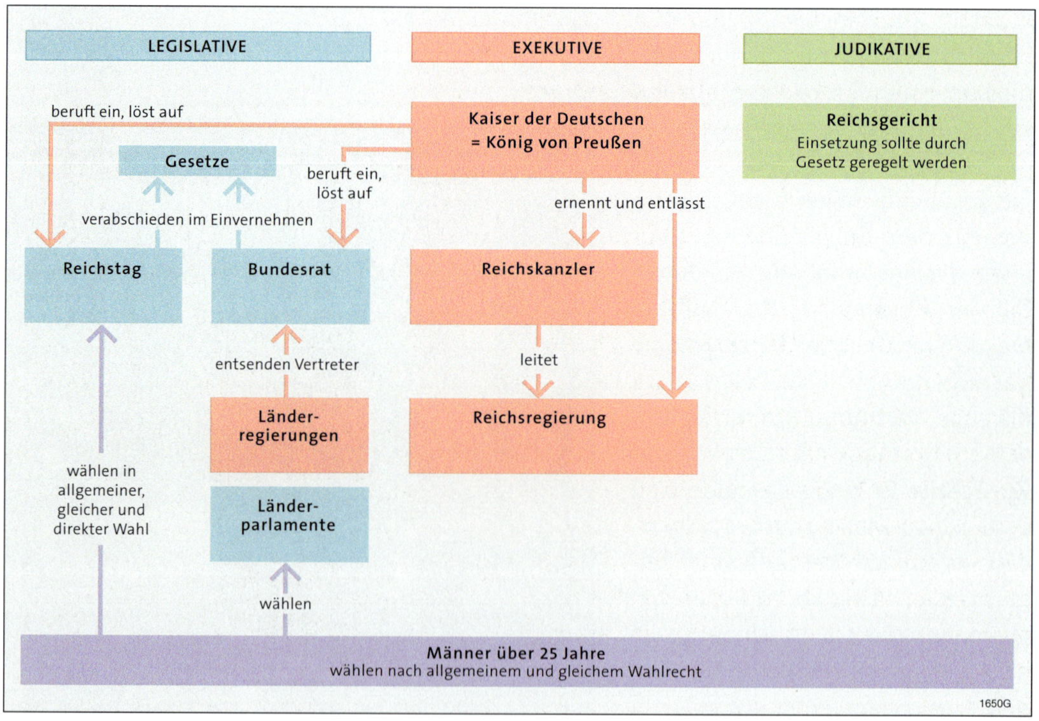

M1: *Die Verfassung des Deutschen Reiches von 1871*

2 Starthilfe
Untersuche z. B., wer den Kanzler bestimmte, welche Macht der Kanzler hatte und vor wem er sich verantworten musste.

1 Erkläre den Staatsaufbau des Deutschen Reiches (M1).
2 Erläutere das Amt des Reichskanzlers.
3 a) Beurteile die Macht des Parlamentes im Kaiserreich.
b) ⊕ Vergleiche deine Ergebnisse mit dem Einfluss des heutigen Bundestages.

Die Parteien im Kaiserreich

In den 1860er-Jahren gründeten sich erste politische Parteien. Die wichtigsten Parteien im Kaiserreich bildeten die Sozialdemokraten, die Liberalen, die katholische Zentrumspartei und die Konservativen.
Die Sozialdemokraten vertraten vorrangig die Arbeiterschaft. Sie forderten einen sozialeren Staat und lehnten die Monarchie ab. Die Liberalen waren die Interessenvertretung der Bürgerlichen, setzten sich für mehr politische Mitspracherechte ein und forderten eine stärkere Förderung der Wirtschaft. Die Zentrumspartei kümmerte sich um die Interessen der Katholiken jeglicher sozialer Herkunft. Sie wollte sich gegen den Protestantismus stellen, der ihr im Reich übermächtig erschien. Die Konservativen traten für eine starke Monarchie ein und die alleinige Regierungsgewalt des Kaisers. Ihre Wähler waren vor allem Adlige und Königstreue.

M1: *Die liberale Speiche zu den anderen beiden: „Überhebt euch nicht! Sobald der Wind sich dreht, bin ich wieder oben!" (Karikatur, 1879).*

Die Beschriftung der Speichen lautet:
oben: conservativ
links: ultramontan (Wörtlich: jenseits der Berge (Alpen); gemeint ist: streng päpstlich gesinnt)
rechts: liberal

Bismarck als Reichskanzler

Der vom Kaiser ernannte Reichskanzler Bismarck fühlte sich allein diesem verpflichtet. Das Parlament war für ihn weniger wichtig. Bismarck bezeichnete es als „Schwatzbude". Die Sozialdemokraten waren für ihn gar Reichsfeinde. Dennoch musste Bismarck mit dem Reichstag zusammenarbeiten, denn dieser genehmigte den Haushalt und verabschiedete Gesetze. Um seine Interessen durchzusetzen, spielte Bismarck die Parteien häufig gegeneinander aus und organisierte sich die nötigen Mehrheiten mal bei den Abgeordneten der einen Partei, mal bei denen einer anderen Partei.

M2: *Bismarck als Raubtierbändiger im Reichstag – die Parlamentarier sind mit Maulkörben gezähmt (Karikatur, 1879).*

1. Beschreibe die Parteienlandschaft im Kaiserreich.
2. Erkläre mithilfe der Karikaturen M1 und M2 die Reichstagspolitik Bismarcks.
3. Versetze dich in einen der Abgeordneten aus M2 und notiere deine Gedanken.

Die militarisierte Gesellschaft

Ahlbeck: Ort auf der Ostseeinsel Usedom

M1: *Festumzug zum Geburtstag des Kaisers Wilhelm II. am 27. Januar 1913 in Berlin (Postkarte)*

Kaiserkult und Militarismus

Kind im Matrosenanzug

Mit der Einheit Deutschlands ging für viele ein Traum in Erfüllung. Obwohl sich die Menschen als Hessen, Sachsen, Bayern oder Pommern fühlten, entwickelte sich ein gemeinsames Nationalgefühl. Ein verbindendes Element war für alle der Kaiser. Er galt als Symbol der Einheit und Stärke. Sein Geburtstag wurde zum nationalen Feiertag, an dem die Kinder schulfrei hatten und Paraden und Gottesdienste zu Ehren des Kaisers abgehalten wurden.
Dass die Einheit Deutschlands aus siegreichen Kriegen hervorgegangen war und Preußen eine lange Tradition als militärische Macht hatte, sollte für die Gesellschaft des Kaiserreiches prägend werden. Das Militär erhielt in der Bevölkerung eine herausragende Stellung. Hervorzuheben sind hier vor allem die Offiziere, die ausschließlich adliger Herkunft waren.
Paraden und Gedenkfeiern wie die alljährlichen Feiern am Jahrestag des Sieges gegen Frankreich boten Anlass, das Militär zur Schau zu stellen und zu feiern. Uniformen wurden zu einem Standessymbol und beeinflussten sogar die Mode. Der Matrosenanzug für Kinder wurde zu einem der beliebtesten Kleidungsstücke jener Zeit. Aber auch militärische Tugenden wie Gehorsam und Disziplin entwickelten sich zu gesellschaftlichen Werten. Militärische Zucht und Ordnung prägten den Alltag in Schulen und Verwaltung.

1 Beschreibe den Kaiserkult im Deutschen Reich.
2 Erkläre, warum das Militär in der Gesellschaft eine so große Rolle einnahm.
3 Untersuche die Abbildungen dieser Seite und benenne die Elemente, die die Militarisierung der Gesellschaft widerspiegeln.
4 Diskutiert, inwiefern der Militarismus die Gesellschaft beeinflusste.

Der „Sedantag"

Jedes Jahr feierten die Deutschen den 2. September, den sogenannten Sedantag, wie einen Nationalfeiertag. Dabei gedachten sie dem Sieg über die Truppen des französischen Kaisers in der Schlacht von Sedan am 2. September 1870.

Q1: Rede des Kaisers Wilhelm II. anlässlich der Feier zum 25. Jahrestag des Sieges in der Schlacht von Sedan (1895):

Wenn ich am heutigen Tage einen Trinkspruch auf meine Garde ausbringe, so geschieht es froh bewegten Herzens; denn ungewöhnlich feierlich und schön ist der heutige Tag. Den Rahmen für die heutige Parade gab ein in Begeisterung aufflammendes Volk, und das Motiv für die Begeisterung war die Erinnerung an die Gestalt, an die Persönlichkeit des großen verewigten Kaisers (Wilhelm I.).

Wer heute und gestern auf die mit Eichenlaub geschmückten Fahnen blickte, der kann es nicht getan haben ohne wehmütige Rührung im Herzen, denn der Geist und die Sprache, die aus dem Rauschen dieser zum Teil zerfetzten Feldzeichen zu uns redeten, erzählten von den Dingen, die vor 25 Jahren geschahen und von dem großen Tage, da das Deutsche Reich wieder auferstand.

Groß war die Schlacht und heiß war der Drang und gewaltig die Kräfte, die aufeinanderstießen. ... Für ihre Güter, ihren Herd und ihre zukünftige Einigung kämpften die Deutschen; darum berührt es uns auch so warm, dass ein jeder, der des Kaisers Rock (Uniform) getragen hat oder ihn noch trägt, in diesen Tagen von der Bevölkerung besonders geehrt wird ...

Feldzeichen
Seit dem 19. Jh. benutzt man den Begriff Feldzeichen im Militär für Fahnen, Flaggen oder Wimpel.

M2: *Berliner begehen den Sedan-Tag in der Siegesallee (Foto, 1914).*

5 a) Arbeite aus Q1 heraus, wie Wilhelm II. die Bedeutung des Militärs bewertete.
b) Nimm Stellung zu der Aussage: „Für ihre Güter, ihren Herd und ihre zukünftige Einigung kämpften die Deutschen."

6 a) Beschreibe die Situation in M2.
b) Vergleiche, wie die Menschen damals den Sedan-Tag feierten und wie du heute den Tag der Deutschen Einheit am 3. Oktober begehst.

5b) Starthilfe
Wiederhole noch einmal die Ursachen des deutsch-französischen Krieges von 1870/71.

Ein Schuster als Hauptmann

Das Obrigkeitsdenken der Menschen im Deutschen Kaiserreich ermöglichte im Oktober 1906 dem Schuhmacher Wilhelm Voigt einen besonderen Gaunerstreich.

Wilhelm Voigt auf einem Polizeifoto von 1906

düpieren täuschen, foppen

Rendant Rechnungsführer, Kassenwart

Talmi etwas Unechtes

Q1: Extrablatt des „Cöpenicker Tageblatts" vom 17. Oktober 1906:
Ein Gaunerstückchen, äußerst frech und raffiniert ausgesonnen und verwegen in Szene gesetzt ..., brachte gestern die Gemüter der Stadt Cöpenick in Aufregung. Einzelheiten der ganzen Begebenheit sind so unaussprechliche ..., dass, wenn man es selbst nicht mit angesehen, man an der Wahrheit der ganzen Geschichte zweifeln müsste. Wenn man bedenkt, dass es einem ... Hochstapler, der sich in eine Offiziersuniform gesteckt, gelungen ist, zwölf Soldaten auf ihrem Wege von der Wache nach der Kaserne in Berlin anzuhalten und auf seinen bloßen Befehl hin nach Cöpenick zu dirigieren, dort das Rathaus zu besetzen, den Bürgermeister, Oberstadtsekretär und Stadtkassenrendanten festzunehmen und dann mit der „beschlagnahmten" Kasse unbehelligt zu entkommen, so kann man sich eines Kopfschüttelns nicht erwehren.

Q2: Aus dem „Vorwärts" vom 19. Oktober 1906:
Die Heldentat des Talmihauptmanns ist gegenwärtig in aller Munde. Man gehe in ein Restaurant, fahre auf der Eisenbahn oder benutze die Straßenbahn, überall hört man von dem Heldenstückchen reden. Und wie wird geredet keineswegs in dem Sinne, dass man sich etwa entrüstet über die Beraubung der Köpenicker Stadtkasse, sondern im spöttischen, sarkastischen Tone; eine gewisse Schadenfreude klingt überall durch ...

Q3: Die „Berliner Morgenpost" schrieb:
Dass ein ganzes Gemeinwesen mit allen seinen öffentlichen Funktionen, ja dass eine Abteilung Soldaten selbst auf so überwältigend komische und dabei doch völlig gelungene Art von einem einzigen Menschen düpiert wurde, das hat in unserem Lande der unbegrenzten Uniformehrfurcht ein militärisches Gewand getan, mit dem sich ein altes, krummbeiniges Individuum notdürftig behängt hatte.

Q4: Über die Haltung Wilhelms II. berichtete die Berliner Zeitung „Daily Mail":
Sein (Wilhelms II.) Sinn für Humor wurde zutiefst angerührt, wie seine ... Anmerkung zur Person des vorgeblichen Offiziers als eines genialen Kerls erweist.

Wilhelm Voigt wurde wenige Tage später gefasst und zu vier Jahren Gefängnis verurteilt. Kaiser Wilhelm II. jedoch begnadigte Voigt, sodass dieser bereits 1908 wieder entlassen wurde.

M1: *Wilhelm Voigt nach seiner Entlassung (1908)*

1. Berichte über das Gaunerstück Wilhelm Voigts.
2. Arbeite heraus, wie die Menschen auf die Straftat reagierten.
3. Erläutere, warum Wilhelm Voigt sein Raub gelang.
4. Berichte, welche Haltung Wilhelm II. zu diesem Ergebnis hatte. Bewerte dies aus Sicht eines Zeitgenossen.

1906 gelang es einem Schuhmacher in einer Hauptmannsuniform, das Köpenicker Rathaus zu besetzen, den Bürgermeister festzunehmen und die Stadtkasse zu beschlagnahmen. Diese Geschichte vom „Hauptmann von Köpenick" wurde mehrmals verfilmt sowie als Roman und Schauspiel verarbeitet.

Q1: Auszug aus „Der Hauptmann von Köpenick" von Carl Zuckmayer von 1931.
9. Szene, Amtszimmer des Bürgermeisters:

KILIAN (Wachtmeister) *steckt den Kopf herein* ... Herr Bürgermeister! Herr Bürger –
OBERMÜLLER ... Wieso können Sie hier einfach, ohne anzuklopfen –
VOIGTS STIMME *draußen* ... Mal Platz hier! *Er ... tritt ein. ...*
OBERMÜLLER *sprachlos erhebt sich ...*
VOIGT Sind Sie der Bürgermeister von Köpenick?
OBERMÜLLER Allerdings.
VOIGT ... Auf allerhöchsten Befehl Seiner Majestät des Kaisers und Königs erkläre ich Sie für verhaftet. Ich habe den Auftrag, Sie sofort auf die neue Wache nach Berlin zu bringen. Machen Sie sich fertig.
OBERMÜLLER *bleich, aber einigermaßen gefasst* Das verstehe ich nicht! Das muss doch ein Irrtum sein, wieso denn überhaupt?
VOIGT Wieso?! *Weist auf die Truppe hinter sich* Genügt Ihnen das nicht?
OBERMÜLLER Ja, aber es muss doch ein Grund vorliegen! ...
VOIGT Sie werden schon wissen. Ich habe nur Befehl.
OBERMÜLLER *haut auf den Tisch* ... Ich lasse mich hier nicht einfach –
VOIGT Haben Sie gedient?
OBERMÜLLER Jawohl, ich bin Oberleutnant der Reserve.
VOIGT Dann wissen Sie doch, dass jeder Widerstand nutzlos ist. Befehl ist Befehl. Hinterher können Sie sich beschweren.
OBERMÜLLER Aber ich habe doch keine Ahnung –
VOIGT ... Ich auch nicht. Ich habe nur Befehl. ... Wer hat die Stadtkasse unter sich?
OBERMÜLLER Der Stadtkämmerer Rosencrantz. Ich möchte aber sehr bitten –
VOIGT Danke. *Zu Kilian* Holen Sie den Mann mal her.
KILIAN *diensteifrig* Der steht schon im Vorzimmer, Herr Hauptmann! *Ruft nach rückwärts* Herr Stadtkämmerer!! Reinkommen!!
ROSENCRANTZ ... Zur Stelle, Herr Hauptmann!
VOIGT ... Leider muss ich auch Sie vorläufig in Haft nehmen ... Sie machen sofort einen vollständigen Kassenabschluss ...
ROSENCRANTZ Zu Befehl, Herr Hauptmann. ...
OBERMÜLLER ... Herr Stadtkämmerer ... Sie haben in diesem Hause ohne meinen Befehl keinen Abschluss zu machen! Noch bin ich nicht abgesetzt!
ROSENCRANTZ Aber verhaftet, verzeihen Herr Hauptmann, ich dachte wenigstens ...
OBERMÜLLER ... Die Stadtkasse kann nicht ohne Beschluss der Verwaltung ...
VOIGT Die Verwaltung der Stadt Köpenick bin ich! Der Herr Bürgermeister ist ganz einfach mein Gefangener. ... *Zu Rosencrantz* Führen Sie meine Anweisung aus!
ROSENCRANTZ *mit vorwurfsvollem Blick zum Bürgermeister* Selbstverständlich, Herr Hauptmann.

Köpenicker Rathaus
Der heutige Berliner Stadtteil Köpenick war bis 1920 eine eigenständige Stadt.

Szenenfotos aus der Verfilmung von 1956:

Der Schuhmacher Wilhelm Voigt als Arbeitsloser ...

... und als Hauptmann von Köpenick

1 Bildet Gruppen und spielt die Szene vor der Klasse. Besprecht zuvor in der Gruppe genau, wie die Figuren dargestellt werden müssen (Haltung, Gestik, Tonfall).

2 a) Beschreibe, wie sich das Verhältnis zwischen Bürgermeister und Stadtkämmerer Rosencrantz durch die Verhaftung verändert.
b) Erkläre das Verhalten des Stadtkämmerers.

Ein neues Rollenverständnis

Die Zeit des Kaiserreichs war geprägt von einem sehr starren Rollenbild. Während der Mann einer Arbeit nachgehen und mit seinem Verdienst die Familie ernähren sollte, galt die Frau als Betreuerin des Haushaltes und Erzieherin der Kinder.
Diese Idee der Arbeitsteilung in der Ehe war relativ neu. Vor der Industrialisierung hingen der Haushalt und die Erwerbstätigkeiten in einer Ehegemeinschaft eng zusammen. Auf Bauernhöfen oder in Handwerksbetrieben gab es zwar eine Arbeitsteilung zwischen Männern und Frauen, aber ihre Arbeiten waren jeweils notwendig, um den Unterhalt der Familie zu erwirtschaften. Mit der Industrialisierung kam es im Bürgertum häufig zur Trennung von Erwerbsarbeit und Haushalt. So verlagerte sich die bezahlte Arbeit z. B. in Fabriken oder in Büros. Gleichfalls nahm der Arbeitsaufwand im Haushalt ab, denn viele Lebensmittel, Textilien und Haushaltsgegenstände wurden nicht mehr zu Hause selbst hergestellt. Durch die kostengünstigere industrielle Fertigung der Waren konnten diese preisgünstig erworben werden. So verschob sich die Gewichtung von Hausarbeit und Erwerbsarbeit, denn nur mit dem Einkommen aus der Erwerbsarbeit konnten diese Waren gekauft werden.
In der zweiten Hälfte des 19. Jahrhunderts setzte sich die Idee vom Mann, der seine Familie allein ernähren konnte, immer stärker durch. Der Mann galt als Oberhaupt der Familie. Er bestimmte nicht nur über Erziehungsfragen und die Finanzen, sondern hatte auch das Recht, seiner Frau die Erwerbstätigkeit zu untersagen.

Großbürgertum
z. B. reiche Industrielle und Kaufleute

Kleinbürgertum
z. B. Gewerbetreibende, Handwerksmeister, Beamte, Angestellte

Frauen im wirklichen Leben

Das neue Rollenbild verbreitete sich vom Großbürgertum ausgehend auch in die unteren Schichten. Ideal und Wirklichkeit klafften jedoch auseinander. Sowohl bei den Arbeitern als auch im Kleinbürgertum war der Verdienst der Frauen häufig nötig, um den Unterhalt der Familie sichern zu können. Während Arbeiterinnen vielfach in der Textilindustrie beschäftigt waren, arbeiteten Frauen aus dem Kleinbürgertum oft als Sekretärinnen, Verkäuferinnen oder erwirtschafteten einen Zuverdienst durch Heimarbeit. Auch auf dem Land war Heimarbeit verbreitet.

M1: *Eine Frau fertigt in Heimarbeit Stick- und Näharbeiten an (Foto, um 1906).*

M2: *Vermittlung von Ferngesprächen durch eine Telefonistin (Foto, um 1900)*

1. Beschreibe das neue Rollenverständnis zum Ende des 19. Jahrhunderts.
2. Erkläre, warum sich das Rollenbild mit der Industrialisierung verändert hat.

M3: *Demonstration am ersten Internationalen Frauentag für die Einführung des Frauenwahlrechts (Berlin, 19.3.1911)*

Dort halfen Frauen vor allem in der Landwirtschaft. Ledige Mädchen vom Land arbeiteten als Magd auf einem Hof oder als Dienstmädchen in einem bürgerlichen Haushalt. Der Anteil der Frauen an allen Erwerbstätigen lag konstant bei 30 Prozent.

Die Frauenbewegung

In den 1880er-Jahren begann sich in Deutschland eine Frauenbewegung zu organisieren. Zu ihren wichtigsten Zielen gehörten das Wahlrecht für Frauen und verbesserte Bildungschancen für Mädchen. Dazu zählten neben der höheren Schulausbildung auch eine qualifizierte Berufsausbildung und der Zugang zu Universitäten.

Q1: Aus dem Programm des Allgemeinen Deutschen Frauenvereins (ADF), 1905:
Die Frauenbewegung ... verlangt von Staat und Gemeinden die Bestätigung des gleichen Interesses für die Bildung der Mädchen wie der Knaben. ... In Anbetracht der großen Zahl von Frauen, die unverheiratet bleiben, und der weiteren Zahl derer, die in der Ehe keine ausreichende wirtschaftliche Versorgung finden können, ist die Berufsarbeit der Frau eine wirtschaftliche und sittliche Notwendigkeit. Die Frauenbewegung betrachtet die berufliche Frauenarbeit ... als Kulturwert, da auch die Frau Träger hervorragender spezifischer Begabungen sein kann. ... In Bezug auf die wirtschaftliche Bewertung der beruflichen Frauenarbeit vertritt die Frauenbewegung den Grundsatz: Gleicher Lohn für gleiche Leistung.

Mit großem Einsatz kämpfte die Frauenbewegung auch um politische Mitbestimmung. Im Kaiserreich stritten die Frauen jedoch um das aktive und passive Wahlrecht noch vergebens. 1908 erhielten sie lediglich das Recht, in politischen Vereinigungen mitwirken zu dürfen.

Louise Otto-Peters (1819–1895), Gründerin des Deutschen Frauenvereins

Clara Zetkin (1857–1933), Frauenrechtlerin und Mitglied der SPD

3 Erläutere, warum das Frauenideal nicht immer mit der Wirklichkeit übereinstimmte.

4 Entwickelt ein Streitgespräch zwischen einem kleinbürgerlichen Ehepaar. Der Verdienst des Mannes reicht nicht, um die Familie zu versorgen. Eine Lösung muss her.

5 Arbeite aus Q1 heraus, was der ADF forderte und wie er dies begründete.

6 Recherchiere über die Geschichte des ADF. Präsentiere deine Ergebnisse.

7 Vergleiche die Ziele der Frauenbewegung im Kaiserreich mit den Forderungen der Olympe de Gouge (siehe Seite 23).

4 Starthilfe
Denkt an die Verdienstmöglichkeiten für Frauen und das Rollenverständnis der Männer.

Erziehung zu Disziplin

Die Schule im Kaiserreich hatte nicht nur die Bildung junger Menschen zum Ziel, sondern auch eine Erziehung im Interesse des Staates. Die Schülerinnen und Schüler sollten zu Disziplin sowie Treue und Ergebenheit gegenüber dem Kaiser, also zu Untertanen herangezogen werden.

Q1: Ratschläge des Pädagogen Carl Kehr für Volksschullehrer aus dem Jahr 1877:

Damit jede Störung des Unterrichts unmöglich gemacht werde, hat der Lehrer ... darauf zu halten: a) dass alle Schüler ... gerade ... und in Reihen hintereinander sitzen ... b) dass jedes Kind seine Hände geschlossen auf die Schultafel legt, ... c) dass die Füße parallel nebeneinander auf den Boden gestellt werden ...

Alle ... Auseinandersetzungen und Reden müssen wegfallen; hier muss ein Wink des Auges ... oder der einzige (ruhig gesprochene) Ausruf: *„Achtung!"* ... genügen, um die ... Schulordnung *sofort* herzustellen. ...

Wenn gelesen ... werden soll, ... hat der Lehrer dafür Sorge zu tragen, dass das Heraufnehmen ... nicht allein in möglichst *kurzer* Zeit, sondern auch in aller *Stille* geschieht. Um dies zu ermöglichen, haben die Kinder die ... Lehrmittel *in drei Zeiten* heraufzunehmen ... Gibt der Lehrer ... zum Heraufnehmen des Lesebuchs ... das Zeichen „Eins", dann erfassen die Kinder das unter der Schultafel liegende Buch; beim Zeichen „Zwei" erheben sie das Buch über die Schultafel; beim Zeichen „Drei" legen sie es geräuschlos auf die Schultafel nieder, den Blick wieder ... auf den Lehrer gerichtet.

Bei all' diesen Kommandos hüte sich der Lehrer aber vor militärischem *Schreien*. ...

Volksschule
Die Anzahl der Schuljahre nahm im Laufe der Jahre zu, sie war jedoch auch in den einzelnen deutschen Staaten unterschiedlich.

höhere Schule
entspricht dem heutigen Gymnasium

M1: *Klasse einer Jungenschule beim Geometrieunterrricht (Foto, um 1900)*

Mehr als 80 % der Schüler besuchte die sechs-, später achtjährige Volksschule. Nur eine kleine Elite wechselte meist nach vier Jahren auf eine höhere Schule, oder besuchte von Beginn an eine besser gestellte Vorschule. Da diese Schulformen ein höheres Schulgeld forderten, hing ihr Besuch von den finanziellen Möglichkeiten der Eltern ab.

Vorschule und höhere Schulen standen unter besonderer staatlicher Aufsicht, da dort die zukünftigen Staatsdiener herangezogen wurden. Der Abschluss einer höheren Schule war Voraussetzung für den Zugang zu höheren Ämtern in Justiz, Verwaltung, Militär oder dem Bildungswesen. Der höhere Schulabschluss war somit Statussymbol und Eintrittskarte in die gesellschaftliche Oberschicht.

1. Beschreibe die Unterrichtssituation in M1.
2. Erkläre die Aufgaben der Schule im Kaiserreich.
3. a) Gestaltet euren Klassenraum wie in M1 und befolgt die Anweisungen aus Q1.
   b) Wertet euren Versuch aus. Was konntet ihr umsetzen, was nicht? Nehmt Stellung.
4. Beurteile, ob die Schule im Kaiserreich den Militarismus förderte (Q1).
5. Vermute Gründe für das hohe Schulgeld an den wenigen höheren Schulen.

M2: *Mädchenklasse mit Strickzeug in Berlin (Foto, um 1900)*

Die Bildung der Mädchen

Anders als die Schulen der Jungen waren die Mädchenschulen im höheren Schulwesen nicht durch staatliche Vorschriften geprägt. Dies lag vor allem daran, dass den Mädchen keine Anstellungen im Staatsdienst offen standen und die Bildung der Mädchen daher von staatlicher Seite kein größeres Interesse fand. Der Besuch einer höheren Schule war meist nur an Privatschulen möglich, sodass diese vor allem von Mädchen aus dem Bürgertum besucht wurden. Der Besuch einer solchen Schule diente somit auch zum Beweis des gehobenen gesellschaftlichen Standes.

Die sogenannten „höheren Töchterschulen" verfolgten Bildungsziele des damaligen bürgerlichen Frauenideals. Hauswirtschaft und Erziehung waren wichtige Lerninhalte, aber auch die Ausbildung der Mädchen zu einer guten Gastgeberin, die ihre Gäste mit Musik und Literatur unterhalten und gleichsam gebildete Gespräche führen konnte.

Die Frauenbewegung kämpfte um die Gleichstellung der höheren Bildung von Mädchen und Jungen. Der Staat war jedoch lange Zeit nicht dazu bereit. Deshalb organisierten Frauenvereine eigene Kurse, in denen sich Absolventinnen der höheren Töchterschulen auf eine Abiturprüfung als „Externe" vorbereiten konnten. 1896 machte in Berlin das erste Mädchen sein Abitur.

Das erste staatliche Gymnasium für Mädchen entstand 1898 in Karlsruhe. Im fortschrittlichen Herzogtum Baden war den Mädchen ab 1900 auch der Zugang zu den Universitäten erlaubt. Preußen richtete erst 1908 höhere Mädchenschulen ein. Bis zur Abiturprüfung mussten sie jedoch ein Jahr länger als die Jungen zur Schule gehen.

Nach der Jahrhundertwende hoben viele deutsche Staaten das Studierverbot für Frauen auf. Im Wintersemester 1911/12 standen jedoch lediglich 2855 Studentinnen 72 000 Studenten gegenüber. Die jungen Frauen hatten an den Universitäten einen schweren Stand.

6 Erkläre, warum die höheren Mädchenschulen vor 1900 meist Privatschulen waren.

7 Vergleiche die Bildungsziele für Jungen und Mädchen.

8 Gestaltet in Partnerarbeit ein Interview zwischen einem Berliner Reporter und der ersten Abiturientin.

7 Starthilfe

Ihr könnt z. B. Fragen und Antworten zu folgenden Themen ausarbeiten: Schulbildung, Abiturprüfung, weitere Ziele, Vorurteile, Sinn und Unsinn von höherer Mädchenbildung u. v. m.

Deutsche Nationaldenkmäler entstehen

M1: *Niederwalddenkmal bei Rüdesheim oberhalb des Rheins, 38 Meter hoch (erbaut 1877–1883)*

M2: *Kaiser-Wilhelm-Denkmal auf dem Kyffhäuser, 81 Meter hoch (erbaut 1890–1896)*

Mit der Reichsgründung entwickelte sich nicht nur die deutsche Einheit, sondern wuchs auch das deutsche Nationalbewusstsein. Aus dem nationalen Stolz wurde jedoch häufig ein nationales Überlegenheitsgefühl. Schon bald wurde versucht, den Nationalstolz mithilfe von sogenannten Nationaldenkmälern zu verstärken. Zu ihnen zählen das Niederwalddenkmal bei Rüdesheim sowie die Kaiser-Wilhelm-Denkmäler auf dem Kyffhäuser und am Deutschen Eck an der Mündung der Mosel in den Rhein. Gleichfalls wurden das Hermannsdenkmal im Teutoburger Wald, die Siegessäule in Berlin sowie das Bismarckdenkmal in Hamburg als nationale Denkmäler erbaut. Sie alle sind monumentale Bauwerke, die schon durch ihre Größe beeindrucken sollen.

Das größte Denkmal dieser Art wurde von 1898 bis 1913 zum 100. Jahrestag der Völkerschlacht von Leipzig erbaut. Es sollte an den Zusammenschluss der deutschen Völker und den Sieg gegen die napoleonischen Truppen erinnern. Auf diese Weise war es nicht nur ein Denkmal für die deutsche Einheit, sondern betonte zugleich das feindliche Verhältnis zum Nachbarland Frankreich.

denk|mal

Badewannenrennen auf dem Spiegelteich des Völkerschlachtdenkmals in Leipzig

Die Nationaldenkmäler von einst begleiten uns noch heute. Manchmal werden sie von Rechtsextremisten für Demonstrationen genutzt. Aber es geht auch anders. Am Völkerschlachtdenkmal in Leipzig findet jährlich ein Badewannenrennen statt. Im Winter ist der Spiegelteich eine Schlittschuhbahn. Im Inneren des Denkmals werden Konzerte veranstaltet, und selbst Gruftieparties werden dort gefeiert. – Was meint ihr, wie sollten wir heute mit den Denkmälern der Kaiserzeit umgehen?

1 Verteilt die genannten Denkmäler auf sieben Gruppen und informiert euch über: den Erinnerungsanlass, den gewählten Standort, die Entstehungszeit, den Auftraggeber, die Gestaltung (Personen, Figuren, Symbole, Inschriften, Maße, Material) und die heutige Nutzung. Stellt eure Ergebnisse vor (Präsentation, Plakat etc.).

Die alte Ordnung

Nach dem Sieg über Napoleon wurden auf dem Wiener Kongress die alten europäischen Monarchien wieder gestärkt. Die Gründung des Deutschen Bundes 1815 festigte die Struktur Deutschlands als losen Staatenbund. Die Hoffnungen vieler Menschen auf eine Einigung der deutschen Länder wurden enttäuscht. Auch das Streben vieler Bevölkerungsteile nach mehr Rechten und Freiheiten wurden als revolutionäres Übel unterdrückt.

Die Revolution von 1848/49

Politische und wirtschaftliche Unzufriedenheit führten immer wieder zu Unruhen. Beflügelt durch die erfolgreiche Revolte in Paris, kämpften auch in vielen deutschen Städten die Menschen für mehr Rechte. Sie zwangen die Herrschenden zu Zugeständnissen und gründeten die erste demokratische Volksvertretung, die Frankfurter Nationalversammlung. Ihr Ziel war es, eine Verfassung für ein geeintes Deutschland zu verabschieden. 1849 scheiterte dieses Vorhaben am Widerstand der deutschen Fürsten.

Die Reichseinigung von 1871

Erst im Jahr 1871 kam es zur Einigung der deutschen Staaten. Diese Einigung ereignete sich unter der Vormachtstellung Preußens und war eine Einigung von oben, denn sie wurde von den deutschen Fürsten vollzogen. Staatsoberhaupt des Deutschen Reiches wurde der preußische König als deutscher Kaiser. Das Kaiserreich war eine konstitutionelle Monarchie mit einem schwachen Parlament.

Daten & Fakten

1815
Wiener Kongress
Gründung des Deutschen Bundes

1848/49
Bürgerliche Revolution
Gründung und Scheitern der Frankfurter Nationalversammlung

1871
Gründung des Deutschen Reiches und Proklamation des Deutschen Kaisers

Begriffe

Wiener Kongress
Deutscher Bund
Burschenschaften
Liberale
Nationalismus
Bürgertum
Frankfurter Nationalversammlung
Verfassung
Preußen
Deutsches Reich
Militarismus

Zum Weiterlesen

Klaus Kordon: 1848. Die Geschichte von Jette und Frieder. Beltz, Weinheim 2009.
Nationalhymnen. Texte und Melodien. Reclam, Stuttgart 2006.
Der Untertan. Verfilmung von 1951 (DEFA).
Der Hauptmann von Köpenick. Verfilmungen von 1956 (mit Heinz Rühmann), 1997 (mit Harald Juhnke) und andere.

1 Der Wiener Kongress

Du kannst ...

a) die Ziele des Wiener Kongresses benennen. ✓

b) die Struktur des neu gegründeten Deutschen Bundes erklären. ✓✓

c) mithilfe der Quelle Q1 erläutern, welche Hoffnungen viele Deutsche in den Wiener Kongress setzten und inwiefern sie enttäuscht wurden. ✓✓✓

Q1: Aus einem Lied von 1813:
Was ist des Deutschen Vaterland?
Ist's Pommerland ? Westphalenland?
Ist's, wo der Sand der Dünen weht?
Ist's, wo die Donau brausend geht?
O nein, nein, nein!
Sein Vaterland muß größer seyn. ...
Was ist das Deutsche Vaterland?
So nenne endlich mir das Land!
So weit die deutsche Zunge klingt
Und Gott im Himmel Lieder singt,
Das soll es seyn!
Das, wackrer Deutscher, nenne dein.

2 Deutsche Studenten protestieren

Q2: Aus den Karlsbader Beschlüssen:
Es soll bei jeder Universität ein ... landesherrlicher Bevollmächtigter ... angestellt werden.
Das Amt dieses Bevollmächtigten soll sein, über die strenge Vollziehung der bestehenden Gesetze und Disziplinarvorschriften zu wachen und den Geist, in welchem die akademischen Lehrer bei ihren öffentlichen und Privatvorträgen verfahren, sorgfältig zu beobachten ...

Du kannst ...

a) Forderungen der Burschenschaften nennen. ✓

b) erklären, warum die Protestbewegung der Studenten und Professoren von den Fürsten bekämpft wurde. ✓✓

c) mithilfe der Quelle Q2 erläutern, wie sich die Karlsbader Beschlüsse auswirkten. ✓✓✓

3 Revolution von 1848

Du kannst ...

a) politische und wirtschaftliche Missstände nennen, die zu den Unruhen von 1848 geführt haben. ✓

b) erklären, warum sich auch das Bürgertum an den Protesten beteiligte, obwohl es die führende Gesellschaftsschicht war. ✓✓

c) beurteilen, ob die Frankfurter Nationalversammlung, die im Mai 1848 eröffnet wurde, eine Vertretung des gesamten Volkes war. ✓✓✓

M1: *Der preußische König verneigt sich vor den gefallenen Revolutionären, die in den Hof des Berliner Schlosses gebracht werden (zeitgenössischer Holzstich).*

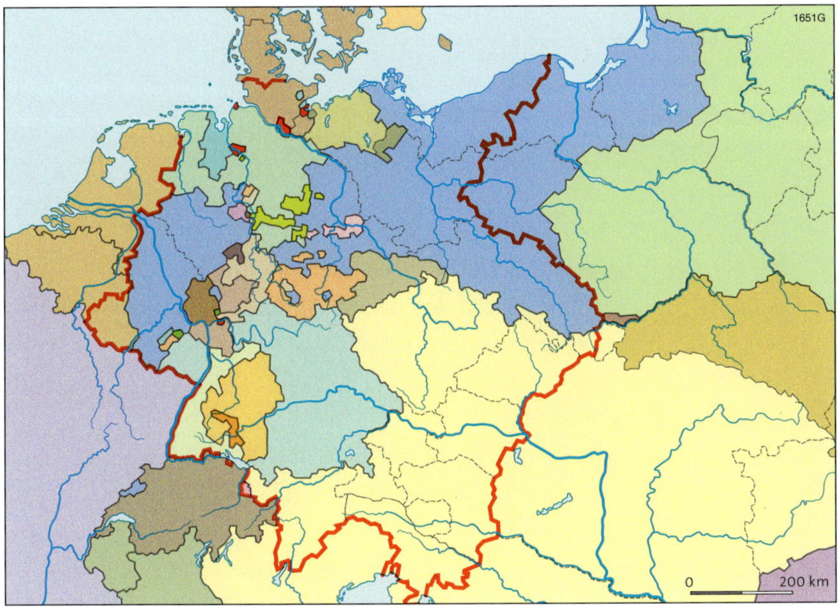

M2: *Karte vom Deutschen Bund*

4 Großdeutsch oder kleindeutsch

Du kannst …

a) die beiden deutschen Staaten nennen, die im Deutschen Bund am mächtigsten waren. ✓

b) die kleindeutsche und großdeutsche Lösung erklären. ✓✓

c) erläutern, warum eine Mitgliedschaft Österreichs in einem vereinten Deutschland von der Nationalversammlung abgelehnt wurde. ✓✓✓

5 Deutsche Nationaldenkmäler

Du kannst …

a) drei Nationaldenkmäler aus der Kaiserzeit nennen. ✓

b) erklären, warum das größte dieser Denkmäler an die Völkerschlacht von 1813 erinnern sollte. ✓✓

c) erläutern, warum sich ein deutscher Denkmalkult entwickelte. ✓✓✓

M3: *Das Völkerschlachtdenkmal in Leipzig (Postkarte, 1913)*

6 Kaiserkult und Militarismus

Du kannst …

a) den Kaiserkult im Deutschen Reich beschreiben. ✓

b) erklären, warum das Militär im Deutschen Reich ein sehr hohes Ansehen hatte. ✓✓

c) beurteilen, wie sich der Militarismus auf die Bevölkerung auswirkte. ✓✓✓

M4: *Kaiser Wilhelm II.*

Der Imperialismus und der Erste Weltkrieg

Kapitel 04

Der Erste Weltkrieg dauerte vier Jahre und zählte am Ende 15 Millionen Tote.
Schon von seinen Zeitgenossen wurde er als „Urkatastrophe des 20. Jahrhunderts“ empfunden. Neue Kampfmethoden, Waffen und Vernichtungsmittel wurden angewandt. Erstmals wurden Giftgase im Kampf gegen den Feind eingesetzt, um den Gegner im Schützengraben kampfunfähig zu machen und ihn dann zu überwältigen. Durch Gas starben Tausende, und noch mehr verloren ihr Augenlicht.
Welche politischen Voraussetzungen machten den Ausbruch dieses Krieges möglich? Wie konnte sich der Konflikt weltweit ausbreiten?

M1: *Die Frankfurter Zeil (Postkarte, um 1905)*

Fortschritt und Aufschwung

Ende des 19. Jahrhunderts herrschte in Deutschland eine große Aufbruchsstimmung.

Q1: Ein deutscher Schriftsteller schrieb:
Das neunzehnte Jahrhundert war ... ehrlich überzeugt, auf dem ... unfehlbaren Weg zur besten aller Welten zu sein. ... Man glaubte an den „Fortschritt" schon mehr als an die Bibel, und sein Evangelium schien unumstößlich bewiesen durch die täglich neuen Wunder der Wissenschaft und Technik.

Die Industrialisierung veränderte sich. Waren zuvor vor allem die Eisenverhüttung und die Dampfmaschinen von Bedeutung, erlebte nun die chemische Industrie mit der Herstellung von Farbstoffen und Medizin ihren Aufschwung. Während die Produktion anstieg, sank die wöchentliche Arbeitszeit. Gleichzeitig wurden die Löhne angehoben und die staatliche Sozialgesetzgebung ausgeweitet.

Von besonderer Bedeutung war die Entwicklung des Verbrennungsmotors und die Elektrifizierung. Die ersten Automobile erschienen im Straßenbild und Kraftwerke versorgten ganze Städte mit Strom. Straßenbahnen und Beleuchtung wurden elektrifiziert. Kaufhäuser und Großmärkte boten neben frischen Lebensmitteln erstmals Konserven, damals ein Luxusartikel, an.
Zu den neuen Technologien zählte auch das Fernmeldewesen. Das Telefon war erfunden und Fernsprechnetze wurden eingerichtet. Die Vermittlung geschah von Hand. Weil bei schlechter Verbindung hohe Frauenstimmen besser zu verstehen sind als Männerstimmen, gab es bald das „Fräulein vom Amt".
Die Übermittlung von Informationen über die Telegrafie ermöglichte – im Gegensatz zum Postweg – weltweite Verbreitung von Nachrichten innerhalb eines Tages. Presse und Rundfunk förderten das Interesse der Menschen an Politik. Zeitungen, die auf den Geschmack der breiten Massen abgestimmt waren, erreichten hohe Auflagen.

Telegrafie
Formen der Übermittlung von Texten über Entfernungen

Jahr	Arbeitszeit in Stunden
1872	72
1900	62

Entwicklung der Arbeitszeit

1 Beschreibe M1.
2 Beurteile mithilfe des Textes den Rückblick des Schriftstellers in Q1.

Galt Großbritannien über hundert Jahre lang als führende Industrienation, so errang das Deutsche Reich in den vierzig Jahren nach seiner Gründung die Spitzenposition in Europa. Und es herrschte ein fester Glaube, dass Fortschritt und Wachstum unaufhaltsam wären.

Q2: 1892 kündigte der deutsche Kaiser Wilhelm II. an:

Wir leben in einem Übergangszustande. Deutschland wächst allmählich aus seinen Kinderschuhen heraus, um in das Jünglingsalter einzutreten. ... Zu Großem sind wir noch bestimmt, und herrlichen Tagen führe ich euch noch entgegen!"

M2: *Kaiser Wilhelm II. (1859–1941) (Gemälde von Max Kroner, 1890)*

Die Lebensverhältnisse

Der Lebensstandard der Menschen stieg in Deutschland langsam, aber stetig. Dies führte zu einem rasanten Bevölkerungswachstum. Fast den gesamten Zuwachs nahmen die Städte auf. Deshalb herrschte hier ein großer Wohnungsmangel. Viele Arbeiter mussten in feuchten Kellern leben und in Ställen oder Bretterbuden hausen.
Auch die Zahl der Arbeitsplätze schnellte in die Höhe. Neben Industrie, Handwerk und Bergbau boten vor allem die modernen Dienstleistungen wie Banken, Versicherungen und öffentliche Verwaltungen neue Erwerbsmöglichkeiten.

Jahr	Bevölkerung
1870	41 Mill.
1890	50 Mill.
1913	67 Mill.

Entwicklung der Bevölkerungszahl

Die Zusammensetzung der Gesellschaft hatte sich in Deutschland seit der Industrialisierung verändert. An ihrer Spitze stand noch immer der Adel, der die Führungspositionen im Militär, in der Regierung und in der Verwaltung besetzte. Den gleichen Rang nahmen adlige Großgrundbesitzer ein, die auf ihrem Besitz landwirtschaftliche Großbetriebe bewirtschafteten. Neu zur Oberschicht hinzugekommen waren Großindustrielle, Bankiers und Großkaufleute wie auch Bildungsbürger. Wissenschaftler, erfolgreiche Schriftsteller, Ärzte und Anwälte verfügten über ein hohes Einkommen und sicherten sich gesellschaftliche Anerkennung. Angesehen waren auch die höheren Beamten.
Ebenfalls zum Bürgertum, wenngleich zur Mittelschicht, zählten die selbstständigen Handwerksmeister und die neue Gruppe der Bürokräfte, die sogenannten Angestellten.
Die größte gesellschaftliche Schicht bildeten die Arbeiter, deren Lebensbedingungen vergleichsweise schlecht blieben.

Tipp
Informiere dich noch einmal im Kapitel „Die Industrielle Revolution" (ab Seite 44) über die Lebens- und Arbeitsbedingungen der Menschen in dieser Zeit.

3 Erläutere die Veränderungen in der Gesellschaft.
4 Beschreibe M2. Der Maler hatte ein berühmtes Vorbild. Erinnerst du dich?
5 Nimm mithilfe der Doppelseite Stellung zu Q2.

4 **Starthilfe**
Schlage noch einmal im Kapitel „Die Französische Revolution" nach.

Die Aufteilung der Welt

Kolonien
von einem anderen Staat abhängige Gebiete, die über kein eigenes politisches System verfügen

Imperialismus
(von lat. imperare: „herrschen"; imperium „Weltreich") Bestrebungen eines Staates, den eigenen Herrschaftsbereich auf fremde Gebiete und Völker auszudehnen und damit eine Vormachtstellung vor anderen Staaten einzunehmen

Kolonialisierung
Gründung und Entwicklung von Kolonien

Seit den Entdeckungen im 15. und 16. Jahrhundert hatten europäische Staaten überseeische Gebiete zu Kolonien gemacht und ausgebeutet. Im 18. Jahrhundert begannen Engländer, Holländer und Franzosen Handelsstützpunkte zu Kolonialreichen auszubauen. Am Ende des 19. Jahrhunderts kam es im Zuge der Industrialisierung zu einem regelrechten Wettlauf der europäischen Großmächte um die noch nicht kolonisierten Länder. Das Zeitalter des Imperialismus begann. Mit der Gründung des Deutschen Reiches 1871 wurde die Kolonialisierung auch zum Thema der deutschen Politik. Die großen Industrienationen versuchten, die Grenzen ihres „Imperiums", ihres Machtbereiches, auszudehnen. Die Motive dafür waren vielfältig. Man versprach sich billige Rohstoffquellen, z. B. Kaffee, Gewürze, Tabak und neue Absatzmärkte für die eigenen Produkte in den Kolonien. Zudem wollte man Handelswege militärisch absichern, denn die imperialistische Politik verschärfte die Konkurrenz unter den Großmächten. Neben wirtschaftlichen gab es auch politische Interessen. Möglichst viele Kolonien zu besitzen, steigerte das Ansehen und die Macht in der Welt. Außerdem konnten außenpolitische Erfolge von innenpolitischen Spannungen, z. B. wegen ungerechter sozialer Verhältnisse, ablenken.

Nicht zuletzt entwickelte sich ein kulturelles Sendungsbewusstsein. Begründet wurde dieses Überlegenheitsgefühl durch die Errungenschaften des industriellen Zeitalters. Viele glaubten, die eigene „überlegene" Kultur den „unterentwickelten" Völkern vermitteln zu müssen. Jahrhundertalte Traditionen dieser Völker wurden dabei verachtet.

M1: *„Die Plünderer der Welt" (amerikanische Karikatur, 1885)*

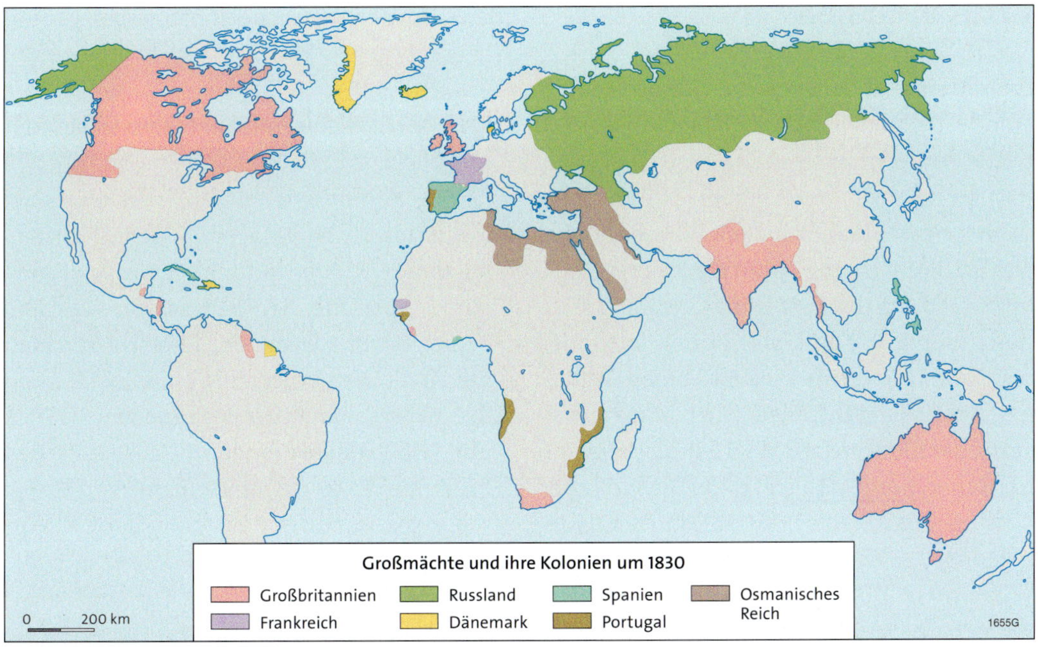

M2: *Großmächte und ihre Kolonien 1830*

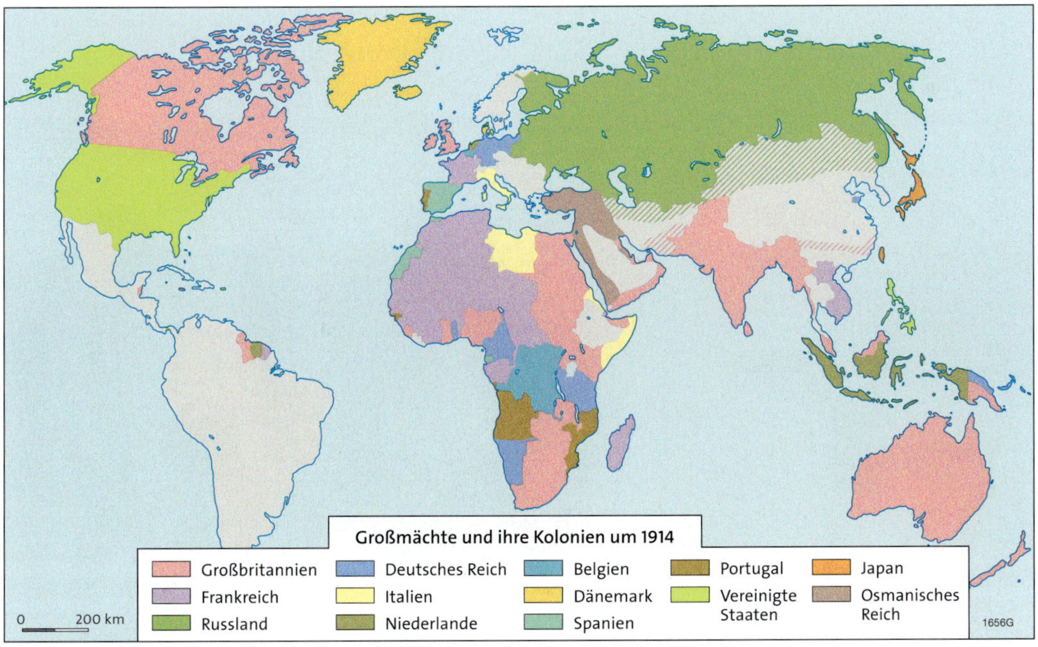

M3 *Großmächte und ihre Kolonien 1914*

1. Erschließe M1 mithilfe der Arbeitsschritte auf Seite 14/15.
2. Erläutere die Motive für die imperialistische Politik der Großmächte.
3. Vergleiche die Karten M2 und M3. Ordne mithilfe deines Atlas die britischen, französischen, russischen und deutschen Kolonien in eine Tabelle a) 1830 und b) 1914 ein.

Britisch-Indien

Im Mittelpunkt der britischen Kolonialpolitik stand die Kolonie Britisch-Indien, die der britische Premierminister 1872 als „Juwel in der Krone Englands" bezeichnete. Sie umfasste die heutigen Staaten Indien, Burma und Pakistan. Ihren Anfang nahm die Kolonie 1600 mit Gründung der East India Company (EIC) durch britische Kaufleute. In den folgenden 150 Jahren unterwarf die EIC einen Teil der indischen Fürstentümer. Nach einem Aufstand der Inder im Jahr 1858 wurde Indien zur britischen Kronkolonie erklärt. Die indischen Fürsten mussten die britische Herrschaft anerkennen. 1877 nahm die englische Königin Viktoria den Titel „Kaiserin von Indien" an. Wirtschaftlich gesehen war Britisch-Indien eine äußerst attraktive Kolonie. Indische Waren wie Baumwolle, Tee und Gewürze waren in Europa sehr beliebt, ebenso wie indische Stoffe. Im Zuge der Industrialisierung wurden landwirtschaftliche Rohstoffe ausgebeutet und britische Waren in Indien abgesetzt.

Kronkolonie
Vizekönigreich; von der Krone verwalteter Besitz

Q1: Der indische Politiker Nehru schildert rückblickend in Briefen an seine Tochter:
Die Textilindustrie Indiens war die erste, die unter ... [der Macht Englands] zusammenbrach. ... Der indische Schiffsbau ging ein, ... auch die Herstellung von Glas und Papier brach zusammen. Zuerst erreichten die englischen Waren die Hafenstädte und deren Umgebung. Mit dem Bau von Straßen und Eisenbahnen drangen die ausländischen Produkte weiter ins Land ein und vertrieben sogar das Handwerk aus dem Dorf. ... Was wurde aus den Millionen Handwerkern, die keine Arbeit mehr hatten? Die meisten ... hatten in den Städten gelebt. Nachdem sie arbeitslos geworden waren, kehren sie aufs Land und in die Dörfer zurück. Dadurch nahm die Einwohnerzahl der Städte ab und die der Dörfer zu.

M1: *Briten fotografieren hungernde Inder (französische Karikatur, 1899).*

2 Starthilfe
Beziehe die in Q1 genannten Auswirkungen der britischen Kolonialpolitik mit ein.

1 Zeige auf, wie Indien britische Kronkolonie wurde.
2 Werte M1 aus. Achte besonders auf das Verhalten der Personen.

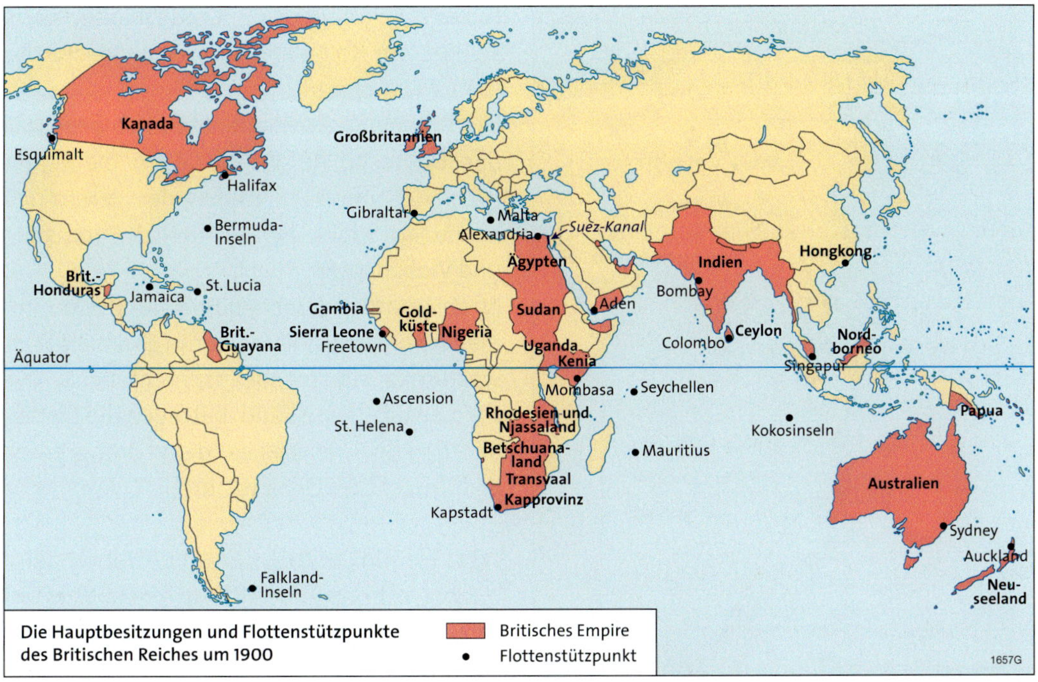

M2: *Das britische Weltreich um 1900*

„Britannia rule the waves"

„Britannien, beherrsche die Meere", so lautete das Motto der britischen Außenpolitik und unterstrich Großbritanniens führende Stellung in der Welt als Seemacht. Die Kontrolle des Seeweges nach Indien gehörte zu den wichtigsten Geboten. Nach dem Bau des Suez-Kanals erwarb England 1875 die Suez-Aktien, um seinen Einfluss auf diese wichtige Wasserstraße nach Asien zu sichern. Auch das Mittelmeer gehörte nach dem Bau des Suez-Kanals zum Einflussgebiet der Briten, sicherte es doch den Seeweg zum Kanal.
1880 besetzten die Briten Nigeria, 1882 folgte Ägypten und bald darauf weitere Gebiete in Afrika. 1921 umfasste das britische Imperium ein Gebiet von etwa einem Viertel der Welt.

M3: *Auf der Banderole steht: „Ein Schuft, wer Schlechtes dabei denkt" (franz. Karikatur, 1899)*

Suez-Kanal
Kanal in Ägypten, der das Mittelmeer mit dem Roten Meer verbindet und damit der Schifffahrt den Weg um Afrika erspart

3 Erörtere die Lage und Größe Britisch-Indiens sowie die Anbindung an Großbritannien (M2).

4 a) Werte M3 mithilfe der Seite 14/15 aus.
b) Beurteile die französische Sichtweise mithilfe der Karte M3 von Seite 137.

5 Überprüfe, ob die Idee einer britischen Vorherrschaft auf der Erde verwirklicht schien.

3 Starthilfe
Ein Schnelldampfer fuhr 1910 ungefähr 20 Knoten (37 km/h).

Auswirkungen deutscher Kolonialpolitik

M1: *Deutsch-Südwestafkrika 1914*

Deutsch-Südwestafrika

Im Deutschen Reich setzte sich immer mehr die Meinung durch, dass Deutschland auch ein Kolonialreich besitzen müsse, um neben den anderen Großmächten bestehen zu können. Den Grundstein legte der Bremer Kaufmann Lüderitz im Frühjahr 1883. Er kaufte von einem Häuptling der einheimischen Nama den Küstenstreifen um die Bucht Angra Pequena (später Lüderitzbucht) für 200 Gewehre und 100 englische Pfund. Ein Jahr später erklärte das Deutsche Reich den privat erworbenen Besitz zum offiziellen deutschen „Schutzgebiet". Deutschland hatte seine erste Kolonie: Deutsch-Südwestafrika (heute Namibia).

Die Kolonie war eineinhalbmal so groß wie das Deutsche Reich. Vor allem die Stämme der Ovambo im Norden, der Herero und Nama im Süden lebten hier als Nomaden und Viehzüchter.

Nach Gründung der Kolonie wanderten immer mehr deutsche Siedler in Deutsch-Südwestafrika ein. Sie beanspruchten für ihre Farmen das beste Land, betrogen die Einheimischen um Vieh und Land und drängten sie in unfruchtbare Gebiete ab.

Q1: Hendrik Witbooi, Stammesführer der Nama, schrieb Ende 1892 in einem Brief an die britische Regierung der benachbarten Kapkolonie:

Ich fühle mich in dieser unsteten Zeit verpflichtet und genötigt, euch wissen zu lassen, was mich der Zustand des Landes lehrt und wozu mich die Ankunft der Deutschen und ihr Tun veranlassen. ... Die Taten und Gesetze der Deutschen werden immer ärger, werden immer unmöglicher und härter für unser Volk. ... Die Deutschen ... nehmen den Kapitänen (Stammesführern) ihre Gebiete eigenmächtig weg, um sich selbst darauf niederzulassen. ... Sie erklären, sie kommen in friedlicher Absicht, dem ist aber nicht so. Ich sehe Blutvergießen in ihren Händen. ... Ich sehe einen großen Krieg kommen. ... Der Anlass wird sein, dass die Deutschen unsere Gebiete, die Herden und Plätze eigenmächtig wegnehmen und andere Menschen ohne unsere Genehmigung in unser Land kommen lassen. Das können wir nicht zulassen, denn wir haben unsere Gebiete an niemanden abgetreten. ...

1. Erkläre mithilfe von M1 Lüderitz' Interesse an dem afrikanischen Gebiet.
2. Stelle das Vorgehen der deutschen Kolonialherren gegenüber den Einheimischen dar.
3. ⊕ Recherchiere den Begriff „Schutzgebiete".

Der Herero-Aufstand

Die einheimischen Herero standen den deutschen Übergriffen, Diebstählen und Vergewaltigungen schutzlos gegenüber. 1904 wagten sie schließlich einen Aufstand. Sie überfielen die Farmen der Einwanderer und töteten die Männer. Die deutsche Regierung entsandte daraufhin 14 000 Soldaten unter Führung von Generalleutnant von Trotha. Nun begann ein verheerender Krieg, dem 65 000 Herero (von etwa 80 000) zum Opfer fielen. Auch die Nama wurden von den Deutschen besiegt.

Q2: Hauptmann von Estorff beschrieb das sich ihm bietende Bild:
[I]ch folgte ihren Spuren und erreichte ... mehrere Brunnen, die einen schrecklichen Anblick boten. Haufenweise lagen die verdursteten Rinder um sie herum, nachdem sie diese mit letzter Kraft erreicht hatten, aber nicht mehr rechtzeitig hatten tränken können. Die Hereros flohen nun weiter vor uns in das Sandfeld. Immer wiederholte sich das schreckliche Schauspiel. Mit fieberhafter Eile hatten die Männer daran gearbeitet, Brunnen zu erschließen, aber das Wasser ward immer spärlicher ... Sie flohen von einer [Wasserstelle] zur anderen und verloren fast alles Vieh und sehr viele Menschen. Das Volk schrumpfte auf spärliche Reste ..., die allmählich in unsere Gewalt kamen ... Es war eine ebenso törichte wie grausame Politik, das Volk so zu zertrümmern, man hätte noch viel von ihm und ihrem Herdenreichtum retten können, wenn man sie jetzt schonte und wieder aufnahm, bestraft waren sie genug. Ich schlug dies dem General von Trotha vor, aber er wollte ihre gänzliche Vernichtung.

Generalleutnant von Trotha enteignete die Gefangenen, brachte sie in Konzentrationslager und ließ sie Zwangsarbeit leisten.

Konzentrationslager
Dies ist eine Form von Gefangenenlager, die massive Verstöße gegen die Menschenrechte aufweist. Schlechte Ernährung sowie katastrophale hygienische Verhältnisse und die harte Zwangsarbeit führten zu einer hohen Sterblichkeitsrate.

M2: *Gefangene Herero in Ketten (1904)*

4 Erkläre, warum es zum Aufstand der Einheimischen gegen die Kolonialherren kam.
5 Beschreibe die Taktik des Generalleutnants von Trotha zur Vernichtung der Hereros.
6 ⊕ Informiere dich im Internet über die Geschichte des heutigen Staates Namibia (z. B. unter www.namibia-info.net/namibia/geschichte_info.html). Berichte.

Englisch-deutsche Gegensätze

Q1: Der Staatssekretär des Auswärtigen Amtes von Bühlow forderte 1897:
Die Zeiten, wo der Deutsche dem einen seiner Nachbarn die Erde überließ, dem anderen das Meer und sich selbst den Himmel reservierte ... diese Zeiten sind vorüber ... Mit einem Worte: Wir wollen niemand in den Schatten stellen, aber wir verlangen auch unseren Platz an der Sonne.

Klar war, dass dieser „Sonnenplatz" nur über die Meere erreichbar war. So kündigte Wilhelm II. 1896 eine neue Flottenpolitik an. Auch die Öffentlichkeit zeigte starkes Interesse am Flottenausbau. Das Ausland aber verfolgte misstrauisch die deutsche Politik.

Q2: Ein Artikel aus der englischen Zeitung „Saturday Review" von August 1895:
Wir Engländer haben bisher stets gegen unsere Wettbewerber bei Handel und Verkehr Krieg geführt. Unser Hauptwettbewerber ist heute nicht mehr Frankreich, sondern Deutschland.

Q3: Ein Artikel aus der englischen Zeitung „Saturday Review" von September 1897:
Überall, wo die englische Flagge der Bibel und der Handel der Flagge gefolgt ist, bekämpft der deutsche Handelsmann den englischen. Aus einer Million von Streitereien um Kleinigkeiten fügt sich die größte Kriegsursache zusammen, von der die Welt jemals gehört haben wird. Würde Deutschland morgen ausgelöscht, so gäbe es übermorgen ... keinen Engländer, der nicht seinen Gewinn davon hätte. Staaten haben jahrelang um eine Stadt oder ein Thronfolgerecht Krieg geführt; und da sollten wir nicht Krieg führen, wenn ein jährlicher Handel von fünf Milliarden auf dem Spiel steht?

Q4: Bereits 1900 wurde das zweite Flottengesetz mit folgender Begründung im Reichtag verabschiedet:
Es [gibt] nur ein Mittel, um Deutschlands Handel und Kolonien zu schützen: Deutschland muss eine Flotte von solcher Stärke haben, dass selbst für die größte Flotte (die Flotte Englands) ein Krieg mit ihm ein solches Risiko in sich schließen würde, dass ihre eigene Überlegenheit gefährdet wäre ... Aber selbst, wenn es ihr gelingen sollte, uns mit überlegenen Kräften gegenüberzutreten, würde der Feind ... so erheblich geschwächt werden, dass dann trotz des etwa errungenen Sieges die eigene Machtstellung zunächst nicht mehr durch eine ausreichende Flotte gesichert wäre.

M1: *„Deutschland und England – wie sollen wir uns da die Hand geben?" (deutsche Karikatur, 1912)*

1. Zähle Gründe für den Ausbau der deutschen Flotte auf.
2. Erläutere den Inhalt der Zeitungsartikel.
3. a) Stelle die Ziele, die das zweite Flottengesetz verfolgte, dar.
   b) Vergleiche mit Q1.
4. Beurteile das englisch-deutsche Verhältnis mithilfe von M1.

„Unsere Zukunft liegt auf dem Wasser“, waren die Worte Wilhelms II. Die Welt war um 1880 bereits weitgehend verteilt, dennoch forderte auch das junge Deutsche Reich Gebiete als Kolonien zur Sicherung einer Weltmachtstellung. Eine Möglichkeit zur Umsetzung seiner Pläne sah der Kaiser in der Errichtung einer großen Kriegsflotte. Das Ausland beobachtete dieses Vorhaben kritisch. Besonders England, die führende Seemacht der Zeit, empfand die deutsche Flottenpolitik als Bedrohung und reagierte ab 1904 mit dem Bau noch größerer Kriegsschiffe.

M1: *Zigarettenwerbung „Unsere Marine“ (1905)*

M2: *Plakat des Deutschen Flottenvereins (1901)*

Deutscher Flottenverein
ein 1898 gegründeter Verein zur Unterstützung der Kolonial- und Seepolitik des Kaisers. Er zählte 1908 bereits über eine Million Mitglieder (Einzelpersonen und Vereine).

M3: *Kaiser Wilhelm II. in Admiralsuniform (Ausschnitt aus einer Ansichtskarte von 1900)*

1 „Unsere Zukunft liegt auf dem Wasser“, behauptete Wilhelm II. Erkläre.
2 Beschreibe, wie das Ausland auf die Pläne reagierte.
3 Arbeite heraus, inwiefern die deutsche Bevölkerung beeinflusst wurde (M1–M3).

Algerien – französische Kolonie

M1: *Eroberung Algeriens 1830 (französisches Sammelbild von 1890)*

Die Herrschaft Frankreichs in Algerien begann 1830, als 37 000 Soldaten mit 120 Kanonen westlich von Algier landeten und die Stadt innerhalb weniger Tage einnahmen. Vorausgegangen war ein Vorfall zwischen dem örtlichen Regenten Dey Hussein und dem französischen Konsul Deval. Hussein hatte die Zurückzahlung eines hohen Kredites gefordert, war jedoch von dem Franzosen arrogant zurückgewiesen worden. Daraufhin versetzte der Dey dem Konsul drei Hiebe mit dem Fliegenwedel. Die französische Regierung sah darin einen Angriff auf Frankreichs Ehre. Hinzu kam, dass Frankreich den Vorwurf erhob, Algier betreibe Piraterie im Mittelmeer.

Der französische Vorstoß in Algerien fiel mit einem Machtwechsel in Paris zusammen. Der neue König förderte die Entwicklung eines anfänglichen Militärvorstoßes hin zu einer Kolonialeroberung: Algerien sollte französische Siedler aufnehmen, als Rohstofflieferant und Absatzmarkt dienen. 1834 wurde Algerien zum französischen Besitz erklärt.

Die Franzosen verfolgten eine Kolonialpolitik der kulturellen Durchdringung, d. h., die Einheimischen sollten die französische Sprache und Kultur übernehmen und zu Franzosen werden. Die einheimische Bevölkerung reagierte mit Aufständen, die jedoch niedergeschlagen wurden.

Q1: G. Hanotaux, französicher Außenminister von 1894–1898, begründete den französischen Imperialismus wie folgt:
... es geht darum, über die Meere hinweg in gestern noch unzivilisierten Ländern die Prinzipien einer Zivilisation auszubreiten, deren sich eine der ältesten Nationen der Erde zu Recht rühmen kann; es geht darum, in unserem Umkreis und in weiter Ferne so viele neue Frankreichs zu schaffen wie möglich.

Kabylen
in der Kabylei (Gebiet in Nordost-Algerien) lebendes Volk

Q2: Klage eines Kabylen:
Nach vier Monaten erlosch das Feuer,
die festesten Knoten lösten sich
und jeder lernte die Schande kennen.
Die Steuer stürzte sich wiederholte Male auf uns,
60 Ecu je Kopf, jedes Mal!
Die Leute haben ihre Obstbäume verkauft
und selbst ihre Kleider,
es ist für sie eine schreckliche Zeit.
Der fruchtbare Boden
wurde zu einem schändlich geringen Preis verkauft.
Sein Eigentümer wird ihn nicht wiedersehen!
Er besitzt nicht einmal mehr ein Schaf,
er ist Not leidend und leidet Hunger!
Das ist der Wille Gottes, lasst uns fügen.

4 Starthilfe
Orientiere dich an folgenden Stichpunkten:
- *1914–1918 Algerien im Ersten Weltkrieg*
- *1954 Unabhängigkeitskrieg*
- *1962 Unabhängigkeit*

1 Schildere das Interesse Frankreichs an Algerien.
2 Beschreibe, wie Hanotaux den französischen Imperialismus rechtfertigt.
3 Erläutere, was die Kabylen beklagen.
4 Recherchiere im Internet die weitere Entwicklung Algeriens als französische Kolonie.

In den Jahren 1859 bis 1895 eroberten russische Truppen mittelasiatisches Gebiet, das heutige Usbekistan, Kasachstan, Tadschikistan, Turkmenistan und Kirgisien. Damit ging eine gewaltige Ausdehnung Russlands nach Osten und Süden einher. Anders als die Kolonialmächte England und Frankreich, die Kolonien in Übersee erwarben, baute Russland so ein riesiges Kontinentalreich mit Anschluss an das Mutterland aus.

Russland suchte schon seit Jahrhunderten einen eisfreien Zugang zum Meer. Er sollte den Handelsverkehr mit den Großmächten auch im Winter ermöglichen. Der Indische Ozean kam dafür nicht infrage, denn Afghanistan und Persien standen unter britischem Einfluss. 1860 wurde die Stadt Wladiwostok (deutsch: beherrsche den Osten) am Pazifischen Ozean gegründet. Zur wirtschaftlichen und militärischen Erschließung des riesigen Reiches diente der Bau der Transsibirischen Eisenbahn (1891–1916). Entlang der Bahnlinie entstanden russische Dörfer und Städte und man begann, die dortigen Bodenschätze auszubeuten.

Völker, die sich in den Kolonialgebieten gegen die russische Herrschaft wehrten, wurden häufig an Orte in Nordsibirien verbannt. Dort lebten sie unter primitivsten Verhältnissen und mussten Zwangsarbeit leisten. Viele fanden einen qualvollen Tod durch Hunger und Überanstrengung.

Transsibirische Eisenbahn
Mit über 9 200 km ist sie die längste zusammenhängende Eisenbahnstrecke der Welt. Sie durchquert zwei Kontinente, Europa und Asien, und führt über sechzehn große Flüsse. Eine Fahrt von Moskau nach Wladiwostok dauerte zehn Tage.

Russland 1462 – 1796		
Großfürstentum Moskau 1462	Erwerbungen 1689 – 1796 (von Peter d. Gr. bis Katharina II.)	1718 Jahr einer Stadtgründung
Erwerbungen 1462 – 1592	Russlands Grenze 1914	*Kirgisen* Völkernamen
Erwerbungen 1592 – 1689		Transsibirische Eisenbahn

M1: *Ausdehnung des Russischen Reiches bis 1914*

1 Erkläre, wodurch sich das russische Kolonialreich von anderen Kolonialreichen unterschied.

2 Erläutere Gründe für den Bau der Transsibirischen Eisenbahn.

3 Stelle dar, wie es den Völkern erging, die sich der russischen Herrschaft nicht unterwerfen wollten.

3 Starthilfe
Erkundige dich auch über das Klima in Nordsibirien.

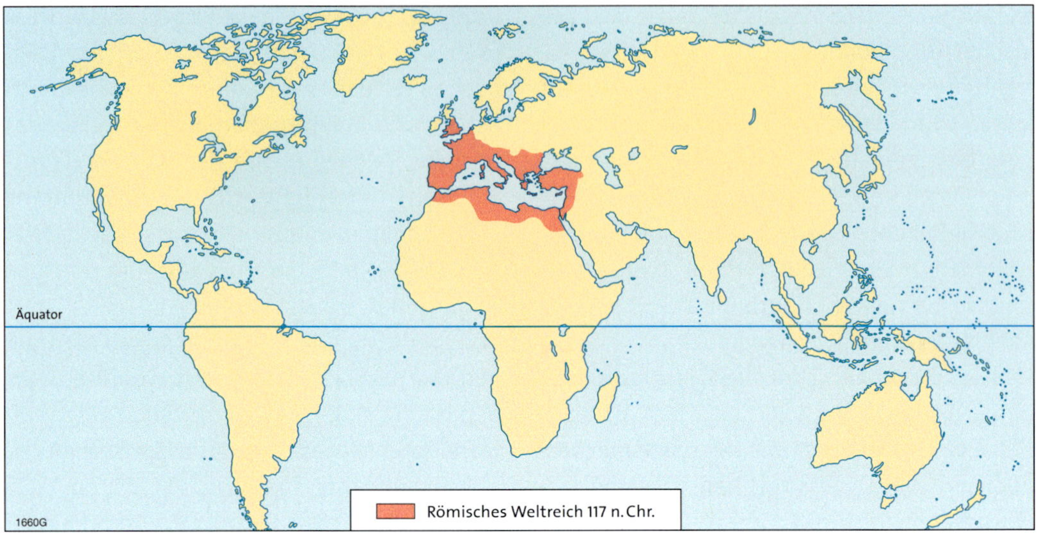

M1: *Imperium Romanum 117 n. Chr.*

Im Laufe der Zeit gab und gibt es immer wieder Reiche, Staaten oder Staatenbünde, die einen so großen Einfluss auf die übrige Welt ausüben, dass sie als Weltreich oder Weltmacht bezeichnet werden.

Mit einem Vergleich können geschichtliche Entwicklungen, Strukturen oder Ziele dieser Gebilde untersucht werden, um zu weiterführenden Aussagen über historische Gemeinsamkeiten und Unterschiede von Weltreichen und Weltmächten zu gelangen.

Q1: Der griechische Geschichtsschreiber Diodor (1. Jh. v. Chr) schrieb über die Römer:

Die Römer errichteten ihre Weltherrschaft durch die Tapferkeit ihrer Heere und brachten sie zur größten Ausdehnung durch die ... anständige Behandlung der Unterworfenen. ... Als die Römer aber nahezu die ganze bewohnte Erde beherrschten, da begannen sie, ihre Herrschaft durch Terror und Vernichtung der ansehnlichsten Städte zu sichern.

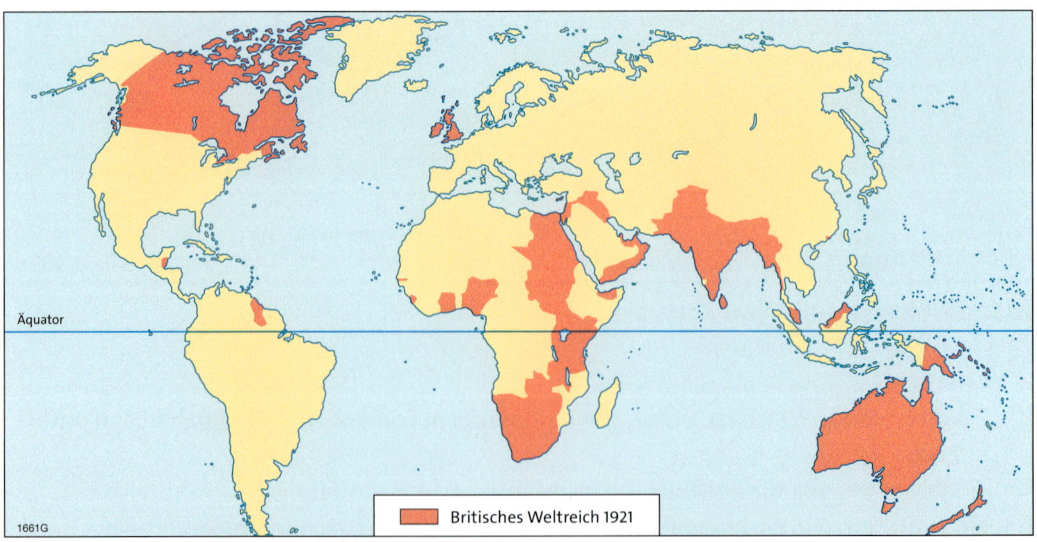

M2: *Das britische Weltreich 1921*

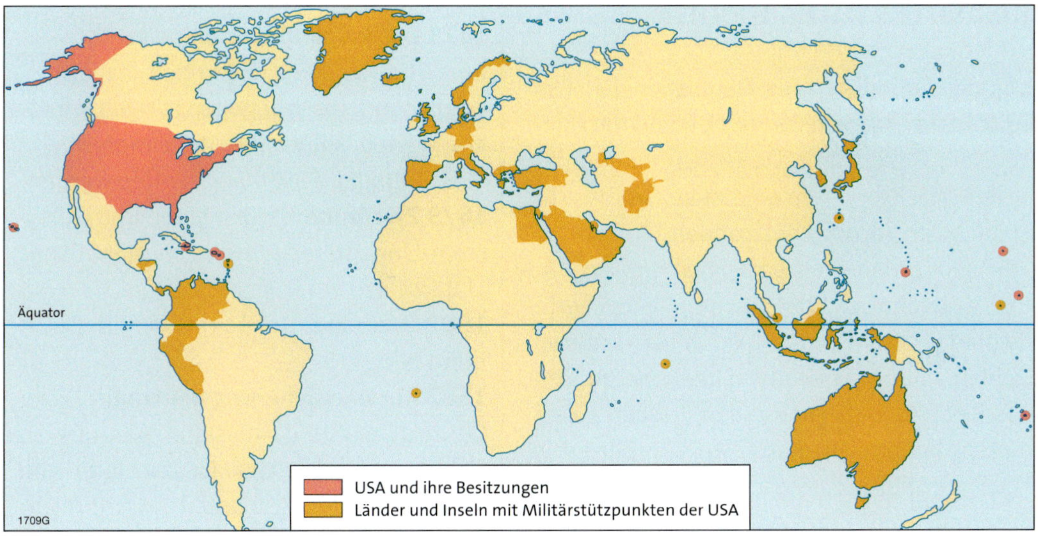

M3: *Die USA, ihre Besitzungen und weltweite Militärstützpunkte*

Q2: Aus einer Rede des Earl of Carnarvon, ehemaliger britischer Kolonialminister, vom November 1878:

Wenn wir die Blicke auf unser bei Weitem größeres Reich in Übersee und seine Bewohner richten ..., erweitern sich die Grenzen und Maßstäbe ... Da sehen wir Völker, die um die Erreichung einer höheren Kulturstufe ringen ..., die wie Kinder im Schatten von Unwissen, Armut und Leiden sitzen und von uns Führung und Hilfe erwarten. Uns ist die Aufgabe zugefallen, ihnen weise Gesetze, gute Regierung und ein geordnetes Finanzwesen zu geben, die erst das Fundament eines gedeihlichen menschlichen Zusammenlebens schaffen ... Das ist die wahrhaftige Erfüllung unserer Pflichten ... die wahre Stärke ... des Imperialismus.

Q3: US-Präsident Barack Obama in seiner ersten Rede vor der Generalversammlung der UN am 23.09.2009:

Ich bin mir der Erwartungen bewusst, die sich rund um die Welt mit meiner Präsidentschaft verbinden ... Sie wurzeln in der Unzufriedenheit mit dem Status quo, bei dem wir uns in wachsendem Maße durch unsere Differenzen definieren und von unseren Problemen überholt werden. Aber sie sind auch verwurzelt in der Hoffnung, dass Wandel möglich ist und dass Amerika ein Führer sein wird, diesen Wandel zu bringen. ... Die Vereinigten Staaten stehen bereit, ein neues Kapitel der internationalen Zusammenarbeit zu beginnen – ein Kapitel, das die Rechte und die Verantwortung aller Nationen akzeptiert.

UN
= United Nations
Ein Zusammenschluss von derzeit 192 Staaten.
Die wichtigsten Aufgaben sind: Sicherung des Weltfriedens, Schutz der Menschenrechte.
Die Verfassung der UN wurde 1945 von 50 Staaten unterzeichnet.
(Flagge siehe Auftaktseite)

1 Untersucht in Partnerarbeit jeweils ein Weltreich bzw. eine Weltmacht.

2 Wertet zunächst die jeweilige Karte in drei Schritten aus (Ausschnitt einordnen, Karteninhalt verstehen, Karte auswerten).

3 a) Analysiert dann den dazugehörigen Quellentext. Achtet besonders auf genannte Ziele und die Pläne zur Umsetzung.
b) Vergleicht anschließend mit den Ergebnissen eurer Kartenarbeit.

4 Stellt nun die Ergebnisse der Partnerarbeiten in der Klasse vor. Notiert Gemeinsamkeiten und Unterschiede zwischen den Weltreichen bzw. -mächten.

3 b) Starthilfe
Achtet auf Widersprüche zwischen Karte und Quelle.

Bismarcks Außenpolitik

Otto von Bismarck (1815–1898), erster deutscher Reichskanzler des Kaiserreiches 1871–1890

Mit der Gründung des Deutschen Reiches 1871 hatte Otto von Bismarck nach drei Kriegen sein Ziel erreicht. Damit war im europäischen Mächtesystem eine neue Großmacht in der Mitte Europas entstanden.
Von den anderen europäischen Großmächten argwöhnisch beobachtet, versicherte Bismarck, dass Deutschland keine weiteren Gebiete in Europa beanspruchen werde. Um das Reich zu sichern und den Frieden zu erhalten, knüpfte Bismarck ein kompliziertes Netz von Verträgen. Ein weiteres Ziel war die Isolierung Frankreichs, das seit dem Deutsch-Französischen Krieg 1870/71 auf Rache sann.

1873 Dreikaiserabkommen: Deutschland, Russland und Österreich-Ungarn verpflichten sich zur gegenseitigen Verständigung, sollte eines der Länder von einer fremden Macht angegriffen werden.
1879 Zweibund: Deutschland und Österreich-Ungarn versichern sich militärische Unterstützung im Angriffsfall.
1882 Dreibund: Italien tritt dem Zweibund bei.
1887 Rückversicherungsvertrag: Deutschland und Russland garantieren sich Neutralität, falls Deutschland von Frankreich oder Russland von Österreich-Ungarn angegriffen werden sollte.

M1: *Bismarcks Bündnispolitik*

M2: *Europa vor dem Ersten Weltkrieg*

3 Starthilfe

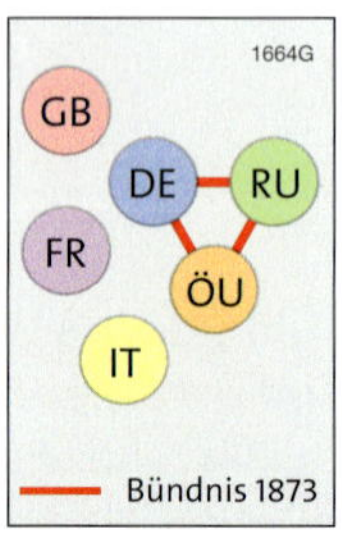

1 Nenne die außenpolitischen Ziele von Bismarck.
2 Erkläre mithilfe von M2, warum Bismarck die Friedenssicherung für das Deutsche Reich besonders wichtig war.
3 Stelle das Bündnissystem schematisch dar.
4 Beurteile, ob Bismarck mit seiner Bündnispolitik seine Ziele erreicht hatte.

Neuer „Kurs“ unter Wilhelm II.

Nach dem Tod von Kaiser Wilhelm I. 1888 bestieg sein todkranker Sohn Friedrich III. den Thron. Er verstarb noch im selben Jahr und regierte nur 99 Tage. Daher wurde sein 29-jähriger Sohn Wilhelm deutscher Kaiser.

Bismarck war zu diesem Zeitpunkt 73 Jahre alt. Bald kam es zu Spannungen zwischen dem jungen, nach Weltmacht strebenden Kaiser und dem auf Ausgleich bedachten Reichskanzler. Schließlich drängte Kaiser Wilhelm II. den Reichskanzler dazu, seinen Rücktritt zu unterschreiben. Nur widerwillig schied Bismarck aus seinen Ämtern aus.

M3: *„Der Lotse wird ausgesetzt.“ (britische Karikatur, 1890)*

Schon bald wurde der veränderte Kurs deutlich: Bismarcks Nachfolger erneuerten nicht den Rückversicherungsvertrag mit Russland. Das Reich wollte von Russland unabhängig sein und eine „Politik der freien Hand“ betreiben. Daraufhin näherte sich Frankreich an Russland an.

Das Weltmachtstreben und die damit verbundene Rüstungs- und Flottenpolitik des deutschen Kaisers führte zu einem Wettrüsten in Europa, wodurch die allgemeine Kriegsgefahr stieg. Obwohl die britische Regierung ein Übereinkommen mit den deutschen Politikern suchte, reagierten diese nicht auf die britischen Bemühungen.

Während das Deutsche Reich sich immer weiter isolierte, verständigten sich die anderen europäischen Mächte untereinander. Sie begründeten neue Partnerschaften und in Europa entstand ein neues Bündnissystem.

1894 Zweibund: Russland und Frankreich nähern sich an und beschließen Zusammenarbeit.

1902 Neutralitätsabkommen: Obwohl Italien weiter dem Dreibund angehört, vereinbart die italienische Regierung mit Frankreich einen Nichtangriffspakt.

1904 Entente cordiale (herzliches Einvernehmen): England und Frankreich nähern sich an und beseitigen alle bisherigen Streitpunkte in Kolonialfragen.

1907 Triple Entente: Russland tritt der Entente cordiale bei, nachdem alle kolonialen Streitigkeiten zwischen ihm und England geklärt wurden.

M4: *Neue europäische Bündnisse*

5 Beschreibe den „neuen Kurs“ in der Außenpolitik unter Wilhelm II.

6 Werte die Karikatur M3 aus.

7 a) Stelle das Bündnissystem von 1907 schematisch dar. Berücksichtige das Bündnis, welches weiterbesteht.

b) Erläutere die Veränderungen zum bismarckschen Bündnissystem.

Rüstungswettlauf

Rosa Luxemburg (1871–1919), Politikerin und Vertreterin der Arbeiterbewegung, von politischen Gegnern ermordet

Tipp
Mehr über Rosa Luxemburg erfährst du unter: www.rosalux.de/Stiftung/rosa-luxemburg.html

Während man im Ausland von der „Auskreisung" Deutschlands sprach, fühlte sich das Deutsche Reich „eingekreist". Es reagierte mit Aufrüsten, das die anderen europäischen Staaten erwiderten. Neben dem Ausbau der Kriegsflotte wurden die Landheere vergrößert und mit modernen Waffen ausgestattet. Im Wettrüsten standen auf der einen Seite Deutschland, Österreich-Ungarn und Italien, das jedoch mit Frankreich 1902 einen Nichtangriffspakt unterzeichnet hatte. Auf der anderen Seite befanden sich die Großmächte Großbritannien, Frankreich und Russland.

	1889 bis 1900	1900 bis 1910	1910 bis 1913
Großbritannien	38	36	20
Deutschland	12	25	13
Frankreich	15	11	11
Russland	15	6	4

M1: *Bau neuer Kriegsschiffe*

	1905	1910	1913
Frankreich	991	1177	1327
Russland	1069	1435	2050
Großbritannien	1263	1367	1491
Deutschland	1064	1377	2111
Österreich-Ungarn	460	660	720

M2: *Rüstungsausgaben in Millionen Mark*

Während sich große Teile der Bevölkerung durch die gezielte Propaganda für die Pläne der deutschen Regierung begeisterten, gab es früh auch schon kritische Stimmen.

Q1: Im November 1905 erschien im „Vorwärts", der Parteizeitung der Sozialdemokraten, folgender Artikel von Rosa Luxemburg:
Seit Wochen und Monaten herrscht in den weitesten Kreisen der proletarischen Bevölkerung Deutschlands direkter Nahrungsmangel. ... Und in dem Augenblick ..., wo Hunderttausende Proletarier erbarmungs- und rettungslos dem furchtbarsten Elend preisgegeben werden, wird gleichzeitig als die erste große Aktion der Regierung und der bürgerlichen Mehrheitsparteien im Reichstage ... nicht ein Notstandsgesetz zur Rettung der Unzahl bedrohter proletarischer Existenzen ..., sondern – eine Mehrforderung von einer halben Milliarde Mark für Panzerkreuzer, Torpedodivisionen und Vermehrung der Marinemannschaften angekündigt!

Niemand wollte unbedingt einen Krieg. Dennoch galt Krieg in dieser Zeit durchaus als Maßnahme, politische Interessen durchzusetzen. Angesichts des angespannten Wettrüstens verstärkte sich innerhalb Europas der Eindruck, dass künftige Konflikte besser durch einen schnellen Krieg gelöst werden können als durch zähe Verhandlungen. Dabei ging allerdings jedes Land vom eigenen Sieg aus.

Q2: Der polnische Industrielle und Friedensaktivist Jan Bloch sagte 1899 voraus:
Es wird mit einem mörderischen Schlachten beginnen, so schrecklich, dass es unmöglich sein wird, die Truppen zu einem entscheidenden Schlag zu führen.

1 Beschreibe die Entwicklung des Kriegsschiffbaus in den vier Ländern aus M1.
2 Fertige Säulendiagramme zu den Rüstungsausgaben an (M2). Werte sie aus.
3 Erläutere, was Rosa Luxemburg beklagte (Q1).
4 a) Schildere, was Jan Bloch von einem künftigen Krieg befürchtete (Q2).
b) Vergleiche seine Ansicht mit der in Europa vorherrschenden Meinung.

Friedensbewegung

Seit Mitte des 19. Jahrhunderts entstanden in einigen europäischen Ländern Friedensgesellschaften. Deren Mitglieder suchten nach Möglichkeiten, Kriege zu vermeiden.
1889 erregte die Österreicherin Bertha von Suttner mit ihrem weltweit verbreiteten Antikriegsroman „Die Waffen nieder“ großes Aufsehen und wurde zu einem Sinnbild des Friedens. Unermüdlich hielt sie Vorträge und warnte dabei vor den Folgen des Wettrüstens. 1905 erhielt sie den Friedensnobelpreis. Als einzige Frau durfte sie 1899 an der Eröffnung der „Ersten Internationalen Friedenskonferenz“ in Den Haag teilnehmen.
Auf der ersten und der zweiten Haager Konferenz (1907) wurden Regeln für die Kriegsführung vereinbahrt, z. B. eine menschliche Behandlung von Kriegsgefangenen und die Einführung eines ständig tagenden „Internationalen Schiedsgerichts“, das heute noch existiert. Verbindliche Rüstungsbeschränkungen konnten nicht vereinbart werden.
Auch politische Parteien, z. B. die SPD, setzten sich für den Frieden ein, da sie als Folgen eines möglichen Krieges Massenarbeitslosigkeit und Massenelend erwarteten.

Q3: Auszug aus dem Roman:
Wenn einer nach verlorener Schlacht mit zerschmetterten Gliedern auf dem Felde liegen bleibt und da ungefunden durch vier oder fünf Tage und Nächte an Durst, Hunger, unter unsäglichen Schmerzen, lebend verfaulend zugrunde geht – dabei wissend, dass durch seinen Tod dem besagten Vaterland nichts geholfen, seinen Lieben aber Verzweiflung gebracht worden – ich möchte wissen, ob er die ganze Zeit über mit jedem Rufe [Für das Vaterland] gern stirbt.

Volksausgabe (Dresden, 1901)

Nieder mit allen Kriegshetzern!
Krieg dem Kriege!
Für den Sozialdemokratischen Verein: J. Voigt. Für das Gewerkschaftskartell: H. Rhein.
Sonntag, 17. November 1912, vormittags 9½ Uhr:
Fünf Demonstrationsversammlungen
in folgenden Lokalen: Café Streckfuß, Waller Chaussee, Casino, Auf den Häfen, Turnhalle Bremerhavenerstraße, Gewerkschaftshaus, Schützenhof, Pappelstraße.
Tagesordnung: Krieg dem Kriege!
Redner: D. Fuhrmann, A. Henke, J. Knief, F. Peine, O. Rhiendorf.
Männer und Frauen! Es darf niemand in diesen Versammlungen fehlen! Der Einberufer.

M3: *Aus einer Bremer Zeitung vom November 1912*

M4: *Internationale Friedenskonferenz in Den Haag 1899*

5 Skizziere die Ziele der Friedensbewegung.
6 Zeige auf, welche Argumente gegen den Krieg in dem Romanausschnitt genannt werden (Q3).
7 Nimm aus Sicht von Suttner Stellung zu den Ergebnissen der Friedenskonferenzen.
8 Vermute, wer hinter der Anzeige M3 stand.

Der Ausbruch des Ersten Weltkrieges

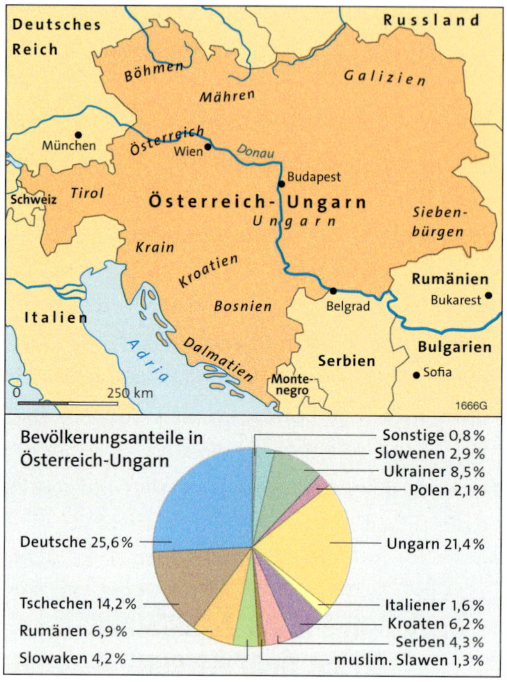

M1: *Nationalitäten in Österreich-Ungarn 1910*

M2: *Balkanstaaten 1913*

Slawen
Als Slawen bezeichnet man die Völker, die eine slawische Sprache sprechen. Heutige Staaten mit mehrheitlich slawischer Bevölkerung sind unter anderem Russland, Weißrussland, Tschechien, Polen, Bulgarien, Kroatien, Slowenien, Serbien.

Annexion
Inbesitznahme eines fremden Gebietes

2 Starthilfe
- *Worin lagen die Ursachen des Konflikts zwischen Serbien und Österreich? (vgl. M2)*
- *Welche Ziele verfolgte Russland?*

Das Pulverfass Balkan

Deutschlands verbliebener Bündnispartner, Österreich-Ungarn, war innenpolitisch geschwächt. In dem Vielvölkerstaat lebten Menschen verschiedener Nationalitäten, die nach nationaler Unabhängigkeit strebten.
Besonders auf dem Balkan spitzten sich die Konflikte zwischen den einzelnen Völkern zu. Die Slawen erhielten bei ihren Bestrebungen, sich von Österreich zu lösen, Unterstützung von Russland. Das Russische Reich verfolgte dabei das Ziel, alle slawischen Völker unter seiner Führung zu vereinigen. Die in Österreich-Ungarn lebenden Rumänen wollten in das Königreich Rumänien. Die serbischen Bevölkerungsteile, die seit 1908 durch die Annexion Bosnien-Herzegowinas zur Donaumonarchie zählten, träumten von einem „Großserbischen Reich" und erhielten ebenfalls Unterstützung von Russland.
1913 war die jahrhundertelange türkische Herrschaft in Europa beendet. In zwei Balkankriegen wurde der europäische Besitz der Türkei geteilt. Während Albanien selbstständig wurde, konnten Serbien, Bulgarien und Griechenland ihre Staatsgebiete vergrößern. Zwischen Serbien und Österreich-Ungarn nahmen die Spannungen zu.
Nur knapp konnte ein Zusammenprall zwischen den Großmächten Österreich-Ungarn und Russland und somit der Ausbruch eines großen europäischen Krieges verhindert werden. Der Balkan jedoch glich einem Pulverfass, dem jederzeit ein Funke zur Explosion genügte.

1 Formuliere die innenpolitischen Schwierigkeiten Österreich-Ungarns.
2 Erläutere die unterschiedlichen Interessen auf dem Balkan.
3 Vergleiche die Karte M2 mit einer heutigen Karte der Balkanstaaten (z. B. Europa – politische Übersicht) in deinem Atlas. Beschreibe die Veränderungen.

Das Attentat von Sarajewo

Am 28. Juni 1914 traf der Funke in das Pulverfass auf dem Balkan. Der österreichische Thronfolger, Erzherzog Franz Ferdinand und seine Frau waren zu Besuch in der bosnischen Stadt Sarajewo. Dort wurden sie auf offener Straße von einem 19-jährigen serbischen Attentäter erschossen. Dieser war Mitglied der Geheimorganisation „Schwarze Hand", die für eine Unabhängigkeit Serbiens kämpfte. Die Empörung der Menschen in Europa und besonders in Österreich-Ungarn war groß. Hier gab man den Serben eine Mitschuld und verlangte nach Vergeltung. Dennoch zögerte man in Österreich, einen Krieg mit Serbien zu beginnen, da Serbien von Russland unterstützt wurde. Ein Angriff auf Serbien konnte deshalb nur mit deutscher Rückendeckung erfolgen. Eine Anfrage in Berlin ergab eine Zusage zur bedingungslosen Unterstützung des Bündnispartners, ohne zu diesem Zeitpunkt genau zu wissen, was im Einzelnen gegen Serbien unternommen werden solle.

M3: *Das Attentat von Sarajewo (Le Petit Journal, 12. Juli 1914)*

Die Julikrise

28. Juni Ermordung des österreichischen Thronfolgerpaares in Sarajewo

5. Juli Zusicherung der bedingungslosen Unterstützung Deutschlands gegenüber Österreich-Ungarn

23. Juli Österreichisches Ultimatum an Serbien enthält nahezu unerfüllbare Forderungen

25. Juli Serbien akzeptiert die meisten Punkte des Ultimatums, Russland verspricht Serbien Hilfe

28. Juli Österreich-Ungarn ignoriert Serbiens Entgegenkommen, erklärt den Krieg

30. Juli Mobilmachung in Russland

31. Juli Aufforderung Deutschlands an Frankreich zur Neutralität im Falle eines Krieges mit Russland

1. August Mobilmachung in Deutschland, Kriegserklärung an Russland; Frankreichs Mobilmachung zur Unterstützung Russlands; Neutralitätserklärung Italiens

3. August Deutschlands Kriegserklärung an Frankreich

4. August Einmarsch deutscher Truppen in Belgien auf dem Weg nach Frankreich, Eintritt Großbritanniens in den Krieg zum Schutz Belgiens

Fünf Wochen nach dem Attentat auf das österreichische Thronfolgerpaar waren die europäischen Großmächte in einen Krieg verwickelt, wie ihn die Menschen zuvor nicht kannten. „In diesem Moment gehen in Europa wieder die Lichter aus. Wir alle werden sie in unserem Leben nie wieder leuchten sehen", sagte der britische Außenminister Sir Edward Grey am Abend des 3. August 1914.

Mobilmachung
Vorbereitung der Streitkräfte eines Landes auf den Kriegseinsatz

4 Erstelle eine Zeitleiste zur Julikrise. Ordne dazu die Schritte der Entente links und die Schritte der Bündnispartner Deutschland und Österreich-Ungarn rechts an.

5 Diskutiert die Aussage: „Jede der fünf Großmächte hätte den Krieg vermeiden können."

Mit Begeisterung in den Krieg?

M1: *Kriegsbegeisterte Jugendliche am 1. August 1914 in Berlin*

M2: *Franzosen auf dem Weg an die Front am 1. August 1914*

In den Hauptstädten der Großmächte wurde der Kriegsausbruch vielfach mit Begeisterung begrüßt. Alle Seiten erwarteten eine schnelle Niederlage des Gegners. In Deutschland meldeten sich viele junge Männer freiwillig zum Militärdienst. Frankreich machte ebenfalls am 1. August 1914 mobil. Für viele Franzosen bot der Krieg eine Möglichkeit, sich für den Sieg Deutschlands über Frankreich 1871 und Verlust von Elsass-Lothringen zu rächen.
Im Gegensatz zu Deutschland, das aufgrund der Wehrpflicht auf 3,5 Millionen Soldaten zurückgreifen konnte, hatte sich in England die Wehrpflicht nicht durchgesetzt. Daher gab es hier nur eine kleine Berufsarmee von ca. 200 000 Mann. Somit war die britische Regierung auf Freiwillige angewiesen. Zwei Millionen Männer meldeten sich.
Die Kriegsbegeisterung in den Großstädten war nicht unbedingt Spiegelbild der öffentlichen Meinung.

Wehrpflicht
Pflicht eines Bürgers, einen bestimmten Zeitraum in der Armee seines Staates zu dienen oder einen Ersatzdienst zu leisten

Q1: Paula Hamann über den Abschied von ihrem Sohn am 1. August 1914:
Der Abschied war unsagbar schwer, denn wer konnte denn in die Zukunft sehen und wissen, was sie uns bringen wird?

Q2: Ein Bremer Sozialdemokrat beobachtete am 1. August 1914 auf dem Bahnhof folgende Szenen:
Mütter, Frauen und Bräute und die übrigen Angehörigen bringen die jungen Männer zum Zug und weinen. Alle haben das Gefühl: Es geht direkt zur Schlachtbank.

Q3: Der 22-jährige Franzose Maurice Maréchal berichtete seiner Mutter von der Fahrt in den Krieg:
Während der ganzen Fahrt gestern haben die Leute unterwegs oder auf den Bahnhöfen nicht aufgehört, uns anzufeuern, die Frauen warfen uns Küsse zu, die Männer stimmten mit uns die Marseillaise ... an. Warum muss mir diese dumpfe Angst das Herz zuschnüren – wenn das eine Truppenübung wäre, dann wäre das sehr unterhaltsam; doch übermorgen oder in drei Tagen wird der Kugelhagel einsetzen, und wer weiß? Wenn ich nicht zurückkehren sollte, dann hätte ich vorsätzlich meine Mutter unter die Erde gebracht, ermordet. Was steht mir noch bevor? Verzeih, Mama! Ich bin, ich will nicht feige sein. Doch die Idee, dass eine idiotische Kugel meine Zukunft

1. Nenne Gründe, warum junge Männer sich freiwillig für den Kriegsdienst meldeten.
2. a) Schildere die Gefühle, die in Q1–Q3 beschrieben werden.
   b) Vergleiche die Aussagen der Textquellen und der Fotos (Q1–Q3, M1–M3).

M3: *Briten melden sich im August 1914 freiwillig zum Kriegsdienst.*

verpfuschen kann, das lässt mich angstvoll erzittern. Und dennoch muss man mitmarschieren. Aber egal, was jetzt kommt, ich bin dabei, ich kann nicht mehr zurück! Allons, soyons gais, courageux, confiants (Nun also, seien wir fröhlich, mutig und voll Vertrauen).

Q4: Am 4. August 1914 verkündete Wilhelm II. in seiner Thronrede vor den Mitgliedern des Reichtages:

... Fast ein halbes Jahrhundert lang konnten wir auf dem Weg des Friedens verharren. Versuche, Deutschland kriegerische Neigungen anzudichten und seine Stellung in der Welt einzuengen, haben unseres Volkes Geduld oft auf harte Proben gestellt. ... Die Feindseligkeit, die im Osten und im Westen seit langer Zeit um sich gegriffen hat, ist nun zu hellen Flammen aufgelodert. Die gegenwärtige Lage ... ist das Ergebnis eines seit langen Jahren tätigen Übelwollens gegen Macht und Gedeihen des Deutschen Reichs. Uns treibt nicht die Eroberungslust, uns beseelt der unbeugsame Wille, den Platz zu bewahren, auf den Gott uns gestellt hat, für uns und alle kommenden Geschlechter. ... Hier wiederhole Ich: Ich kenne keine Parteien mehr, Ich kenne nur Deutsche.

M4: *Britischer Aufruf, sich freiwillig zum Kriegsdienst zu melden (Plakat, 1914)*

M5: *Deutsche Postkarte (1916)*

3 Beurteile anhand der Doppelseite die Aussage: „Der Beginn des Krieges löste eine allgemeine Begeisterung aus."

4 a) Erläutere, wen Wilhelm II. für den Kriegsausbruch verantwortlich macht (Q4, M5).
b) Nimm Stellung zu seiner Aussage.

Die deutschen Kriegspläne

Schon 1905 hatte der deutsche Generalfeldmarschall von Schlieffen einen Geheimplan für den Kriegsfall entwickelt. Dieser sah vor, zuerst Frankreich zu schlagen und dann mit den Truppen im Osten gegen Russland aufzumarschieren. So sollte der gefürchtete Zweifrontenkrieg zugunsten Deutschlands entschieden werden.

Am 4. August überschritten über 700 000 deutsche Soldaten die belgische Grenze und erreichten am Ende des Monats Nordfrankreich. In der Marneschlacht Anfang September wurden die deutschen Truppen jedoch kurz vor Paris zurückgeschlagen. Der deutsche Vormarsch kam zum Stehen. Aus dem Bewegungskrieg wurde an der etwa 700 Kilometer langen Frontlinie ein Stellungskrieg. Im Osten waren inzwischen zwei russische Armeen aufmarschiert, die aber von deutschen Truppen besiegt werden konnten. Die Ostfront konnte von deutscher Seite unter Kontrolle gebracht werden.

Stellungskrieg
Im Gegensatz zum Bewegungskrieg befinden sich die gegnerischen Truppen in befestigten Stellungen. Bei vielen Stellungskriegen handelte es sich um Grabenkriege. Zu einer Entscheidung kann es nur kommen, wenn eine Partei es schafft, die gegnerische Stellung zu durchbrechen.

DVD-Tipp
1914–1918 – Der 1. Weltkrieg, Teil 2: 1915 Stellungskrieg (Komplett Media)

Die Schlacht von Verdun

Die längste Schlacht des Ersten Weltkrieges war die Schlacht von Verdun (Frankreich). Sie begann am 21. Februar 1916 mit einer Großoffensive der Deutschen. Ziel war es, das französische Heer „ausbluten" zu lassen.

Trotz zahlreicher Angriffe gelang es den deutschen Soldaten in den folgenden Monaten nicht, Verdun einzunehmen. Mit einer Serie von Gegenangriffen eroberten die Franzosen ihr Gebiet zurück und beendeten die Schlacht im Dezember 1916.

Fast 700 000 französische und deutsche Soldaten fanden in der Schlacht von Verdun den Tod. Verdun wurde zum Inbegriff für den Irrsinn des Krieges.

Q1: Albert Joubaire, französischer Soldat bei Verdun, schilderte:
Welch ein Blutbad, welch grauenvolle Bilder, was für ein Gemetzel. Ich finde keine Worte, um meine Gefühle zu beschreiben. Die Hölle kann nicht schrecklicher sein.

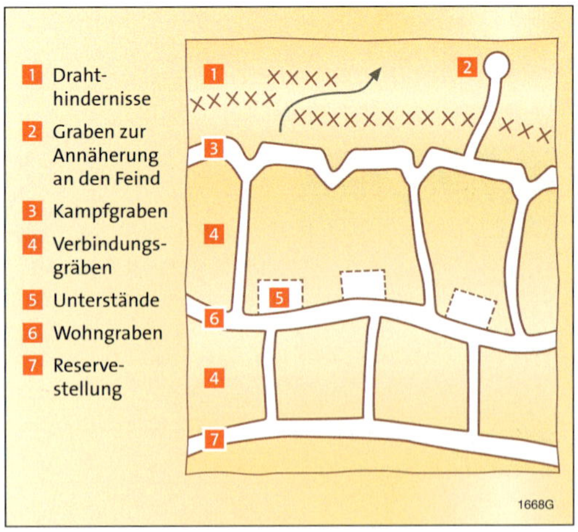

M1: *Grabensystem im Stellungskrieg*

M2: *Französischer Schützengraben (Verdun 1916)*

1. Gib die Taktik von Generalfeldmarschall von Schlieffen wieder.
2. Beschreibe das Schützengrabensystem (M1, M2).
3. Schildere die Stimmung der Soldaten im Schützengraben (M2, Q1).
4. Erläutere, warum die Schlacht von Verdun als Irrsinn des Krieges gesehen wird.

M3: *Maschinengewehr bei einem Einsatz im Stellungskrieg (Westfront, 1917)*

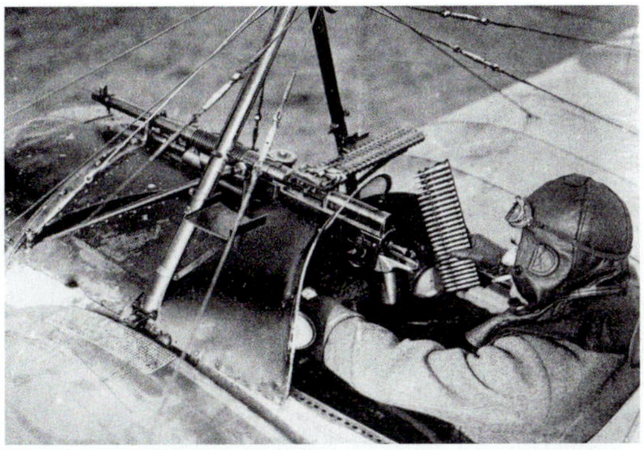

M4: *Französischer Kampfflieger beim Laden seines Maschinengewehrs*

Materialschlachten

Der technische Fortschritt hatte neue Waffensysteme hervorgebracht. Mit Ketten angetriebene Panzerfahrzeuge konnten sich auch auf schwierigem Gelände fortbewegen. Schnellfeuerwaffen gaben bis zu 600 Schuss pro Minute ab und Feuerwalzen bewegten sich wie Feuervorhänge auf Angreifer zu.
Erstmals griffen Flugzeuge, die mit Maschinengewehren ausgerüstet waren, in den Krieg ein. Die Flugzeugindustrie entwickelte bis Kriegsende ständig verbesserte Modelle.
Im April 1915 setzten die Deutschen erstmals Giftgas als Kampfmittel ein, kurz darauf auch alle anderen Krieg führenden Staaten. Diese Angriffe führten zum Tod oder zur Erblindung.

Q2: Aus dem Tagebucheintrag eines Generals vom April 1915, sechs Tage nach dem ersten Gasangriff bei Ypern (Belgien):
Am schrecklichsten ist das langsame Sterben der Gasopfer. Ich sah, wie einige Hundert dieser Leidensgenossen unter freiem Himmel lagen und langsam am Wasser in ihren Lungen erstickten.

Die Versorgung der Truppen an der Front stellte das größte Problem dar. An einem Tag wurde in Verdun mehr Munition verfeuert als während des gesamten Krieges von 1870/71. Im Jahr 1917 benötigten britische Truppen täglich 500 000 Granaten, manchmal wurden auch über eine Million pro Tag bestellt.
Auch die Verpflegung der Soldaten gestaltete sich schwierig. Die wichtigsten Transportmittel waren Pferde, später auch Lastwagen. Die Deutschen setzten vor allem Züge ein. Mit viel Glück erhielten die Soldaten warmes Essen, häufig waren die Mahlzeiten, die vorwiegend nachts zu Fuß an die Front gebracht wurden, jedoch lauwarm und ungenießbar.

Q3: Feldpost eines Studenten 1915:
... Schützengraben, drei Leute zanken sich um ein Brot ... von der Fürsorge für den Soldaten, die so viel in der Zeitung steht, davon merken wir nicht viel ...

Der Krieg war zu einer massenmörderischen Materialschlacht ausgeartet. Siegen konnte nur, wer über den besten Nachschub an Rohstoffen, Waffen und Nahrungsmitteln verfügte.

5 Beschreibe anhand der Doppelseite das Leben eines Frontsoldaten.
6 Erläutere die Veränderungen, die die neuen Waffen im Krieg herbeiführten.
7 Nenne die Probleme, die sich mit Andauern des Krieges ergaben.

Geschichte im Comic: „Grabenkrieg“

M1: *Auszug aus den Comic „Grabenkrieg“ von Jacques Tardi von 1993*

„Grabenkrieg“ ist die Darstellung einzelner Episoden, die Soldaten im Ersten Weltkrieg in den Schützengräben widerfuhren. Angeregt durch die Schilderungen seines Großvaters und nach Erzählungen von Überlebenden schildert Jacques Tardi Erlebnisse von Soldaten, die im Schlamm und Dreck saßen, die zwischen Hoffnung und Angst schwebten und deren größter Wunsch es war, wieder lebendig nach Hause zu kommen.

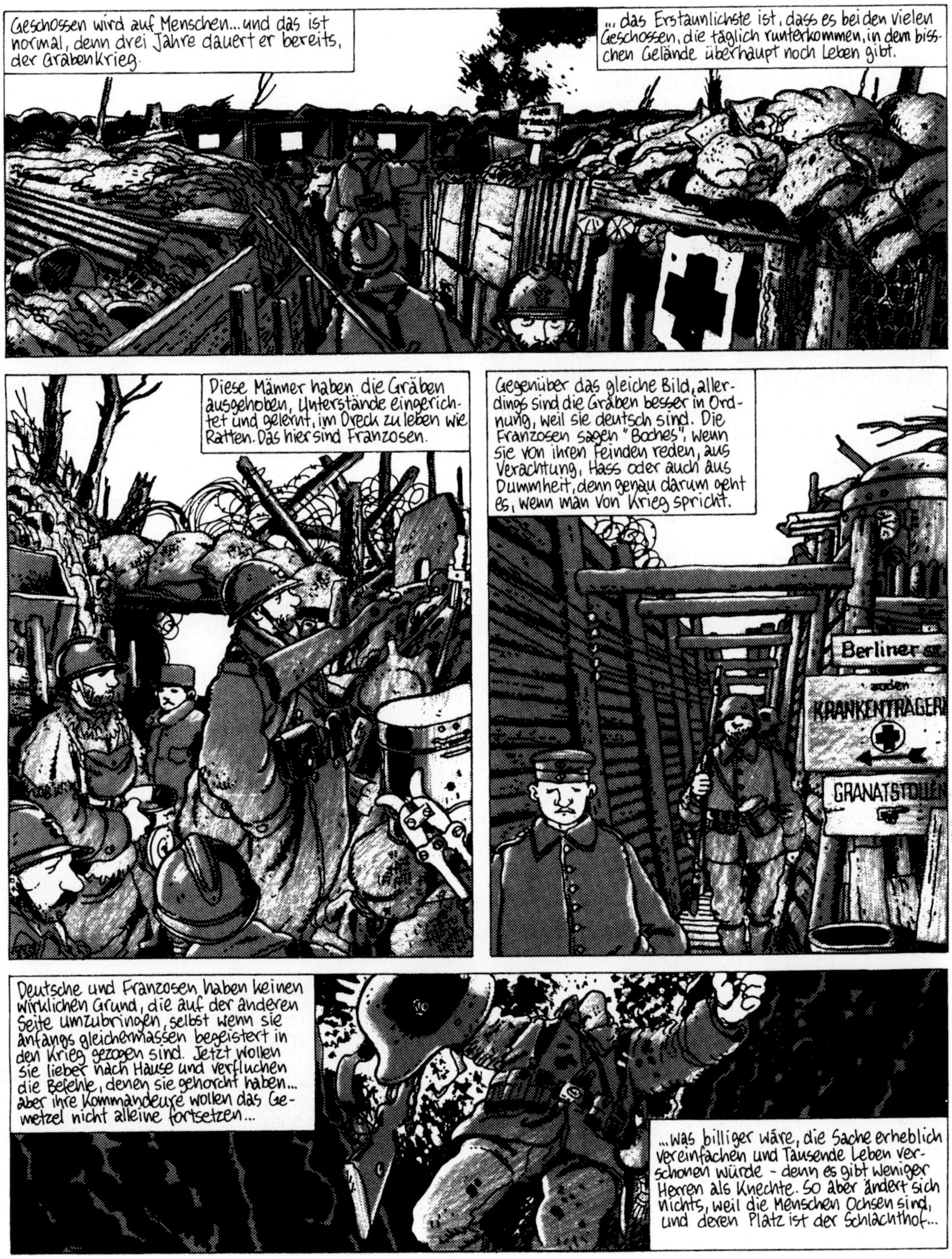

1 Formuliere zu zwei dargestellten Soldaten deiner Wahl Gedankenblasen.

2 Nimm Stellung zu folgenden Textauszügen: a) „Hüben wie drüben überbietet man sich … [in] dem Triumph der Industrie, die in diesen Kriegszeiten floriert."
b) „Deutsche und Franzosen haben keinen wirklichen Grund, die auf der anderen Seiten umzubringen …"

Verschiedene Sichtweisen auf deutsches „Heldentum“

M1: *„Deutschland's Helden“ (Bildpostkarte, 1914)*

Zu Beginn des Krieges versuchten die deutschen Truppen, die Verteidigungslinie der Entente im Westen zu durchbrechen. Bei diesen Vorstößen wurden vor allem junge Freiwillige, oft Schüler und Studenten, eingesetzt. Sie alle waren ungenügend ausgebildet und ausgerüstet.

In den Schlachten der ersten Kriegsmonate zeigte sich, dass die Deutschen ihre Gegner, kampferfahrene Engländer, Franzosen und Belgier, unterschätzt hatten. Die Zahl der Toten und Vermissten war unerwartet hoch. Eine dieser verlustreichen Schlachten fand am 10. November bei Langemarck, nordöstlich von Ypern (Belgien), statt.

Q1: Im deutschen Heeresbericht vom 11. November 1914 hieß es:

Vorwärts im Westen. Großes Hauptquartier, 11. Novbr., vormittags. (Amtlich.) Am Yser-Abschnitt machten wir gestern gute Fortschritte. Dixmuiden wurde erstürmt; mehr als 500 Gefangene und 9 Maschinengewehre fielen in unsere Hände. Weiter südlich drangen unsere Truppen über den Kanal vor. Westlich Langemarck brachen junge Regimenter unter dem Gesange „Deutschland, Deutschland über alles“ gegen die erste Linie der feindlichen Stellungen vor und nahmen sie. Etwa 2000 Mann französischer ... [Soldaten] wurden gefangen genommen und sechs Maschinengewehre erbeutet. Südlich von Ypern vertrieben wir den Gegner aus St. Eloi, um das mehrere Tage erbittert gekämpft worden ist. Etwa 1000 Gefangene und 6 Maschinengewehre gingen dort in unseren Besitz über.

Q2: Der Tagesbericht des englischen Generalstabs vom 12. November 1914:

An diesen Kämpfen haben zuerst die neu gebildeten, größtenteils aus Kriegsfreiwilligen bestehenden Regimenter teilgenommen ... Ungeachtet des Mangels an Offizieren stellten sich die Knaben unsern Kanonen entgegen, marschierten unbeirrt gegen die Läufe unserer Gewehre und fanden furchtlos scharenweise den Tod. Das ist die Frucht eines Jahrhunderts nationaler Disziplin. Die Kraft der preußischen Kriegsmaschinerie schweißt sie zusammen, damit sie sich für eine nationale Existenz einsetzen, und ihr Vorgehen beweist, dass für sie „Deutschland, Deutschland über alles“ kein leerer Schall ist.

1 Starthilfe

Prüft anhand des Textes, welche Aussagen der Wirklichkeit entsprechen; welche Absicht verfolgen die jeweiligen Verfasser?

1. Beschreibe M1.
2. Wertet in Partnerarbeit Q1 und Q2 aus und vergleicht sie.
3. Die Nationalsozialisten unter Hitler entwickelten später aus den „singenden Knaben von Langemarck“ einen umfassenden Kult. Vermute Zusammenhänge.

Wir recherchieren Feldpostbriefe im Internet

Während des Ersten Weltkrieges soll die Feldpost über 28 Milliarden Sendungen befördert haben, am meisten Postkarten. Sie war häufig die einzige Verbindung der Frontsoldaten zu ihren Angehörigen in der Heimat.

M1: *Ausgabe von Feldpost*

Die Soldaten berichteten von ihren Fronterfahrungen, die oft im Gegensatz zu offiziellen Darstellungen der Heeresleitung standen. Zensurmaßnahmen (Briefe, die den Krieg zu negativ darstellten, sollten aussortiert werden) erreichten wegen der großen Menge der Post nicht die gewünschte Wirkung.
Angehörige wie Soldaten erwarteten ungeduldig die Nachrichten, denn jede war ein neues Lebenszeichen und nährte die Hoffnung auf die Rückkehr des Soldaten. Jedoch waren die Meldungen nicht immer erfreulich. Manch einer erfuhr auf diesem Wege vom „Heldentod" des Familienmitgliedes.
Viele Feldpostbriefe wurden bis heute aufbewahrt. Sie gelten als wertvolle zeitgenössische Quellen, da sie Zeugnis geben über subjektive Kriegserlebnisse bzw. über das, was der Absender seinen Angehörigen darüber vermitteln wollte.

Q1: Der Leipziger Jurastudent Walter Limmer schrieb im August und September 1914 an seine Angehörigen:
Erhebend und packend war unser Abmarsch. ... – diese Begeisterung! Das ganze Bataillon hatte Uniform und Helm mit Blumen geschmückt. Unermüdliches Tücherschwenken aus allen Fenstern und Straßen, tausend Hurras! ... Diese Stunde, die selten schlägt im Leben der Völker, ist so gewaltig, dass sie allein viele Anstrengungen und Entbehrungen aufwiegt. (KbSt, 7.8.1914)

Immer noch wütet diese fürchterliche Schlacht, nun schon den vierten Tag! Bis jetzt bestand sie, wie fast jedes Gefecht in diesem Krieg, beinahe nur aus furchtbaren Artilleriekämpfen. – Diesen Brief schreibe ich in einem grabenartigen ... Lager der Schützenlinie. Die Granaten schlugen heute vor und hinter uns so häufig ein, dass man es als ein Geschenk Gottes betrachten muss, wenn man heil davonkam. (KbSt, 9.9.1914)

Meine lieben, guten Eltern, teure Geschwister. Ja, ich kann es selbst noch nicht recht fassen, aber es ist wahr, ich bin [verwundet] auf dem Wege zu Euch und zur Heimat. Oh, was ich glücklich bin, wieder eine lichtere Welt zu sehen als diese Welt des Schreckens! Endlich bin ich von dem dumpfen Gedanken erlöst, der mich stets umgarnte, dass ich Euch und Eure Welt nie wieder sehen würde. (KbSt, 20.9.1914)

Anhand der Nachrichten von Walter Limmer wird offensichtlich, wie seine anfängliche Begeisterung in kurzer Zeit bloßer Angst weicht. Vier Tage nach seiner letzten Nachricht starb er in einem Lazarett in Luxemburg an Wundstarrkrampf.

In vielen Museen und Archiven, aber auch im Internet (z. B. www.dradio.de/dlf/sendungen/feldpost/index.html) kannst du solche Feldpostbriefe finden. Soldaten aller am Krieg teilnehmenden Länder haben sie geschrieben. Mit ihrer Hilfe kannst du ein persönliches Kriegsschicksal wie das von Walter Limmer erforschen. Vielleicht erfährst du auch noch mehr über die Person:
- Was hat sie dazu bewegt, sich für den Krieg zu melden?
- Welche Hoffnungen waren damit verbunden?
- Welche Gefühle und Gedanken werden in den Briefen deutlich?
- Inwiefern änderten sie sich im Laufe der Zeit?
- ...

Deine Ergebnisse kannst du auf einer Wandzeitung präsentieren. Passendes Bildmaterial findest du z. B. unter:
- www.dhm.de/lemo/html/wk1/index.html,
- www.art-ww1.com,
- www.gwpda.org/photos/greatwar.htm.

Du kannst deine Ergebnisse aber auch im Internet vorstellen. Beim Deutschen Bildungsserver www.bildungsserver.de hast du die Möglichkeit, dein Projekt anzumelden. Vielleicht findest du hier auch Partner, die an deinem Projekt mitarbeiten wollen.

Aufruf zur Verbesserung der Versorgungslage (Plakat, o. J.)

Eicheln und Kastanien sollten zur Verbesserung der Ernährungssituation gesammelt und abgegeben werden (Plakat, o. J.).

M1: *Warteschlangen vor einer Brotausgabe*

Versorgungsnöte

Der Krieg tobte auch hinter den Fronten in der Heimat. Niemand hatte mit einem so langen Krieg gerechnet. Die Ententemächte blockierten die überseeische Zufuhr von Nahrungs- und Rohstoffquellen ins Deutsche Reich. Daraufhin wurden bereits vorhandene, kriegswichtige Rohstoffe eingezogen. So wurden z. B. Kirchturmglocken eingeschmolzen, um daraus Granathülsen zu fertigen. Wissenschaftler erfanden Ersatzstoffe für fehlende Rohstoffe. Die gesamte Wirtschaft wurde auf den Krieg hin ausgerichtet.

Die Seeblockade der Ententemächte sowie die Einberufung von Landwirten zum Kriegsdienst verursachten in Deutschland bereits im Herbst 1914 ernste Probleme in der Nahrungsmittelversorgung. Da die Versorgung der Soldaten Vorrang hatte, litten immer mehr Menschen in der Heimat an Hunger. Die Lebensmittel wurden rationiert und mithilfe von Lebensmittelkarten zugeteilt. Trotzdem gab es viele Lebensmittel nicht oder nur in geringem Maße. Milch wurde daher mit Wasser verdünnt, Brot mit Kartoffelmehl gestreckt. Nur wer Geld hatte, konnte sich heimlich zusätzlich Lebensmittel besorgen.

Im Winter 1916/17 spitzte sich die Lage zu. Nach einer schlechten Kartoffel- und Getreideernte wurden Kohlrüben, die man eigentlich als Viehfutter verwendete, zum Hauptnahrungsmittel der Deutschen. Die Kohlrüben enthielten jedoch nur halb so viel Kalorien wie Kartoffeln und waren mühsam zuzubereiten. Die Folge war eine allgemeine Unterernährung, der besonders Säuglinge und alte Menschen zum Opfer fielen.

M2: *Im Flugzeugbau beschäftigte Frauen (1915)*

M3: *Straßenbahnschaffnerinnen in Berlin (1917)*

M4: *Französische Bäuerinnen ziehen einen Pflug (o. J.).*

M5: *Brit. Arbeiterinnen in einer Munitionsfabrik (1915)*

Q1: Aus einer Meldung der Harburger Polizei vom 13. Januar 1917:

Gestern Nachmittag gegen 6 ½ Uhr sammelten sich vor dem Rathaus ... 1000 bis 1200 Personen, besonders Frauen ... Die Menge ... schrie: „Hunger! Wir wollen die Steckrüben nicht mehr ...“ Ehe es verhindert werden konnte, sind im Rathaus und in der Wohnung des Herrn Bürgermeisters ... je 4 Scheiben mittels Steckrüben, Glasflaschen etc. zertrümmert worden ... Gegen 11 ¾ gelang es ..., der erregten Menge Herr zu werden.

Arbeitskräftemangel

Die Männer, die an der Front dienten, mussten in der Landwirtschaft und in den Betrieben von Kriegsgefangenen oder Frauen vertreten werden. Vor dem Krieg durften Frauen nur bestimmte Berufe ausüben, nun nahmen sie die Positionen der Männer ein. Allerdings arbeiteten sie zu Kriegszeiten unter sehr schlechten Bedingungen: Schutzbestimmungen wurden gestrichen und wöchentliche Arbeitszeiten von bis zu 60 Stunden eingeführt.

1. Nenne die Folgen der Nahrungsmittelknappheit.
2. Beschreibe die Rolle der Frau im Hinblick auf den Kriegsalltag in der Heimat (M1–M5).
3. Versetze dich in eine der Frauen auf den Fotos. Schreibe einen Brief an deinen Bruder, Vater oder Ehemann an der Front und erzähle über deinen Alltag in der Heimat.
4. Erläutere mithilfe der Doppelseite den Begriff „Heimatfront“.

M1: *„Hansi, wohin so eilig?" – „Zum Kaiser, er braucht Soldaten!" (deutsche Postkarte, 1914)*

M3: *„Auf Wache im Feindesland", Puppen aus der deutschen Käthe-Kruse-Werkstatt, 1914*

Viele Postkarten benutzten während des Krieges Kindermotive, um ihre Botschaft zu transportieren. Mädchen waren meist Krankenschwestern, Jungen tapfere Helden. Die Karten verharmlosten das Kriegsgeschehen und sollten Optimismus und Kriegszuversicht verbreiten. Außerdem förderten sie militärisches Denken bei Kindern. Häufig wurde der Krieg als Kinderspiel dargestellt.

Der Text auf der Postkarte heißt sinngemäß übersetzt: „Von den Deutschen keine Spuren mehr, Befreit ist das teure Elsass!"

M2: *Französische Postkarte aus dem Ersten Weltkrieg*

In Kinderbüchern und -spielen aller Krieg führenden Staaten wurde gegen den Feind gekämpft. In England gab es Schützengrabenspiele für die Geschicklichkeit, in Frankreich Ausschneidebögen mit militärischen Motiven und in Deutschland verschiedene Soldaten-Puppen von Käthe Kruse..

M4: *Französischer Ausschneidebogen für Kinder (um 1915/1916). Die Küken wurden von den Kindern mit Helmen und Gewehren ausgerüstet.*

1 a) Beschreibe M1 und M2.
b) Erläutere, wie in diesen Karten die im Text genannten Ziele umgesetzt wurden.

2 Vermute, welche Absichten mit M3 und M4 verbunden waren.

M5: *Waisenkinder in einem Heim des katholischen Caritas-Verbandes in München (Foto, 1918)*

Der Krieg machte viele Kinder zu Waisen, sodass die Plätze in den Kinderheimen bald nicht mehr ausreichten, um alle Waisenkinder aufzunehmen. Daher waren viele Kinder auf sich selbst gestellt und mussten das eigene Überleben sichern. Einige Waisen fanden – sofern sie kräftig genug waren – auf dem Land Arbeit und auch eine Unterkunft. Manchmal meldeten sich ältere, alleinstehende Jungen zum Militär, wurden dort zunächst als Maskottchen behalten und später zu Soldaten gemacht. Auf jeden Fall mussten die meisten Waisenkinder arbeiten, um zu überleben, auch die jüngeren unter ihnen. Insgesamt hinterließ der Krieg weltweit acht Millionen Waisenkinder.

M6: *„Das Kind der Kompagnie" (deutsches Foto)*

Zum Bild gibt es folgenden Vermerk: „Der Kleine gehört zur 3. Kompagnie, und erhält Kost und Kleidung von dieser. – Vater im Krieg gefallen, Mutter nach Frankreich durchgebrannt."

3 Berichte über die Nöte der Waisenkinder.

4 Der Junge aus M6 denkt über seine Zukunft nach. Verfasse einen Tagebucheintrag.

5 Beurteile die Kindheit der Kriegswaisen. Denke dabei an deine eigene Kindheit.

M1: *„Hurra! Ein Kriegs-Bilderbuch!", erschienen 1915*

M2: *Innenseite aus „Hurra! Ein Kriegs-Bilderbuch!". Siehe auch den Verstext in der Randspalte.*

Verse aus M2:
„Der Russ bleibt stecken im Morast, drauf hat Klein Willi nur gepasst. Schnell an die Wange das Gewehr, Piff, Paff! Der Russe lebt nicht mehr. Klein Willi aber fröhlich lacht und denkt, das hab' ich schlau gemacht."

Bilderbücher und Märchen

Von Anfang an wurden Kinder in die Begeisterung über den Krieg mit einbezogen. Besonders zeigt sich dies in den Büchern und Zeitschriften für Kinder und Jugendliche zu Beginn des Krieges.

Q1: Aus der Kinderzeitung „Das Blatt der Kinder" vom 23. August 1914:
Viele von euch Knaben haben es vielleicht bedauert, nicht schon so groß zu sein, um in den Krieg ziehen zu können. Und manches Mädchen mag in diesen Tagen die Knaben beneiden, die – einen Säbel umgeschnallt und einen Helm auf dem Kopf – wenigstens Krieg spielen können ...

Schon den Allerkleinsten wurde der Krieg im Bilderbuch als lustiges Kinderspiel gezeigt. In „Hurra! Ein Kriegs-Bilderbuch" kämpfen der deutsche Junge Willi und der österreichische Junge Franzl gegen ihre Feinde. Märchen wie „Hännschens Ritt zu Hindenburg" verniedlichten das Kriegsgeschehen. Hännschen ist traurig, weil sein Vater Weihnachten nicht daheim ist. Onkel Max meint, hätte Generalfeldmarschall Hindenburg gewusst, dass der Vater so fehlt, hätte er ihm sicher Urlaub bewilligt. Daraufhin reitet Hännschen nachts auf seinem Pfefferkuchenpferd nach Russland zu Hindenburg.

Q2: Auszug aus „Hännschens Ritt zu Hindenburg" von Else Ury 1917:
„Du bist ein braver Junge", sagt der [Hindenburg], „und wirst einmal ein tüchtiger Soldat werden. In der Weihnachtsnacht geht jeder Wunsch in Erfüllung – also such dir deinen Vater im Schützengraben und nimm ihn mit heim!"

1 Beschreibe, wie die aufgeführte Kinderliteratur auf dich wirkt.
2 Erläutere die Mittel der Darstellung.

Bücher für Jungen

In kurzer Zeit erschien eine Reihe von Büchern, die insbesondere die Jungen auf den Krieg einstimmten.
Drei Bände von Wilhelm Momma zählen zu den bekanntesten: „Wir halten aus!" (1914), die Fortsetzung „Waffenbrüder" (1915) sowie die Erzählung „Wider die halbe Welt" (1915).

Q3: Auszug aus „Wir halten aus":
Wir haben keinen Grund zum Klagen und zum Verzagen. In sechs Wochen haben wir den ersten, wuchtigen Anprall einer über uns herfallenden Welt zurückgeworfen, haben wir das heranflutende, schäumende, brausende Meer eingedämmt, wie man der Brandung einen Damm entgegensetzt, dass sie das Land nicht frisst. Schon rollten die ersten Wogen dieses hungrigen, brandenden Meeres über die Grenzen hinein ins Land, Ostpreußen zitterte vor den Kosaken [Russen], über elsässischen Städten flatterten verheißende Grüße französischer Flieger. – Sie sind zurückgerollt, wie die Flut an einer Felsenküste.
Das Land ist frei vom Feind!

Auch die Kriegsgegner wurden in vielen Kinder- und Jugendbüchern, zumeist abfällig, charakterisiert:

Q4: Auszug aus „Der Weltkrieg in Frankreich" von Alfred Sternbeck (1915):
Was die Deutschen beerdigen konnten, das gaben sie der Erde, Freund wie Feind ... Leider dachte der Franzmann anders. Nicht einmal seinen eigenen Kameraden gab er immer die letzte Ehre.

Bücher für Mädchen

Viele Bücher wandten sich aber auch direkt an die Mädchen. Das Bilderbuch: „Wie uns're kleinen Hausmütterlein im Kriege müssen fleissig sein" von Paul Telemann (1915) leitete kleine Mädchen an, Handarbeiten zu verrichten und für die Soldaten zu spenden. Des Weiteren lernten Mädchen beispielsweise in Romanen, warum Lebensmittel rationiert werden mussten und dass Frauen Opfer bringen müssten, wenn ihr Ehemann fürs Vaterland fiel.
Marie von Felseneck beschrieb in „Trotzkopfs Erlebnisse im Weltkrieg" (1916) die Rolle der Frau an der Seite eines Soldaten.

Q5: Auszug aus „Trotzkopfs Erlebnisse im Weltkrieg":
Langsam trat das Brautpaar über die Schwelle des Dorfkirchleins, fast feierliche Stille umfing sie, denn jedermann war von dem Anblick der beiden Neuvermählten tief ergriffen. Leo, der kraftvolle Krieger, dessen Brust außer andern Orden das Kreuz von Eisen schmückte, und an seinem Arm die liebliche Braut, die demutvoll ihre Stirn neigt – es war ein Bild herrlichster, deutscher Mannesschöne und fraulicher Anmut.

Der vierte Band der bekannten „Nesthäkchen"-Reihe von Else Ury „Nesthäkchen und der Weltkrieg" (1916) berichtete unzählige Details vom Alltagsleben in der Heimat: das Stricken von Pulswärmern, die Arbeit von Frauen als Krankenschwestern, das Hungern für das Vaterland, das Lumpensammeln, die Kriegswaisen, der Heimaturlaub und noch Vieles mehr.

„Wir halten aus", Wilhelm Momma, 1914

Das Kreuz von Eisen
das sogenannte „Eiserne Kreuz", eine Kriegsauszeichnung

„Nesthäkchen und der Weltkrieg", Else Ury, 1916

3 Stelle dar,
a) mit welchen Themen sich die Bücher für die Jungen und
b) die für die Mädchen befassten.

4 Vermute Folgen solcher Leseerfahrungen.

THE NEW YORK HERALD.

THE LUSITANIA IS SUNK; 1,000 PROBABLY ARE LOST

GERMANS TORPEDO THE GIANT STEAMSHIP AND SHE FOUNDERS

M1: *Titelseite einer New Yorker Zeitung vom 8. Mai 1915*

M2: *US-Soldaten gehen in Frankreich von Bord (1917)*

Kriegseintritt der USA

Woodrow Wilson, amerikanischer Präsident 1913–1921. Er lehnte Kriege grundsätzlich ab, versuchte außenpolitisch zu vermitteln. Dennoch stimmte er 1917 dem Kriegseintritt der USA zu und verkündete folgendes Kriegsziel: „The world must be safe for democracy."

Zu Beginn des Krieges hatten sich die USA neutral verhalten. Die Versenkung des britischen Luxusdampfers „Lusitania" vor der irischen Küste am 7. Mai 1915 durch ein deutsches U-Boot löste jedoch in den USA größte Empörung und antideutsche Stimmung aus. 1198 Passagiere, darunter 128 Amerikaner, hatten den Tod gefunden. Kaiser Wilhelm II. befahl daraufhin, keine weiteren Passagierschiffe anzugreifen, um einen möglichen Kriegseintritt der USA abzuwenden.
Angesichts der angespannten militärischen Lage forderte die Oberste Heeresleitung 1916 jedoch die Wiederaufnahme des uneingeschränkten U-Boot-Krieges. Diesem Druck gab Wilhelm II. schließlich nach. Als nun weitere US-Schiffe versenkt wurden, erklärte der amerikanische Präsident Wilson Deutschland am 6. April 1917 den Krieg. Aus dem europäischen Krieg war ein Weltkrieg geworden.

Q1: Präsident Wilson sprach am 2. April vor dem amerikanischen Kongress:
... Neutralität ist nicht länger durchführbar oder wünschenswert, wo es um den Frieden der Welt und die Freiheit der Völker geht ... Es ist eine fürchterliche Sache, dieses große und friedfertige Volk in den Krieg zu führen ... Aber das Recht ist wertvoller als der Friede, und wir werden für die Dinge kämpfen, die wir stets unserem Herzen zunächst getragen haben – für die Demokratie ... für eine allgemeine Herrschaft des Rechts durch ein Konzert der freien Völker, das allen Nationen Frieden und Sicherheit bringen ... wird. Solch einer Aufgabe können wir unser Leben und unser Vermögen weihen, alles, was wir sind, und alles, was wir haben, mit dem Stolz derer, die wissen, dass der Tag gekommen ist, da Amerika die Auszeichnung erfährt, sein Blut und seine Macht für die Prinzipien darzubringen, denen es seine Geburt und sein Glück und den Frieden verdankt, den es wertschätzte.

Hinzu kamen wirtschaftliche Gründe für den Kriegseintritt der USA: Im Frühjahr 1917 hatte die amerikanische Regierung bereits Kriegsgüter im Wert von zwei Milliarden Dollar an England und Frankreich geliefert, finanziert durch hohe Kredite bei amerikanischen Banken. Bei einer Niederlage der Ententemächte wäre dieses Geld verloren gewesen.
Die US-Soldaten trafen erst 1918 in voller Stärke an der Westfront ein. Von da an bestimmten sie den weiteren Kriegsverlauf.

1 Arbeite die wesentlichen Ereignisse, die zum Kriegseintritt der USA führten, heraus.
2 Erschließe die Argumente, mit denen Wilson den Kriegseintritt befürwortete (Q1).

Siegfrieden von Brest-Litowsk

Während des Krieges wuchs in Russland die Abneigung gegen den Zaren. Militärische Niederlagen demoralisierten die russische Armee, die gegen die besser ausgerüsteten Truppen der Mittelmächte erfolglos kämpfte. Kriegsmüdigkeit, Hungersnöte und die hohe Zahl gefallener russischer Soldaten führten im Februar 1917 zu einer Revolution, die die Abdankung des Zaren zur Folge hatte.
Obwohl die russische Kampfkraft am Ende war, führte die neue Regierung den Krieg fort. Eine zweite Revolution Anfang Oktober brachte schließlich den russischen Revolutionär Wladimir Iljitsch Uljanow, genannt Lenin, an die Macht. Lenin drängte auf einen baldigen Waffenstillstand und auf Friedensverhandlungen mit Deutschland. Er wollte dem Wunsch der Bevölkerung nachkommen und damit die eigene Macht stabilisieren.

M3: *Die russische Delegation erreicht Brest-Litowsk (1917).*

Im März 1918 unterzeichnete die russische Regierung einen vom Deutschen Reich diktierten Siegfrieden, den Frieden von Brest-Litowsk. Russland verlor durch diesen Friedensvertrag 26 % seines damaligen europäischen Gebietes, 27 % des Ackerlandes, 26 % des Eisenbahnnetzes, 33 % der Textilindustrie sowie große Teile seiner Eisen-, Stahl- und Kohleindustrie.

Wilsons 14-Punkte-Plan

Während die Mittelmächte im Osten als Sieger auftraten, legte Präsident Wilson im Januar 1918 in einem 14-Punkte-Programm Grundsätze für eine Friedensordnung nach Beendigung des Weltkrieges vor.

Q2: Auszug aus Wilsons 14 Punkten:
1. Offene, öffentlich abgeschlossene Friedensverträge
2. Freiheit der Schifffahrt auf den Meeren
3. Beseitigung aller wirtschaftlichen Schranken und Herstellung einer Gleichheit der Handelsbedingungen für alle Nationen
4. Gegenseitige Bürgschaften für die Beschränkung der Rüstungen der Nationen
5. Unparteiischer Ausgleich aller kolonialen Ansprüche
6. Räumung des russischen Gebietes
7. Belgien muss wiederhergestellt werden
8. Das französische Gebiet muss geräumt und wiederhergestellt werden
10. Den Völkern Österreich-Ungarns sollte die Gelegenheit zu autonomer (selbstständiger) Entwicklung zugestanden werden
13. Ein unabhängiger polnischer Staat [mit Zugang zur See] sollte errichtet werden
14. Ein allgemeiner Verband der Nationen muss gegründet werden zum Zweck gegenseitiger Bürgschaften für die politische Unabhängigkeit und die territoriale Unverletzbarkeit der Staaten (Völkerbund)

Zar
Herrschertitel bis 1917 in Russland; geht zurück auf Caesar (lat.)

Mittelmächte
Militärbündnis im Ersten Weltkrieg: Zweibund Deutschland/Österreich-Ungarn; später auch Osmanisches Reich/Bulgarien (Vierbund)

Lenin (1917)

Tipp
Unter www.dhm.de/lemo/html/biografien/LeninWladimir/ findest du einen Lebenslauf Lenins.

Friedensbotschaft
des
Präsidenten Wilson

Wilsons 14 Punkte erschienen auch auf Deutsch.

3 Erläutere, weshalb die russische Regierung den Siegfrieden von Brest-Litowsk trotz der harten Bestimmungen unterzeichnete.
4 Fasse die Kernaussagen von Wilsons 14 Punkten in eigenen Worten zusammen.
5 ⊕ Einzelne Punkte wurden später als in sich widersprüchlich kritisiert. Erkläre.

Propagandaplakate untersuchen

Plakate wollen die Aufmerksamkeit des Betrachters erregen und vermitteln ihre Botschaften in zugespitzter Form.

Propagandaplakate verherrlichen einerseits die eigene Nation und vermitteln den Glauben an die Überlegenheit gegenüber anderen. Andererseits werden durch sie Feindbilder aufgebaut, die den Gegner als aggressiv darstellen. Im Ersten Weltkrieg waren sie ein wichtiges Medium zur Beeinflussung und Stimmungsbildung der Menschen, denn Fernsehen oder Internet gab es noch nicht und ein Radio hatten nur wenige.

Da der Krieg zu 60 % mittels Kriegsanleihen – das waren Wertpapiere, die die Bevölkerung kaufte mit dem Versprechen, nach dem siegreichen Ende das Geld vom Staat zurückerstattet zu bekommen – finanziert wurde, musste mithilfe der Plakate diese Bereitschaft gestärkt werden. Außerdem dienten die Plakate auch dazu, den Widerstandsgeist der Menschen über die Dauer des Krieges aufrechtzuerhalten.

M1: *„Ich will dich für die U.S.Army" (amerikanisches Plakat, 1917)*

Schritt 1: Plakat beschreiben
- → Wer oder was ist dargestellt?
- → Wie ist es dargestellt?
- → Welche Farben werden verwendet?
- → Was sagt der Text aus?
- → Wie ist der Text gestaltet? Gibt es Hervorhebungen?
- → Welche Symbole werden genutzt und wofür stehen sie?
- → In welchem Verhältnis stehen Text und Motiv zueinander?

Schritt 2: Plakat einordnen
- → Wann ist das Plakat entstanden?
- → Wer ist Zeichner bzw. wer ist der Auftraggeber?
- → Welche Gefühle werden beim Betrachter hervorgerufen?
- → Wozu wird der Betrachter aufgefordert?

Schritt 3: Plakat auswerten
- → Welche Absicht verfolgt der Zeichner/der Auftraggeber?
- → Wen spricht das Plakat an?
- → Welchem Ereignis ist das Plakat zuzuordnen?
- → Ist die Darstellung realistisch?

Mögliche Auswertung von M1:

Auf dem Plakat ist ein älterer, hagerer Mann dargestellt. Er hat weißes Haar und trägt einen Ziegenbart. Auf seinem Kopf befindet sich ein Zylinder mit einer blauen Banderole mit weißen Sternen. Zudem trägt er eine rote Fliege, ein weißes Hemd und ein blaues Jackett. Sein Gesichtsausdruck ist ernst und entschlossen, sein rechter Zeigefinger zeigt direkt auf den Betrachter. Das Plakat ist in den amerikanischen Nationalfarben rot, weiß, blau gehalten, die Zylinderbanderole ist ein Ausschnitt aus dem Sternenbanner, der Nationalflagge der USA. Der Text unter der Abbildung lautet übersetzt: „Ich will dich für die U.S. Army", wobei das Wort „YOU" hervorgehoben ist. Der dargestellte Mann ist bekannt als „Uncle Sam" und verkörpert die Nationalfigur der Vereinigten Staaten von Amerika. Neben der Freiheitsstatue gilt er als wichtigstes Nationalsymbol.

Das Plakat stammt von 1917, dem Jahr, in dem die USA auf Seiten der Entente in den europäischen Krieg eingriffen. Auftraggeber ist die amerikanische Regierung. Der Betrachter wird aufgefordert, der amerikanischen Armee beizutreten. Dies geschieht nicht nur durch die textliche Aufforderung, sondern auch im Bild direkt, indem „Uncle Sam" auf den Betrachter deutet.

Das Plakat steht in direktem Zusammenhang mit dem Kriegseintritt der USA in den Ersten Weltkrieg. Mit dem Plakat werden junge amerikanische Männer angesprochen und aufgefordert, in die Armee einzutreten. Da es in den USA keine Wehrpflicht gab, mussten Soldaten angeworben werden.

M2: „Keiner kommt durch! 1914–1918" (französisches Plakat, 1918)

M3: Deutsches Plakat (1917)

M4: „Daddy, was hast du im Ersten Weltkrieg gemacht?" (brit. Plakat, 1915)

M5: „Zerstöre diese wahnsinnige Bestie" (amerikanisches Plakat, 1917/1918)

1 Teilt euch in Gruppen auf und untersucht die Plakate M2 bis M5 mithilfe der Schritte 1–3.

2 Auch Bildpostkarten waren im Ersten Weltkrieg ein weit verbreitetes Propagandamittel. Unter der Internetadresse www.ww1-propaganda-cards.com findet ihr viele dieser Karten. Analysiert verschiedene Karten eurer Wahl mithilfe der vorgegebenen Schritte.

Waffenstillstand im Westen

Nach dem Waffenstillstand mit Russland hatte Deutschland alle Kräfte an der Westfront konzentriert. Dort wollte man Großbritannien und Frankreich schlagen, noch ehe die US-Soldaten an der Westfront eintrafen. Zunächst eroberte Gebiete gingen jedoch bald wieder verloren. Bis Oktober waren bereits 1,8 Millionen amerikanische Soldaten eingesetzt. Die Kampfkraft der Deutschen hingegen schwand.

Deutschlands Verbündete, Österreich-Ungarn, das Osmanische Reich und Bulgarien, brachen zusammen und suchten einen Teilfrieden mit den Gegnern. Auch die Oberste Heeresleitung gestand die endgültige Niederlage ein und forderte die Regierung auf, unverzüglich Waffenstillstandsverhandlungen zu führen. In Deutschland selbst brach eine Revolution aus, die den Kaiser zur Flucht zwang. Am 11. November 1918 unterzeichnete der Politiker Matthias Erzberger im Namen der neuen deutschen Republik den Waffenstillstand, bei dem die Gegner äußerst harte Bedingungen diktierten.

Matthias Erzberger (1875–1921), deutscher Politiker

M1: *Unterzeichnung des Waffenstillstandes 1918 in einem Speisewagen bei Compiègne (Gemälde, um 1920)*

Der Vertrag von Versailles

In Deutschland hatte man auf einen Frieden auf der Grundlage des 14-Punkte-Plans von Wilson gehofft. Doch zu den Beratungen zur Neuordnung Europas und Friedenssicherung trafen im Januar 1919 nur die Staatschefs Frankreichs, Großbritanniens und der USA zusammen. Die unterlegenen Staaten hatten keinen Zutritt und kein Mitspracherecht.

Für den Fall, dass Deutschland sich weigern würde, den Friedensvertrag der Alliierten zu unterzeichnen, drohten die Siegermächte mit einer Besetzung des Landes. Unter diesem Druck unterzeichnete die neue Regierung am 28. Juni 1919 im Spiegelsaal des Schlosses von Versailles den Vertrag.

- Deutschland erkennt die alleinige Kriegsschuld an (Art. 231).
- Deutschland verliert 13 % seines Gebietes und 10 % seiner Bevölkerung.
- Das Rheinland und das Saargebiet werden für 15 Jahre von Frankreich besetzt.
- Deutschland verliert seine Kolonien.
- Die allgemeine Wehrpflicht wird abgeschafft, das Heer auf 100 000, die Marine auf 15 000 Mann begrenzt.
- Deutschland darf keine schweren Waffen (Panzer, Kriegsschiffe, Kriegsflugzeuge) mehr besitzen.
- Deutschland verliert seine Handelsflotte.
- Deutschland zahlt Reparationen (Schadensersatz) in Höhe von 132 Milliarden Goldmark.

M2: *Auszug aus den Bestimmungen des Versailler Vertrages*

3 Starthilfe
Schlage noch einmal im Kapitel „Entstehung eines monarchischen Nationalstaates“ nach.

1 Erkläre, was die deutsche Regierung veranlasste, um Waffenstillstand zu bitten.
2 Vergleiche die Bestimmungen des Versailler Vertrages mit Wilsons 14 Punkten (Seite 169).
3 Der Spiegelsaal von Versailles war schon einmal Ort deutscher Geschichte. Erkläre.
4 Diskutiert den Art. 231 des Versailler Vertrages.

Alliierte	mobilisierte Soldaten	tote Soldaten	verwundete Soldaten	tote Zivilisten
Russland	12 000 000	1 800 000	4 950 000	2 000 000
Frankreich	8 660 000	1 390 000	4 330 000	40 000
Britisches Empire	8 780 000	900 000	2 090 000	1 000
Italien	5 900 000	460 000	960 000	unbekannt
USA	4 350 000	50 000	230 000	keine
Andere	2 320 000	405 000	320 000	1 260 000
Mittelmächte	**mobilisierte Soldaten**	**tote Soldaten**	**verwundete Soldaten**	**tote Zivilisten**
Deutschland	13 400 000	2 040 000	5 690 000	700 000
Österreich-Ungarn	7 800 000	1 020 000	1 940 000	unbekannt
Türkei	1 000 000	240 000	1 270 000	2 000 000
Bulgarien	1 200 000	80 000	150 000	275 000

M3: *Verluste des Krieges*

Folgen des Krieges

Der Erste Weltkrieg war eine der größten Tragödien, die Europa erlebte. Die Folgen für die Menschen waren unbeschreiblich. Ganze Dörfer und Städte waren von der Landkarte verschwunden, die europäische Wirtschaft war ruiniert. Es gab unter den beteiligten Nationen – ausgenommen den USA – kaum eine Familie, die keine Toten zu beklagen hatte. Millionen Soldaten waren nach dem Krieg entstellt und verkrüppelt, unzählige erlitten dauerhafte seelische Schäden.
So hofften die Menschen Anfang 1919, nie wieder die Grausamkeiten eines Krieges miterleben zu müssen. Heute wissen wir, dass sich alle Spannungen und Unruhen des Ersten Weltkrieges in einem weiteren entluden. Der britische Staatschef Lloyd George hatte das bereits 1919 in Versailles kommen sehen: *„Wir werden in 25 Jahren noch einmal einen Krieg zu führen haben.“*

denk|mal

Der „Volksbund Deutsche Kriegsgräberfürsorge e. V.“ arbeitet im Auftrag der deutschen Regierung und organisiert Workcamps in Europa. Hier treffen deutsche Jugendliche auf andere europäische Jugendliche. Neben gemeinsamen Freizeitaktivitäten arbeiten sie auf Kriegsgräber- oder Gedenkstätten, um sie als Mahnmale für den Frieden zu erhalten. Aktiv für Frieden und Verständigung – auch ein Thema für dich?

Logo des „Volksbundes Deutscher Kriegsgräberfürsorge e. V.“

Tipp
Unter www.volksbund.de findest du die Homepage des „Volksbundes Deutscher Kriegsgräberfürsorge e. V.“.

5 Stelle Ententestaaten und Mittelmächte gegenüber und ermittle jeweils die Anzahl der mobilisierten Soldaten, der gefallenen Soldaten, der verwundeten Soldaten und der toten Zivilisten.

6 ⊕ Vermute, was Lloyd George 1919 zu seiner Aussage veranlasste. Sieh dir dazu noch einmal die Bestimmungen des Versailler Vertrages an.

Die Kriegsschuldfrage im Expertenurteil

Wer trägt die Schuld am Ausbruch des Ersten Weltkrieges? Der britische Premierminister Lloyd George sprach 1919 davon, dass alle europäischen Nationen mehr oder weniger in den Krieg „hineingeschlittert" seien. Der Versailler Vertrag hatte Deutschland die Alleinschuld zugewiesen. Über diese Frage wurde unter Historikern lange gestritten.

Q1: Der Historiker Fritz Fischer (1961):
Bei der angespannten Weltlage des Jahres 1914 ... musste jeder begrenzte (lokale) Krieg in Europa, an dem eine Großmacht unmittelbar beteiligt war, die Gefahr eines allgemeinen Krieges unvermeidbar nahe heranrücken. Da Deutschland den Österreich-Serbischen Krieg gewollt, gewünscht und gedeckt hat und, im Vertrauen auf die deutsche militärische Überlegenheit, es im Jahre 1914 bewusst auf einen Konflikt mit Russland und Frankreich ankommen ließ, trägt die deutsche Reichsführung einen erheblichen Teil der historischen Verantwortung für den Ausbruch eines allgemeinen Krieges. Diese verringert sich auch nicht dadurch, dass Deutschland im letzten Augenblick versuchte, das Verhängnis aufzuhalten: Denn die Einwirkung auf Wien geschah ausschließlich wegen der drohenden Intervention Englands, und auch dann wurde sie nur mit halben, verspäteten und sofort widerrufenen Schritten unternommen.

Q2: Der Historiker Thomas Nipperdey (1991):
Der Krieg, die deutsche Kriegsbereitschaft und die Krisenpolitik waren nicht eine Folge des deutschen Systems. ... Auch in den parlamentarischen Ländern waren Kriegsbereitschaft und Kriegsentscheidung einerseits Sache der Exekutive, und überall spielten die Militärplanungen eine bedeutende und verhängnisvolle Rolle. ... Zwei Dinge gelten für alle ...: Alle glaubten sich in der Defensive, und alle waren kriegsbereit. Alle überschätzten die eigene existenzielle Bedrohung, alle unterschätzten den kommenden Krieg. Der Krieg kam, weil alle oder einige am Frieden verzweifelten, nicht weil alle oder einige zum Krieg unter allen Umständen entschlossen waren. Und wenn man die Spielräume, die Entscheidungsfreiheit der Handelnden bedenkt, so haben alle Anteil an der Zuspitzung der Krise, wenn auch unterschiedlich an dem Scheitern der Krisenbewältigung, an dem Ende des Friedens. Darum sprechen wir vom Ausbruch, nicht von der Entfesselung des Ersten Weltkrieges.

Q3: Der Historiker Heinrich August Winkler (2007):
Das Ziel, mit dem die deutschen Eliten in den Ersten Weltkrieg gezogen waren, hieß ... Aufstieg zur Weltmacht. Am Ende stand ein Friedensvertrag, den die Deutschen als schreiendes Unrecht empfanden, obwohl er das Reich bestehen ließ und ihm die Möglichkeit einräumte, wieder zur Großmacht zu werden. Eine selbstkritische Auseinandersetzung mit der deutschen Kriegsschuld fand nicht statt, obschon bereits im April 1919 eine interne Aktensammlung vorlag, die keinen Zweifel daran ließ, dass die Reichsleitung im Juli 1914 alles getan hatte, die internationale Krise zu verschärfen. In Abwehr der alliierten These, Deutschland und seine Verbündeten trügen die alleinige Verantwortung für den Kriegsausbruch, entstand eine Kriegsunschuldlegende ...

1 Werte die Quellen Q1 bis Q3 aus. Achte dabei besonders darauf, wie die Historiker die Frage nach Kriegsschuld und Kriegsursache beantworten und wie sie die Rolle Deutschlands bewerten.

Imperialismus

Am Ende des 19. Jahrhunderts kam es im Zuge der Industrialisierung zu einem Wettlauf der europäischen Großmächte um noch nicht kolonisierte Länder der Erde. In ständiger Konkurrenz kämpften die Großmächte um Absatzmärkte und Einflussgebiete.

Der Imperialismus verschärfte die Spannungen zwischen den Großmächten in Europa. Deutschland geriet aufgrund seiner Rüstungs- und Flottenpolitik immer mehr in die Isolation. Bismarcks Bündnissystem zerbrach, wichtigster Verbündeter Deutschlands wurde Österreich-Ungarn. Die Balkankrise verschärfte die Lage und verstärkte die Kriegsstimmung. Die Friedensbewegung blieb machtlos.

Erster Weltkrieg

Die Ermordung des Österreichischen Thronfolgerpaares im August 1914 in Sarajewo löste den Ersten Weltkrieg aus. Nach Anfangserfolgen Deutschlands verharrten die Truppen bald in einem Stellungskrieg. Der Einsatz neuer Waffen (z. B. Giftgas) führte zu unvorstellbaren Opfern und Zerstörungen.

Mit dem Kriegseintritt der USA 1917 brach die Front der Deutschen und ihrer Verbündeten zusammen. Die Oberste Heeresleitung forderte Waffenstillstandsverhandlungen. In Deutschland brach eine Revolution aus, der Kaiser floh. Am 11. November 1918 unterzeichnete Matthias Erzberger im Namen der neuen Republik den Waffenstillstand. Im Vertrag von Versailles musste Deutschland die alleinige Kriegsschuld anerkennen.

Daten & Fakten

1880–1914
Zeit des Imperialismus

28. Juni 1914
Ermordung des österreichischen Thronfolgerpaares in Sarajewo

1914–1918
Erster Weltkrieg

1917
Kriegseintritt der USA

11. November 1918
Waffenstillstand

28. Juni 1919
Friedensvertrag von Versailles

Begriffe

Imperialismus
Kolonie
Friedensbewegung
Tripleentente
Mittelmächte
Stellungskrieg
Verdun
Materialschlachten
Heimatfront
Versailler Vertrag

Zum Weiterlesen

Ian Lawrence: Der Herr der Nussknacker, ctb 2008.
Rudolf Frank: Der Junge, der seinen Geburtstag vergaß, Beltz 2001.
Erich Maria Remarque: Im Westen nichts Neues, Kiepenheuer & Witsch 2008.

1 Buchstaben schütteln

IOONLKE	_ _ L _ N _ _
IKRMBCSA	_ I _ _ A _ _ K
SIESLVLRAE	V _ _ _ _ _ _ _ E _
LANDTFASNISTWLEF	_ _ F F _ _ _ T _ _ _ _ _ _ _ _
EEUSEGERWBFIDGNN	F _ _ _ _ _ _ _ _ _ W _ G _ _ _
SETSCRIIBH MEIEPR	_ R _ _ _ S _ _ _ _ _ _ _ _ _ E
ESSEERUGEINIRTGKGB	_ _ I E _ _ _ _ _ _ _ _ T _ _ _ _ _
NEDVUR	_ _ _ D _ _
TÜNTESTWRE	_ _ _ T _ Ü _ _ _ _
ODETFPLS	_ _ _ _ _ _ O _ _
SLEUMIMPRIAIS	_ _ _ _ R _ A _ _ _ _ _ _
AVSRUSPLFE KNALBA	_ U _ _ _ _ _ _ _ _ B _ _ _ _ _
TLGUKIGSNEELSR	_ _ _ L _ _ N _ S _ _ _ _ G

Du kannst ...

a) die Buchstaben richtig ordnen und damit Begriffe zum Thema finden. ✓

b) die gesuchten Begriffe erklären. ✓✓

c) die Begriffe in eine chronologisch sinnvolle Reihenfolge bringen und in den historischen Gesamtzusammenhang einordnen. ✓✓✓

2 Bündnissysteme im Vergleich

Du kannst ...

a) die Länder, die 1882 dem Dreibund angehörten, und die Länder, die 1907 die Triple Entente bildeten, nennen. ✓

b) mithilfe der Karte den Dreibund von 1882 und die Triple Entente schematisch darstellen. ✓✓

c) die bündnispolitische Lage des Deutschen Reiches zur Zeit Bismarcks sowie kurz vor dem Ersten Weltkrieg beschreiben und Veränderungen erläutern. ✓✓✓

M1: *Europa vor dem Ersten Weltkrieg*

3 Kriegsbegeisterung und Realität

M2: *Deutsche Soldaten auf dem Weg an die Front (1914)*

Q1: Der Leipziger Student Hugo Müller schrieb 1916:

Soeben habe ich einen Brief an den Vater eines vorgestern gefallenen Unteroffiziers meines Zuges geschrieben. Wenn die armen Eltern ihren Sohn gesehen hätten! Eine Granate hatte ihm den Kopf weggerissen, das Gehirn haben wir buchstäblich mit dem Spaten aufgekratzt. Solche Bilder gehören nicht zur Seltenheit des Schützengrabenlebens! Auf den Wagen, auf denen das Essen abends herausgefahren wird, bringen sie dann diese blutigen Reste eines stolzen Menschentums zurück.

Du kannst …

a) das Bild M2 historisch einordnen und die Stimmung der Soldaten schildern. ✓

b) die Quelle M1 in eigenen Worten wiedergeben und das Leben eines Frontsoldaten darstellen. ✓✓

c) das Bild M2 und die Quelle Q1 vergleichen und die Unterschiede erläutern. ✓✓✓

4 Propagandaplakate untersuchen

Du kannst …

a) das Plakat M3 beschreiben und den Begriff „Kriegsanleihe" erklären. ✓

b) das Plakat einordnen und auswerten. ✓✓

c) den Verlauf des Krieges bis zum Waffenstillstand darstellen und die Möglichkeit eines deutschen Sieges zur Entstehungszeit des Plakates beurteilen. ✓✓✓

M3: *„Helft den Hütern eures Glücks" (deutsches Plakat, 1918)*

Globalisierung – von der Kolonialzeit bis heute

100 1200 1300 1400 1500 1600 1700 1800 1900 2000

Kapitel 05

Mit der Entdeckung Amerikas und der Gründung von Kolonien begann für die Europäer der Aufbruch in eine „Neue Welt" und in ein neues Zeitalter.
Die Kolonien legten die Grundlage für den Einfluss, den die Europäer seitdem in der ganzen Welt haben, und belebten die europäische Wirtschaft.

Aber auch für die Völker in Amerika, Afrika und Asien änderte Europas Aufbruch nach Übersee die Verhältnisse grundlegend. Die Völker wurden nach und nach Teil eines Wirtschaftssystems, das heute die ganze Welt umfasst. In ihm spielten und spielen sie vor allem die Rolle der Rohstofflieferanten und des Absatzmarktes.

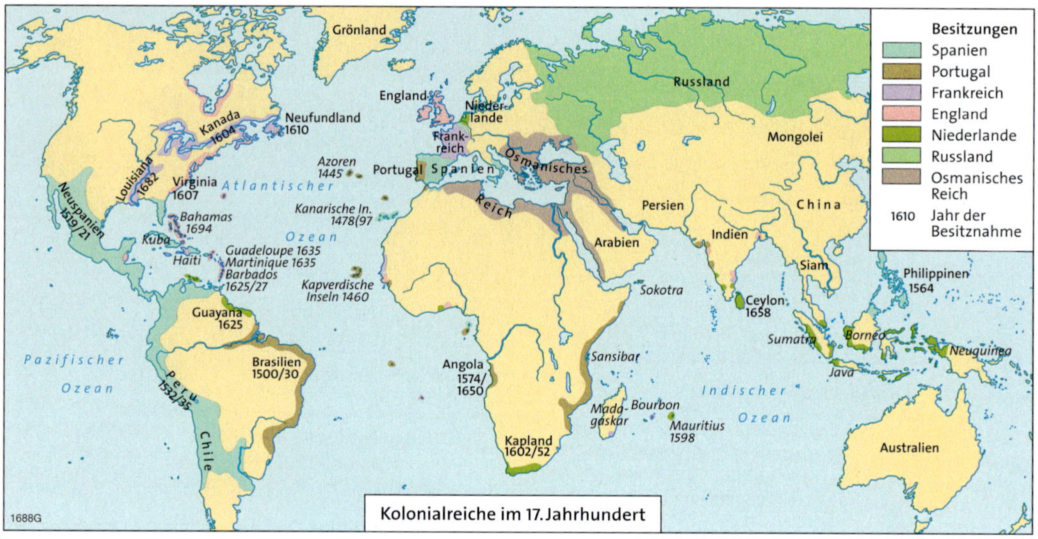

M1: *Kolonialreiche europäischer Mächte im 17. Jh.*

Der Seeweg nach Indien

Im 15. Jh. suchten die Portugiesen einen Seeweg zu den begehrten Handelswaren Indiens. 1415 begannen sie, die Küste Afrikas zu erkunden. Sie segelten immer weiter nach Süden. 1498 umfuhr der portugiesische Entdecker Vasco da Gama die Südspitze Afrikas und segelte entlang der ostafrikanischen Küste bis nach Indien. In den folgenden Jahrzehnten richteten die Portugiesen Kolonien in Afrika und Asien ein.

Auch die Spanier suchten einen Seeweg nach Indien, um den Gewürzhandel unter ihre Kontrolle zu bringen. Deshalb segelte Christoph Kolumbus 1492 westwärts über den Atlantik. Er landete in der Karibik und endeckte so einen den Europäern bis dahin unbekannten Kontinent – Amerika. In den folgenden Jahrzehnten durchquerten die Spanier große Teile Mittel- und Südamerikas, unterwarfen die Reiche der Inka, Maya und Azteken und gründeten Kolonien. Weil zwischen den beiden großen Seemächten der damaligen Zeit, Portugal und Spanien, ein Krieg drohte, versuchte der Papst zu vermitteln. 1494 teilte er die Welt im Vertrag von Tordesillas in eine spanische und eine portugiesische Hälfte. Die Trennlinie verlief genau durch Südamerika – deshalb gehörte Brasilien lange zu Portugal.

Kolonien
sind Gebiete außerhalb des Staatsgebietes. Sie wurden erobert und ihre Einwohner unterworfen. Die Kolonien waren politisch vom Mutterland abhängig und wurden wirtschaftlich ausgebeutet.

Q1: Der spanische Historiker Luis Arranz Márquez beschreibt 1986 die Motive der Spanier, ferne Kontinente zu erobern:

Gold, Silber, Perlen, Gewinn oder Reichtum hatten für alle, die eine Waffe in die Hand nehmen konnten, eine solche Antriebskraft, dass niemand und nichts sie aufzuhalten vermochte. ... Der Eroberer betrachtete den Reichtum nicht als Ziel, sondern als Mittel, um zu Macht und Ehren zu gelangen. Umfassende materielle Mittel ermöglichten ihm den Besitz von Ländern und die Herrschaft über Menschen; ... sein sozialer Stand verbesserte sich, sein Ansehen wuchs.

3 Starthilfe
Auf der Internetseite www.indigene.de findest du viele Informationen.

1. Benenne die Motive der Europäer, ferne Länder zu erobern.
2. Erstelle eine Tabelle der Kolonialmächte und ihrer Besitztümer.
3. Informiere dich in der Bibliothek oder im Internet über Inka, Maya oder Azteken.

Handel mit Sklaven

In ihren amerikanischen Kolonien zwangen die Europäer die Ureinwohner in Goldbergwerken sowie auf Zuckerrohr-, Tabak-, Baumwoll- oder Kakaoplantagen zu arbeiten.

Q2: Ein spanischer Bischof berichtete:
Sie (spanische Aufseher) behandelten sie (versklavte Indianer) mit solcher Härte und derart unmenschlich, dass man sie nur für Teufelsknechte halten konnte, und ließen ihnen ... nicht einen Augenblick Ruhe. Sie gaben ihnen Stock- und Rutenhiebe, Ohrfeigen, Peitschenschläge, Fußtritte, nannten sie nie anders als Hunde.

Viele Ureinwohner starben wegen der harten Arbeitsbedingungen oder an Krankheiten, die die Europäer eingeschleppt hatten. Andere flohen ins Hinterland, sodass den Europäern immer weniger einheimische Arbeitskräfte zur Verfügung standen.
Da die Europäer auf Arbeitskräfte angewiesen waren, griffen sie auf Erfahrungen aus ihren Heimatländern zurück: Dort wurden seit dem 15. Jh. Sklaven aus Afrika als Arbeiter eingesetzt. Ab 1501 wurden die ersten afrikanischen Sklaven in die Neue Welt verschleppt.
Die Europäer kauften die Menschen auf Sklavenmärkten an der Westküste Afrikas. Ihre afrikanischen und arabischen Handelspartner erhielten dafür Waffen, Alkohol, Metalle, Glasperlen oder Manufakturwaren aus Europa. Kamen die Sklavenschiffe in Amerika an, wurde die menschliche Ware auf Sklavenmärkten verkauft. Die Sklavenschiffe fuhren nach Afrika zurück. Handelsschiffe brachten die Erträge der Plantagen und Bergwerke nach Europa. Dieses Handelssystem zwischen Europa, Afrika und Amerika bezeichnen Historiker vereinfacht auch als „Dreieckshandel".

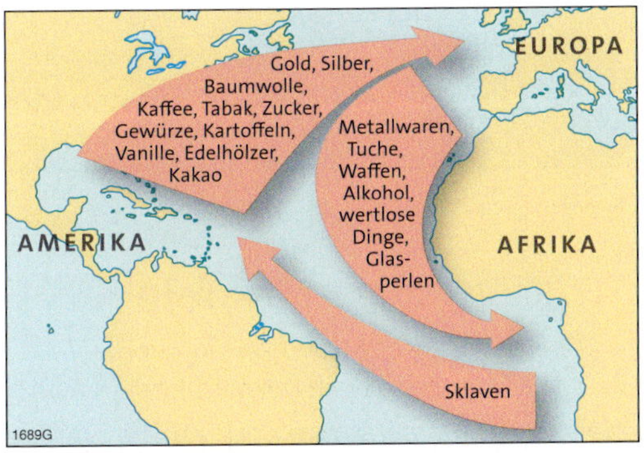

M2: *Schema des Dreieckshandels*

Zahl der Sklavenimporte in Amerika:

1451–1600	293 400
1601–1700	1 494 500
1701–1810	5 737 600
1811–1870	2 253 000
total	9 778 500

M3: *Sklaven in Afrika werden abgeführt (zeitgenössische Buchillustration).*

4 Beschreibe die Lebens- und Arbeitsbedingungen der Ureinwohner.
5 Begründe, warum zunehmend Sklaven aus Afrika nach Amerika kamen.
6 Beschreibe mithilfe von M2 den Ablauf des Dreieckshandels.
7 Erkläre, wer Gewinner und Verlierer des Dreieckshandels waren.
8 ⊕ Vermute, welche Folgen der Sklavenhandel für Afrika hatte.

Wettlauf um Afrika

M1: *Afrika um 1885*

Siedlungskolonien
Kolonien, in die viele Menschen aus dem Mutterland einwanderten. Im Rahmen der europäischen Kolonialherrschaft waren das z. B. die Kolonien in Nordamerika (heute USA). Australien entstand als Kolonie für Sträflinge.

tropische Krankheiten
Krankheiten, die vor allem in den Tropen vorkommen und meist durch Insekten übertragen werden

Afrika gerät ins Blickfeld

Bis zur Mitte des 19. Jh. kontrollierten Europäer an der Küste Afrikas nur einige wenige Handelsstützpunkte. Ausnahmen waren Siedlungskolonien im Norden und im Süden: Algerien bzw. die Kapkolonie in Südafrika. Ungefähr ab 1850 verbesserten sich die technischen Möglichkeiten der Europäer: Erste Eisenbahnlinien wurden gebaut, und dank der Telegrafie konnten die einzelnen Handelsstützpunkte miteinander kommunizieren. Außerdem machte die Erforschung tropischer Krankheiten Reisen ins afrikanische Hinterland weniger gefährlich.
Forscher und Missionare waren die Ersten, die das Innere Afrikas erkundeten und so der Kolonisierung Afrikas den Weg bereiteten. Die Informationen, die die Forscher von ihren Reisen mitbrachten, halfen unter anderem, Landkarten von Afrika zu erstellen. Um das Christentum verbreiten zu können, lernten die Missionare afrikanische Sprachen. So konnten sie Kolonialbeamten und Händlern als Übersetzer dienen.

Situation der Ureinwohner

In Afrika selbst lebten zu diesem Zeitpunkt Hunderte von Völkern mit unterschiedlichen Sprachen, Herrschaftsweisen und Wirtschaftsarten. Teilweise hatten sich mehr oder weniger große Stammeskönigreiche entwickelt; teilweise lebten die Gesellschaften aber auch ohne feste politische Ordnung. Einige Völker waren sesshaft und lebten von der Landwirtschaft, andere waren Nomaden und betrieben Viehzucht. Sklaverei und Sklavenhandel innerhalb Afrikas waren auch nach dem Verbot des Sklavenhandels durch die europäischen Mächte und die USA weit verbreitet.

Ein Kontinent wird aufgeteilt

Am Wettlauf um Afrika beteiligten sich ältere Kolonialmächte wie England, Frankreich, Spanien und Portugal. Es kamen aber auch neue dazu, wie Deutschland, Italien und Belgien. Sie waren erst vor Kurzem unabhängig geworden oder als Nationalstaat geeint. Als Startschuss für den Wettlauf gilt die Errichtung der französischen Schutzherrschaft über Tunesien 1881 und die Besetzung Ägyptens durch Großbritannien 1882. 1884 erwarb das Deutsche Reich Schutzgebiete in Südwestafrika, Togo und Kamerun.

1. Beschreibe mithilfe von M1 die Anfänge des Kolonialismus in Afrika.
2. Nenne Gründe, warum Afrika erst Ende des 19. Jh. aufgeteilt wurde.

1884/85 luden Deutschland und Frankreich alle an einer Aufteilung Afrikas interessierten Mächte zu einer Konferenz nach Berlin ein. Mit dabei waren auch die USA, denn amerikanische Sklavereigegner hatten 1822 einen Landstrich in Liberia gekauft, um dort ehemalige Sklaven anzusiedeln.
Auf der sogenannten Kongo-Konferenz einigten sich die Mächte auf Regeln für die Kolonisierung Afrikas: Nur diejenigen Mächte sollten Kolonien erwerben können, die sie auch tatsächlich in Besitz nahmen. Für weite Teile Afrikas, vor allem für die Gebiete der großen Flüsse Kongo und Niger, sicherten die Unterzeichnerstaaten Handelsfreiheit zu. Außerdem verpflichteten sich die Mächte, Sklaverei und Sklavenhandel zu bekämpfen.

Q1: Auszug aus der Schlussakte der Kongo-Konferenz vom 26. Februar 1885:
Art. 34: Diejenige Macht, welche von einem Gebiete an der Küste des afrikanischen Festlandes ... Besitz ergreift ... oder ... dort eine Schutzherrschaft übernimmt, wird ... [dies] mit einer an die übrigen Signatarmächte ... gerichteten Anzeige begleiten, um dieselben in den Stand zu setzen, gegebenenfalls ihre Reklamationen geltend zu machen.
Art. 35: Die Signatarmächte ... anerkennen die Verpflichtung, in den von ihnen an den Küsten des afrikanischen Kontinents besetzten Gebieten das Vorhandensein einer Obrigkeit zu sichern, welche hinreicht, um erworbene Rechte und ... die Handels- und Durchgangsfreiheit ... zu schützen.

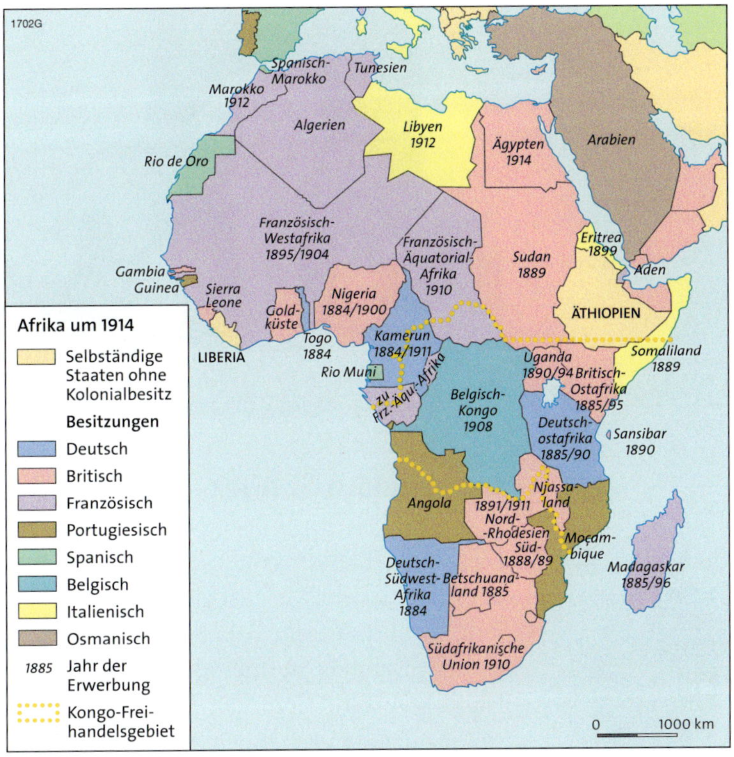

M2: *Afrika um 1914*

M3: *Teilnehmer der Kongo-Konferenz beraten über die Aufteilung Afrikas (Holzstich, 1885).*

Signatarmacht
Macht, die einen völkerrechtlichen Vertrag unterzeichnet hat (von lat. signatar „Unterzeichner“).

3 Erläutere die Bestimmungen der Kongo-Konferenz (Q1).
4 ⊕ Unter www.berliner-afrika-konferenz.de findest du eine kritische Auseinandersetzung aus heutiger Perspektive mit der Kongo-Konferenz und ihren Folgen.
a) Fasse die Argumente gegen die Konferenz zusammen.
b) Diskutiert die Forderungen.
5 a) Erstelle eine Chronologie der Kolonisierung Afrikas (M2).
b) Schließe anhand von M2 auf die Bedeutung der einzelnen Kolonialmächte.
6 Erläutere, warum man von einem „Wettlauf um Afrika“ spricht.

M1: *Ein deutscher Kolonialbeamter mit seinen afrikanischen Dienstjungen (um 1905)*

M2: *Unterricht an einer Missionsschule in Deutsch-Südwestafrika (1897)*

Carl Peters (1856–1918) gründete 1884 die „Gesellschaft für deutsche Kolonisation" und schloss in ihrem Auftrag Schutzverträge mit Häuptlingen in Ostafrika (heute: Tansania, Burundi, Ruanda) ab. Erst im Nachhinein unterstellte die deutsche Regierung die Gebiete ihrem Schutz.

Land gegen Schutz

Die Kolonialherren griffen tief in das Leben der Afrikaner ein. Meist schlossen sie am Anfang „Schutzverträge" ab. In ihnen sicherten sie den Stämmen, die häufig in Kriege mit den Nachbarvölkern verwickelt waren, Schutz zu. Im Gegenzug traten ihnen die Stammesfürsten umfassende Rechte ab.

Q1: Schutzvertrag zwischen einem Deutschen und einem Stammesführer von 1884 im späteren Deutsch-Ostafrika:

Mafungu Biniani, ... Sultan von Nguru, tritt hiermit ... das ihm ... gehörige Land ... mit allen ... Rechten für ewige Zeiten und zu völlig freier Verfügung an Herrn Dr. Peters als den Vertreter der Gesellschaft für deutsche Kolonisation ... ab.

Die Rechte ... sind ... unter anderem: das Recht überall, wo es Herrn Dr. Carl Peters oder der von ihm vertretenen Gesellschaft für deutsche Kolonisation gefällt, Farmen, Häuser, Straßen, Bergwerke usw. anzulegen; das alleinige Recht, Grund und Boden, Forsten und Flüsse ... ausnutzen; das alleinige Recht, Kolonisten in das Land zu führen, eigene Justiz und Verwaltung einzurichten, Zölle und Steuern aufzulegen.

Dafür (verspricht) die Gesellschaft für deutsche Kolonisation ..., den Sultan Mafungu Biniani und sein Volk zu schützen gegen jedermann, soweit es in ihren Kräften steht, sein ... [privates] Eigentum ... zu respektieren und ihm ... eine jährliche ... Rente, in Vieh und Handelsartikeln zahlbar, zu gewähren.

Tatsächlich erfüllten die Kolonialherren ihre Verpflichtung und sorgten dafür, dass keine Kriege zwischen den Völkern stattfanden.

Unterdrückung der Afrikaner

Da sich die Deutschen den Afrikanern gegenüber überlegen fühlten, versuchten sie, den Einheimischen ihre Kultur zu vermitteln. Missionare unterrichteten die afrikanischen Kinder in europäischen Sprachen, Mathematik, Naturwissenschaften und erhielten Religionsunterricht. Gleichzeitig schränkten die Kolonialherren die Rechte der Afrikaner massiv ein. Dies geschah vor allem dort, wo sich Europäer in größerer Zahl ansiedelten.

1. Erkläre, auf welchem Weg die Deutschen sich Rechte in Afrika sicherten.
2. Nenne anhand von Q1 die Vor- und die Nachteile, die für Kolonialherren und Afrikaner aus dem Schutzvertrag hervorgehen.

Q2: Verordnung vom 18. August 1907 für Südwestafrika:

§ 1. Eingeborene können nur mit Genehmigung des Gouverneurs Rechte oder Berechtigungen an Grundstücken erwerben.

§ 2. Den Eingeborenen ist das Halten von Reittieren oder Großvieh nur mit Genehmigung des Gouverneurs gestattet. ...

§ 4. Eingeborene, die herumstreichen, können, wenn sie ohne nachweisbaren Unterhalt sind, als Landstreicher bestraft werden.

§ 8. ... Es bleibt der Aufsichtsbehörde überlassen, für größere Ortschaften ihres Bezirks oder Distrikts Bestimmungen zu treffen, wonach sich die dort wohnhaften Eingeborenen in der Zeit zwischen 9 Uhr abends und 4 Uhr morgens auf ihrer Werft (in ihrem Dorf) zu befinden haben. ...

M3: *„Begraben wir rasch das Gold wieder, sonst bringen uns die Europäer ihre Zivilisation." (Karikatur der deutschen satirischen Wochenschrift „Simplicissimus", 1904)*

Ausbeutung der Einheimischen

Deutsche Unternehmer versprachen sich große Gewinne durch die Kolonien, unter anderem durch die Anlage von Plantagen. Das Bewirtschaften von Plantagen setzte jedoch viele Arbeiter voraus. Allerdings weigerten sich die Afrikaner oft, für die Europäer zu arbeiten. Die Frage, wie Arbeitskräfte zu gewinnen waren, gehörte zu den zentralen Problemen der Kolonialverwaltung. 1886 veranstaltete die Deutsch-Ostafrikanische Gesellschaft ein Preisausschreiben zu der Frage: „Wie erzieht man am besten den Neger zur Plantagenarbeit?" Gewonnen hat ein Beitrag, der unter anderem vorschlug, eine Hüttensteuer einzuführen. Jede afrikanische Familie wurde daraufhin verpflichtet, eine bestimmte Anzahl von Tagen im Jahr für die Deutschen zu arbeiten oder die neue Steuer in Geld oder Naturalien zu zahlen.

Gouverneur
Verwalter der Kolonie

Naturalien
landwirtschaftliche Erzeugnisse (Feldfrüchte, Vieh), die anstelle von Geld als Zahlungsmittel dienen

Aufstand gegen die Kolonialherren

Die Maßnahmen und das Auftreten der Kolonialherren stießen auf Widerstand. In Deutsch-Südwestafrika erhoben sich z. B. 1904–1908 die Herero und Nama (früher Hottentotten genannt). Die Herero waren vor allem Rinderzüchter. Als die Kolonialherren immer mehr Land beanspruchten, fehlten ihnen Weidegründe und Wasserbrunnen. Bei der Niederschlagung des Aufstands starben bis zu 80 000 Herero und 10 000 Nama, die sich dem Aufstand angeschlossen hatten. Auf der Gegenseite verloren mehr als 1300 Siedler und Soldaten ihr Leben.

3 Interpretiere die Karikatur M3 mithilfe der Schritte auf Seite 14/15.

4 a) Benenne die Rechte der Afrikaner, die in Q2 eingeschränkt sind.
b) Versetze dich in einen afrikanischen Stammesältesten in Deutsch-Südwestafrika. Schreibe einen Beschwerdebrief an die Kolonialverwaltung (Q2).

4 b) Starthilfe
Der Brief könnte so beginnen: „Sehr geehrter Herr Gouverneur, durch die Verordnung werden die Rechte meines Stammes stark eingeschränkt ...."

Neger
Der Begriff leitet sich vom lateinischen Wort für „schwarz“ = „niger“ ab. Er bezeichnet Menschen dunkler Hautfarbe. Wegen seines abwertenden, häufig rassistischen Charakters empfiehlt der Duden, den Begriff nicht zu verwenden.

1882 – noch bevor das Deutsche Reich Kolonien erworben hatte – gründete sich der Deutsche Kolonialverein. Er setzte sich massiv für den Erwerb von Besitztümern in Übersee ein. 1884 wurde die noch radikalere „Gesellschaft für deutsche Kolonisation“ ins Leben gerufen.

Q1: Aufruf der „Gesellschaft für deutsche Kolonisation“ vom 28. März 1885:
Alljährlich geht die Kraft von etwa 200 000 Deutschen unserem Vaterland [durch Auswanderung] verloren! Diese Kraftmasse strömt meistens unmittelbar in das Lager unserer wirtschaftlichen Konkurrenten ab und vermehrt die Stärke unserer Gegner. Der deutsche Import von Produkten tropischer Zonen geht von ausländischen Niederlassungen aus, wodurch jährlich viele Millionen deutschen Kapitals an fremde Nationen verloren gehen! Der deutsche Export ist abhängig von der Willkür fremdländischer Zollpolitik. Ein unter allen Umständen sicherer Absatzmarkt fehlt unserer Industrie, weil eigene Kolonien unserem Volke fehlen.

Doch es waren nicht nur ökonomische Gründe, die die Deutschen nach Afrika trieb. Wie die Angehörigen anderer Länder fühlten sich viele Deutsche den Afrikanern überlegen. In ihren Augen hatten sie daher das Recht, fremde Landstriche zu erobern.

Q2: Der Reiseschriftsteller Paul Rohrbach schreibt 1912:
Was in dieser afrikanischen Rasse steckt, ist vor allen Dingen ein gewaltiges Maß von physischer Kraft. Sie zu fassen und auf ein Ziel hinzulenken, ist die unmittelbarste afrikanische Aufgabe für die geistig überlegene weiße Rasse. Im Neger waltet noch ziellos eine ungebändigte Naturkraft. Der Geist da hinein muss von uns kommen …

physisch
körperlich

Q3: Ludwig Windthorst von der katholischen Zentrumspartei fordert 1885:
Eine Bedingung jeder Kolonisation wird es bleiben, dass das Missionswesen voll und ganz hergestellt wird; denn wir werden doch nicht die Eingeborenen nach dem Beispiel anderer Völker niederschießen oder ausrotten; wir werden sie zivilisieren, wir werden sie zu uns herangewöhnen und zu wirklichen Menschen erziehen wollen.

M1: *Zeitschrift des „Afrika-Vereins deutscher Katholiken“ (Ausgabe vom Juni 1910)*

1 a) Nenne mithilfe von Q1 bis Q3 die Ziele des deutschen Kolonialismus.
b) Arbeite das Bild von Afrika und den Afrikanern heraus, das hinter der jeweiligen Aussage steht.
c) Bewerte die Argumente der Kolonialbefürworter aus heutiger Sicht.

In Deutsch-Südwestafrika weigerte sich das Volk der Nama zunächst, sich den Deutschen zu unterstellen. Ihr Anführer Hendrik Witbooi schrieb 1892 an einen befreundeten Stammesführer.

Die Deutschen geben vor, Euch vor anderen großen Nationen schützen zu wollen. Mir scheint aber, sie selbst sind die große Nation, die mit Gewalt in unser Land kommen will. Ich sehe sie mit Gewalt regieren und in unserem Land Verbote aufstellen. Wir stellen keine Gesetze gegeneinander auf über Wasser, Weide, Wege, um Geld daraus zu schlagen. Für jeden Reisenden, der durch unser Land kommt, halten wir diese Dinge frei zur Verfügung. Die weißen Menschen aber handeln ganz anders.

Hereros, die nach dem Aufstand gegen die deutschen Schutztruppen von ihrer Flucht aus der Wüste zurückkehrten, berichteten über die Gründe ihres Aufstandes.

Der Krieg ist von ganz kleinen Dingen gekommen und hätte nicht zu kommen brauchen. Einmal waren es die Kaufleute mit ihren schrecklich hohen Zinsen. Dann ist es der Alkohol gewesen, der die Leute schlecht und gewissenlos gemacht hat.

Aber das schlimmste Übel ist die Vergewaltigung unserer Frauen durch Weiße. Manche Männer sind totgeschossen worden wie Hunde, wenn sie sich weigerten, ihre Frauen und Töchter preiszugeben.

1 Begründe, warum Hendrik Witbooi gegen die Herrschaft der Weißen war.

2 Erkläre, warum sich die Herero gegen die deutsche Kolonialherrschaft erhoben haben. Lies dazu auch noch einmal auf Seite 185 nach.

Der Kakaoanbau in den Kolonien

M1: *Kakaoernte auf der Plantage „Viktoria" in Kamerun (zeitgenössische Postkarte)*

Die Handelsware Kakao

Viele Güter aus den Kolonien waren in Europa besonders begehrt. Meistens waren sie auch sehr teuer. Zu den Kolonialwaren gehörten z. B. Kaffee, Tee, Zucker, Tabak und Gewürze. Wer an ihrem Handel und ihrer Produktion beteiligt war, konnte viel Geld verdienen.
Kakao kam ursprünglich aus Lateinamerika, dort wuchs er in den Tropen. Seit dem 19. Jh. ließen die Kolonialherren Kakao auch in Afrika und Asien anbauen.
Um 1800 war Kakao noch ein Luxusgut, das Adligen und reichen Menschen vorbehalten war. Mit der Erfindung der Kakaopresse 1825 und des Schokoladenriegels 1847 wurden Kakao und Schokolade allmählich zu einem Genussmittel, das sich breitere Schichten leisten konnten. In ganz Europa entstanden Kakao- und Schokoladenunternehmen. Dazu gehörten auch die deutschen Firmen Stollwerk, Moser-Roth und Hachez.

M2: *Seit 1918 machen die drei „Mohren" Werbung für Sarotti-Schokolade.*

Auf den Kakaoplantagen

Mit dem Erwerb von Kolonien hofften die deutschen Kakaoverarbeiter auf neue Lieferanten. Aus Kamerun kamen 1889 die ersten fünf Kakaosäcke (1 Sack = 50 Kilogramm), um 1900 waren es bereits 261 Tonnen.
Einer der großen Plantagenunternehmer in Kamerun war die „Westafrikanische Pflanzungsgesellschaft Viktoria". Sie erwarb das Land für die Plantagen von den Afrikanern.

1 Erkläre, wie Kakao nach Europa kam.
2 Erläutere, warum Kakao lange Zeit ein Luxusgut war und wie sich dies änderte.

Diese erhielten dafür im besten Fall etwas Geld oder Alkohol. Wenn sie sich weigerten, ihr Land zu verkaufen, ließ die Kolonialverwaltung ganze Dörfer räumen.

Q1: Ein Kolonialbeamter berichtete 1898:
... melde ganz gehorsamst, dass das Dorf Maomu abgebrannt ist. Die Einwohner waren vorher aufgefordert, mit mir zu verhandeln. Sie liefen jedoch fort ... Da sie den Pflanzungsleiter Rehbein an seiner Plantagenarbeit hindern, keine Arbeiter stellen und sich auch sonst widersetzlich zeigen, brannte ich daraufhin das Dorf ab.

Q2: Untersuchung der Deutschen Reichs-Post aus dem Jahr 1900:
Ein ... Oberleutnant ... kam nach Station Jaunde und warb dort 200 Leute an, welche ihm angeblich Lasten nach der Küstenstation Kribi tragen sollten. In Kribi angekommen, wurden die ahnungslosen Leute von Polizeisoldaten umstellt, auf ein Schiff gebracht und nach Victoria transportiert, wo sie in den Pflanzungen arbeiten mussten ... Empörend ist es, dass man sich nicht scheute ... in Ermangelung von Erwachsenen eine Menge Kinder, darunter sogar Mädchen, gewaltsam fortzuführen und in die Plantage zu bringen. ... Die Behandlung der Schwarzen durch die Weißen lässt ... viel zu wünschen übrig und artet nicht selten in Misshandlungen aus ... Nach meiner Ansicht trägt zur schnellen Verrohung in Kamerun ... die zu häufige Anwendung der Prügelstrafe bei, die oft wegen geringfügiger Vergehen bis zu 25 Hiebe ausgeteilt wird.

denk|mal

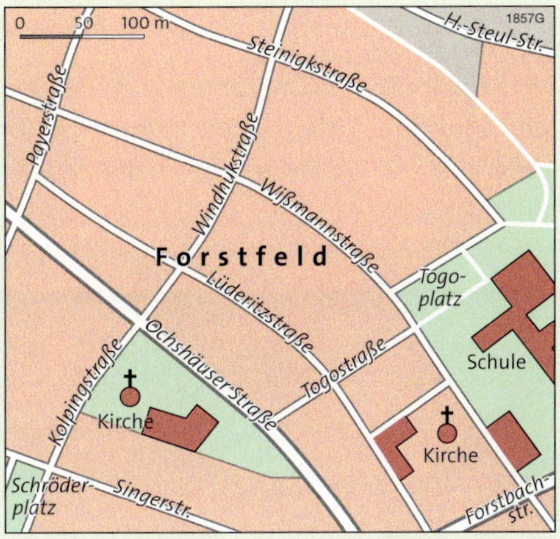

Die Wohnungsbaugesellschaft der Stadt Kassel baute in den 1930er-Jahren im Stadtteil Forstfeld eine neue Siedlung. Hier fanden viele Arbeiter der nahegelegenen Textilfabrik eine Bleibe. Die Straßen wurden vielfach nach bekannten Männern und Orten aus der Zeit des deutschen Kolonialismus benannt. Im Volksmund hieß die Siedlung deshalb bald Afrika-Siedlung.
Jugendliche nennen sie noch heute „Afri", meist ohne zu wissen, woher der Name eigentlich kommt.

- Warum wählten Politiker in den 1930er-Jahren Straßennamen, die an die deutsche Kolonialzeit in Afrika erinnern?
- Wie sollten wir heute mit solchen Straßennamen umgehen?

3 Erläutere, mit welchen Mitteln sich Pflanzer Land in den Kolonien aneigneten (Q1).
4 Beschreibe mithilfe von M1 und Q2 die Arbeitsbedingungen auf den Plantagen.
5 Arbeite die Haltung des Autors von Q2 heraus.
6 Bereitet in Gruppen ein Rollenspiel vor, in dem vier Personen über die richtige Behandlung der afrikanischen Plantagenarbeiter diskutieren. Die Personen sind ein Plantagenbesitzer, ein Kolonialbeamter, der Autor von Q2 und ein Afrikaner.

Historische Werbung untersuchen

Die moderne Werbung entwickelte sich mit der Industriegesellschaft um 1850. Der Massenproduktion von Gütern in Fabriken stand ein wachsender Massenmarkt gegenüber. In Zeitungen erschienen immer häufiger Annoncen (Anzeigen). Im Straßenbild wurde mit großen Plakaten geworben, die an Wände geklebt wurden. Eine Neuerung waren Werbesäulen, die Ernst Litfaß erstmals 1854 in Berlin aufstellte (Litfaßsäule). Werbung hieß damals in Deutschland „Reklame", abgeleitet vom französischen Wort „reclamer" (anpreisen, ausrufen).

M1: *Britische Kakaowerbung von 1905. Unter den Fotos der fünf Jungen steht: Verzweiflung, Beruhigung, Erwartung, Zustimmung, Verwirklichung.*

Werbung versucht, Käufer für ein Produkt zu begeistern. Ziel ist es, das Produkt besser zu verkaufen. Werbung versucht deshalb, positive Gefühle zu vermitteln und ein Lebensgefühl zu transportieren, das die Wünsche der Kunden anspricht. Sie will Menschen für ihre Produkte einnehmen. Mithilfe der Reklame bekamen bestimmte Waren bald einen besonders guten Ruf: Es galt als schick, Waren einer bestimmten Firma bzw. Marke zu kaufen.

Werbung versucht also, Käufer zu beeinflussen. Bei der Analyse historischer Werbung geht es darum, herauszufinden, wie die Käufer beeinflusst werden sollten. Außerdem kannst du erfahren, welche Sicht auf die Welt und ihre Zusammenhänge sich in der Werbung widerspiegelt.

Um historische Werbematerialien zu untersuchen, beantworte folgende Fragen:

Schritt 1: Werbung beschreiben

- Wer oder was ist abgebildet?
- Wie sind die Elemente dargestellt?
- Arbeitet die Werbung mit Schrift? Welche Aussage wird getroffen?
- Welche Rolle spielen unterschiedliche Farben?
- In welcher Beziehung stehen die einzelnen Elemente zueinander?

Schritt 2: ***Werbung einordnen***

- Aus welcher Zeit stammt die Werbung?
- Wer wirbt? Informiere dich über das Unternehmen.
- Um welches Produkt geht es? Informiere dich über das Produkt, wenn du es nicht kennst.

Schritt 3: ***Werbebotschaft deuten***

- Welche „Geschichte" erzählt die Werbung? Welche Botschaft will sie vermitteln?
- Wird ein spezieller Kundenkreis angesprochen? Welcher?
- In welchem Verhältnis steht die Werbung zur Wirklichkeit?
- Welche Wirkung erzielt sie auf den heutigen Betrachter?

Mögliche Auswertung von M1

Zu Schritt 1: Dargestellt wird eine Straßenszene. Ein Junge läuft über die Straße. Hinter ihm an der Häuserwand ist eine großflächige Werbung für Frys Frühstückskakao zu sehen: Ein Afrikaner schüttet aus einer übertrieben großen Kakaobohne Trinkschokolade in eine lange Reihe von Tassen. Auf der Kakaobohne steht der Produktname „Fry's Cocoa" mit dem Zusatz „pure breakfast" (reines Frühstück). Der Afrikaner lacht, er ist barfüßig und hat offenbar Spaß an seiner Tätigkeit. Er steht auf einer riesigen Weltkugel in Afrika, die Reihe der Tassen reicht bis nach Europa. Der Junge im Vordergrund sagt: „Ich hole mir nur eben meine Tasse", gemeint ist „meine Tasse Kakao". Im Hintergrund sind zwei Frauen im Gespräch sowie ein Polizist zu erkennen.
Links unten ist eine Werbung innerhalb der Werbung zu erkennen: Fünf Bilder zeigen einen Jungen mit verschiedenen Gefühlsregungen. Sie werben für Milchschokolade.

Zu Schritt 2: Es handelt sich um ein Werbeplakat der britischen Schokoladenfabrik Fry's. Die Firma wurde im 18. Jh. gegründet. 1847 erfand die Firma ein Verfahren zur Herstellung von Schokoladenriegeln. Um 1900 gehörte die Firma Fry's zu den größten Kakao- und Schokoladeproduzenten in Großbritannien. Das Plakat von 1905 wirbt sowohl für Trinkschokolade als auch für Schokoladenriegel.

Zu Schritt 3: Die Afrikaner haben, glaubt man der Werbung, Freude daran, den Europäern Produkte ihrer exotischen Welt anzubieten. Die Werbung zielt auf Kinder und deren Eltern, die offenbar besonders gerne Kakao trinken.
Auch auf den Betrachter wirkt das Bild anregend. Das Kind und der Afrikaner wirken freundlich, sie vermitteln gute Laune, die mit der Herstellung und dem Genuss des Produkts verbunden sein soll.
Tatsächlich war die Herstellung von Kakao für die Afrikaner mit Ausbeutung und Gewalt verbunden.

M2: *Schweizer Blechplakat, um 1880*

M3: *Britisches Plakat, um 1920*

1 Analysiere M2 oder M3 mithilfe der Arbeitsschritte.

2 a) Vergleiche die beiden historischen Werbeplakate mit heutiger Werbung für Kakao und Schokolade.
b) Was spricht dich stärker an? Begründe.

3 Entwirf selbst ein Werbeplakat für Kakao oder Schokolade.

M1: *Kakaoproduktion von der Ernte bis zur Verschiffung*

Kakaoproduktion

Noch heute ist die Arbeit auf den Kakaoplantagen im Wesentlichen Handarbeit. Die Früchte werden mit Buschmessern geerntet und sofort weiterverarbeitet. Nach dem Öffnen müssen die Kakaosamen mehrere Tage gären, damit sich die typischen Kakaoaromen herausbilden. Dafür werden sie zwischen Bananenblättern ausgelegt. Anschließend werden die Bohnen in der Sonne getrocknet und für den Transport nach Übersee vorbereitet. Die Verarbeitung zu Trinkkakao oder Schokolade erfolgt in den Abnehmerländern.
Über die Hälfte des weltweit produzierten Kakaos stammt heute aus West- und Mittelafrika. Während in Süd- oder Mittelamerika der Kakao für den Weltmarkt meist auf großen Plantagen angebaut wird, wirtschaften in Afrika Kleinbauern. Die Situation auf den dortigen Plantagen ist meist von extrem niedrigen Löhnen, schlechten Arbeitsbedingungen und fehlender sozialer Absicherung geprägt. So gibt es kein Krankengeld, keinen Urlaub und keine Rente.

Die Situation auf dem Weltmarkt

Kakao gehört zu den Produkten, die auf dem Weltmarkt gehandelt werden, vor allem an den Rohstoffbörsen von London und New York. Der Preis schwankt stark und ist von Erntemenge, Nachfrage und Börsenspekulationen abhängig. Die Kleinbauern verkaufen ihren Kakao an große Einkäufer, die die Preise diktieren. Die Bauern müssen sie akzeptieren, unabhängig davon, ob sie damit ihren Lebensunterhalt bestreiten und ihre Arbeiter angemessen bezahlen können.

Börsenspekulation
Rohstoffe werden wie Aktien an Börsen gehandelt

1. Nenne in eigenen Worten die verschiedenen Schritte der Kakaoverarbeitung (M1).
2. Vergleiche die heutigen Arbeitsbedingungen mit denen um 1900 (Seite 188/189).

M2: *Kinderarbeit auf einer Kakaoplantage (2008)*

Kinderarbeit

Kinderarbeit ist in Westafrika weit verbreitet. Nach Schätzung von UNICEF arbeiten hier über 200 000 Kinder auf Kakaoplantagen. In besonders armen Ländern wie Togo, Mali oder Benin verkaufen manche Eltern ihre Kinder an Händler, die sie auf die Plantagen der Nachbarländer bringen.
Die Arbeit ist oft gefährlich. Bei der Ernte und dem Abholzen arbeiten die Kinder mit großen Messern. Häufig müssen sie schwer heben. Außerdem gehört es zu ihren Aufgaben, die Pflanzen mit Pestiziden zu besprühen, wozu sie meist keine Schutzkleidung erhalten.

Q1: Ein jugendlicher Kakaoarbeiter aus Mali berichtet:
Ich reiste über 300 Meilen auf der Suche nach Arbeit. Ich arbeitete auf einer Kakaoplantage an der Elfenbeinküste. Ich arbeitete von Sonnenaufgang bis Sonnenuntergang in der Pflege und Ernte ... Da ich oft monatelang nichts anderes als geschmorte Bananen zu essen bekam, war ich schwach vor Hunger. Wenn ich langsamer wurde bei der Arbeit, erhielt ich Schläge. Als ich versuchte wegzulaufen, wurde ich brutal zusammengeschlagen. Ich fühlte mich wie ein Sklave.

Q2: Unicef informiert 2009:
Allein auf den Kakaoplantagen der Elfenbeinküste leisten 10 000 bis 15 000 Kinder bis zu 13 Stunden täglich schwerste Arbeit. Den versprochenen Lohn von umgerechnet etwa sechs Euro im Monat nehmen ihre „Beschützer" ihnen häufig wieder ab. Die meisten Kinder, manche erst neun Jahre alt, kommen aus armen Familien und haben nie eine Schule besucht.

Auch Erwachsene arbeiten unter schweren Bedingungen auf den Kakaoplantagen. Sie können jedoch die Gefahren leichter einschätzen und sind darüber hinaus wesentlich belastbarer.

UNICEF
Kinderhilfswerk der Vereinten Nationen (United Nations International Children's Emergency Fund)

Pestizid
chemische Substanz, die auf Pflanzen aufgebracht wird, um Insekten, Pilze oder Unkraut zu entfernen. Pestizide sind häufig auch für den Menschen gefährlich.

3 Erkläre, warum die Bauern häufig Kinder für sich arbeiten lassen.

4 Versetze dich in die Lage eines Kindes, das auf einer Kakaoplantage arbeitet:
a) Berichte einem Zeitungsreporter von deiner Lage.
b) Stelle Forderungen auf, die der Reporter UNICEF und den Kakaoproduzenten übermitteln soll.

4 b) Starthilfe
Auf der UNICEF-Internetseite www.20-jahre-kinderrechte.de kannst du dich über Kinderrechte informieren.

China – die neue Macht in Afrika

M1: *Zwei chinesische Firmen bauten 2003–2010 den Merowe-Staudamm im Sudan.*

M2: *Der Staudamm gab vielen Sudanesen Arbeit, aber 50 000 Menschen mussten umgesiedelt werden.*

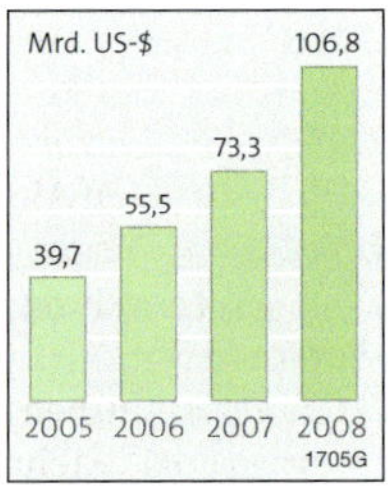

Handelsvolumen zwischen China und Afrika

Rohstoffe und Absatzmärkte

China zählte bis in die 1990er-Jahre zu den ärmsten Ländern der Welt. Seitdem nahm es eine rasante Entwicklung und stieg 2007 zur drittgrößten Wirtschaftsmacht der Welt nach den USA und Japan auf.
Mit der Wirtschaftskraft wuchs auch der Bedarf Chinas an Rohstoffen. Da viele Vorkommen in der Welt bereits verteilt waren, sicherte sich China den Zugang zu Rohstoffen vor allem dort, wo die USA und die Staaten der Europäischen Union bisher weniger aktiv waren – in politisch häufig instabilen, durch Kriege, Bürgerkriege oder Diktaturen geprägte Länder in Lateinamerika und Afrika. Gleichzeitig hat China Afrika als Absatzmarkt entdeckt. Chinas Ein- und Ausfuhren von und nach Afrika sind in etwa gleich groß.
Peking erklärte 2006 zum „Jahr Afrikas". Um sich das Wohlwollen der afrikanischen Machthaber zu sichern, versprach China auf einem China-Afrika-Gipfel fünf Milliarden US-Dollar Kredite. Auf dem Gipfel 2009 sagte China erneut Kredite zu, dieses Mal zehn Milliarden US-Dollar. Außerdem versprach China, einigen der ärmsten Länder die Schulden zu erlassen und 100 Anlagen zur Gewinnung „sauberer" Energie – Solarenergie- und Biogasprojekte sowie kleine Wasserkraftwerke – in Afrika zu errichten.

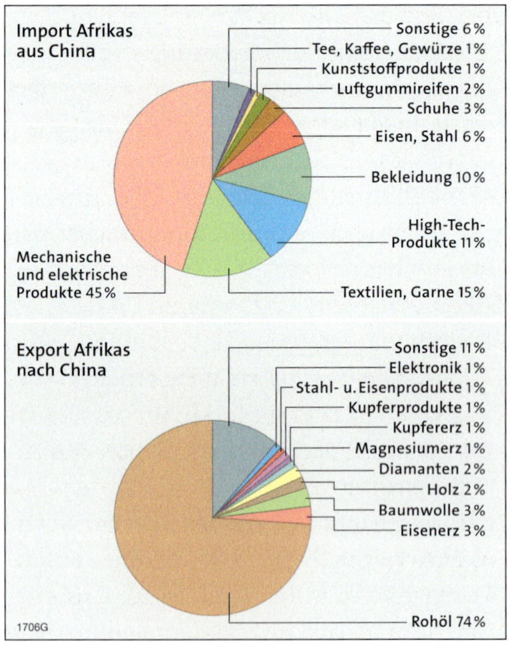

M3: *Importe und Exporte Afrikas aus bzw. nach China im Jahr 2006 (die zehn wichtigsten Produktgruppen)*

1 Beschreibe das Engagement Chinas in Afrika.
2 Benenne die Motive Chinas für das Engagement in Afrika.
3 Vergleiche die Ein- und Ausfuhren Afrikas aus China anhand von M3.
4 Nimm Stellung zu der chinesischen Wirtschaftspolitik in Afrika.

M4: *Wilde Kobaltmine bei Lubumbashi, Kongo, in der Minenarbeiter selbstständig Kobalt abbauen.*

M5: *Die Tagesausbeute an Kobalt wird in der Stadt Kambove an chinesische Händler verkauft.*

Chinas Entwicklungshilfe

China engagiert sich in Afrika auch in der Entwicklungshilfe. So schlossen chinesische Unternehmen und die Demokratische Republik Kongo 2008 einen Vertrag ab. Er sieht vor, dass die D. R. Kongo den Unternehmen 30 Jahren lang die Versorgung mit Rohmetallen garantiert. Gemeint sind acht Millionen Tonnen Kupfer, 200 000 Tonnen Kobalt und ca. 400 Tonnen Gold. Im Gegenzug wollen die Chinesen 12 Straßen, 3 Autobahnen, eine Eisenbahnlinie, 32 Krankenhäuser, 145 Gesundheitszentren, 2 Universitäten und 5 000 Sozialwohnungen bauen.

Q1: Wang Hongyi, Afrika-Experte vom chinesischen Institut für Internationale Studien, erklärt 2006 Chinas Haltung zu Afrika:
Die westliche Art, anderen Ländern die eigenen Werte und das eigene politische System aufzuzwingen, ist für China nicht akzeptabel. Wir konzentrieren uns auf gegenseitige Entwicklung und nicht darauf, ein Land auf Kosten des anderen zu fördern.

Q2: Koos Richelle, Direktor der Entwicklungshilfeorganisation der EU, EuropeAid, über Chinas Einsatz in Afrika:
China schert sich nicht um Menschenrechte und fördert nur Projekte zur Ausbeutung von Rohstoffen.

Q3: „Die ZEIT" schrieb 2006:
... Im Frühjahr 2006 hat Angola Saudi-Arabien den Rang als weltweit größter Öllieferant Chinas abgelaufen. ... Angolas Wirtschaft boomt, ... aber die Mehrheit der Bevölkerung hofft immer noch vergeblich auf ... [Besserung]. „Die normalen Angolaner bleiben arm, sie haben nichts vom Aufschwung", kritisiert Alcides Sakala, der (Oppositionsführer) im Parlament. Auf den Baustellen seien in der Regel nur chinesische Arbeiter zu sehen, rund 40 000 sind nach inoffiziellen Schätzungen im ganzen Land bereits im Einsatz. „Bei vielen Großprojekten geht es der Regierung nur ums Prestige." Milliarden ... [Dollar] verschwänden jährlich in dunklen Kanälen. Innere Angelegenheiten, ein Tabu für Peking.

Kobalt
Schwermetall, das unter anderem zur Herstellung von Akkus und als Zusatz bei der Herstellung von Stahl und bestimmten Farben benötigt wird. Mehr als ein Drittel des weltweit verwendeten Kobalts stammt aus der Demokratischen Republik Kongo.

Tipp
Auf folgenden Internetseiten kannst du dich über die D. R. Kongo informieren:
- www.auswaertiges-amt.de
- www.kongo-kinshasa.de
- http://liportal.inwent.org > Zentralafrika > Kongo

5 Beschreibe die chinesische Form der Entwicklungspolitik.

6 Fasse die Kritik am China-Afrika-Handel aus Q2 und Q3 zusammen.

7 a) Informiert euch über die politischen und wirtschaftlichen Verhältnisse in der Demokratischen Republik Kongo.
b) Diskutiert vor diesem Hintergrund die chinesische Afrikapolitik.

Fairer Handel hilft den Kleinbauern

Schlechte Arbeitsbedingungen werden thematisiert

2001 wollten die USA den Kakaoimport aus Ländern verbieten, in denen Kinder unter besonders schlechten Bedingungen arbeiten müssen. Daraufhin einigten sich Vertreter der betroffenen Länder, der Kakao- und Schokoladenindustrie sowie Gewerkschaften und Menschenrechtsorganisationen auf ein Protokoll gegen Kinderhandel und Kinderarbeit. 2002 gründeten sie dazu die Internationale Kakaoinitiative (ICI).

Q1: „Die Zeit" schreibt 2009:
Erfolge auf den Plantagen lassen ... auf sich warten. Zuerst wollte man es laut Protokoll bis zum Jahre 2005 schaffen, Betriebe ohne Kinderarbeit zu zertifizieren, damit überhaupt eine Chance besteht, die Guten von den Schlechten zu unterscheiden. Das misslang. ... selbst laut dem aktuellen ICI-Bericht ... (müssen) immer noch zwei von drei Kindern Pestizide versprühen, 90 Prozent schwere Lasten tragen.

zertifizieren
ein Zeugnis ausstellen, hier als eine Art Gütesiegel

Die Verfechter des Fairen Handels setzen am anderen Ende der globalen Handelskette an. Sie vertrauen auf die Macht der Käufer, um die Arbeitsbedingungen zu verbessern. Voraussetzung ist, dass Käufer bereit sind, für fair gehandelte Produkte mehr Geld auszugeben. Fairer Handel garantiert den Kleinbauern einen Mindestpreis sowie einen Zuschlag, um ihr Dorf zu entwickeln, z. B. mit einer Schule oder einer Krankenstation.

Fairer Handel
sichert den Produzenten angemessene Preise zu und gewährleistet den Kunden, dass die Produkte unter guten sozialen und ökologischen Bedingungen hergestellt wurden.

Q2: Die Dachverbände des Fairen Handels FINE formulierten 1999 weitere Ziele:
- Bereitstellung sozial verantwortbarer, sicherer und gesunder Arbeitsplätze ...
- die Stärkung der Eigenverantwortlichkeit der Produzenten/Produzentinnen ...
- die aktive Unterstützung ... umweltfreundlicher Produktionsmethoden.

Tafel Schokolade (1 €)	
Kakaobauer:	3 Cent
Kakaoaufkäufer:	5 Cent
Kakaoimporteur:	14 Cent
Schokoladenfirma:	31 Cent
Läden oder Supermärkte:	31 Cent
Staat (Steuer):	16 Cent

M1: *Wer verdient wie viel an einer Tafel Schokolade?*

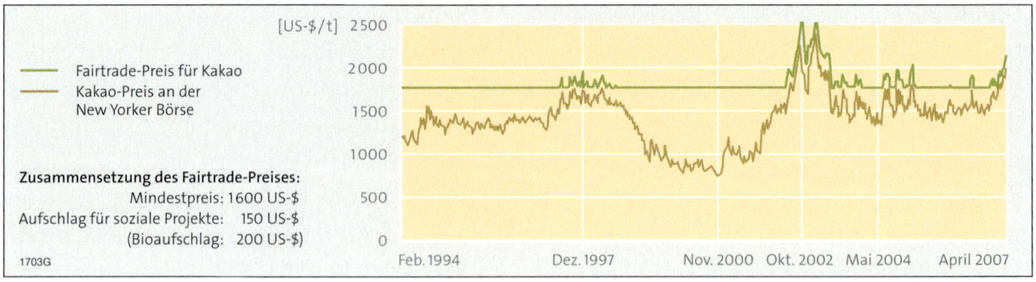

M2: *Kakaopreise auf dem Weltmarkt und bei Fair Trade*

1. a) Erkläre, warum sich die Schokoladenindustrie gegen Kinderhandel gewendet hat.
   b) Beurteile diese Haltung und den Erfolg der Initiative (Q1).
2. Benenne die Prinzipien des Fairen Handels anhand von Q2.
3. Bewerte die Aussage von M1. Berücksichtige die jeweiligen Arbeitsbedingungen.
4. Vergleiche die Kakaopreise in M2.

M3: *Waren mit dem Fairtrade-Siegel*

Fair-Trade-Siegel

Fairer Handel in der Praxis

1988 entstand in den Niederlanden das erste Gütesiegel für fair gehandelte Produkte. 1992 gründete sich der Verein Transfair und vergab in Deutschland ein entsprechendes Siegel. Seit 2003 tragen fair gehandelte Produkte in den meisten Ländern das Siegel der Internationalen Organisation FLO.

Q3: Die Bäuerin und Lehrerin Comfort Kumeah ist Mitglied der Kakaogenossenschaft Kuapa Kokoo, in Ghana. Wie die anderen rund 45 000 Mitglieder produziert sie heute nach den Prinzipien des Fairen Handels:

Früher wurden wir Bauern betrogen. Die Waagen wurden manipuliert. Von den Aufkäufern bekamen wir nur wenig Geld für unsere Produkte ... Wie es den Bauern ging, das interessierte niemanden. Ich habe mich schließlich Kuapa Kokoo angeschlossen, weil ich darin die einzige Möglichkeit sah, einige unserer Probleme zu lösen.

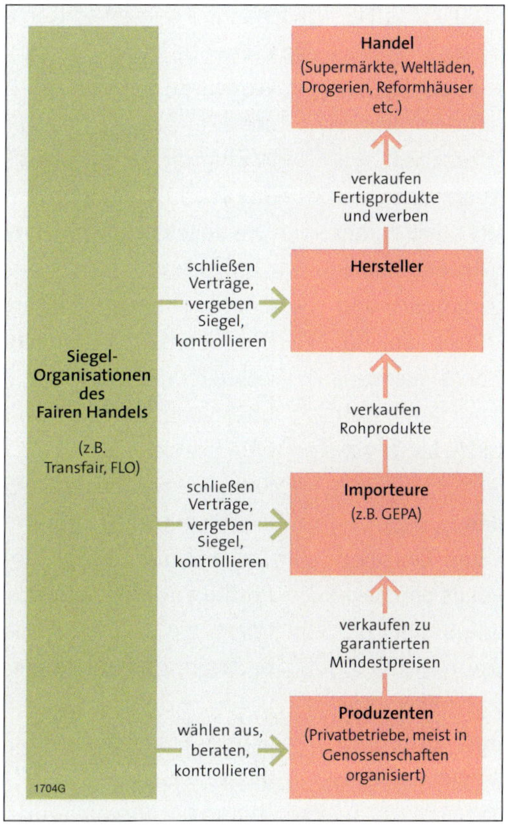

M4: *Die Struktur des Fairen Handels*

FLO
Fair Trade Labeling Organization (Fairtrade-Siegel-Organisation)

Genossenschaft
meint hier einen Zusammenschluss von Bauern zu einer Erzeugergemeinschaft

Weltläden
Fachgeschäfte für Produkte des Fairen Handels. Weltläden entstanden Ende der 1970er-Jahre. Heute gibt es in Deutschland über 800 dieser Läden.

GEPA ist der größte europäische Importeur von fair gehandelten Produkten.

5 Nenne anhand von M3 Produkte, die fair gehandelt werden.

6 Begründe, warum ein Siegel für fair gehandelte Produkte wichtig ist.

7 a) Analysiere den Fairen Handel mithilfe von M4.
b) Arbeite die Unterschiede zum sonst üblichen Handel heraus.

8 Erkläre, warum Comfort Kumeah für fairen Handel wirbt.

7 b) Starthilfe
Hinweise findest du in M1 und auf Seite 192.

M1: *Spielzeug*

M2: *Werkzeug*

M3: *Lebensmittel*

Globalisierung im Alltag

Globalisierung ist für jeden Tag für Tag erfahrbar. Im Rahmen dieses Projekts könnt ihr erforschen, wo die Dinge produziert werden, die euch täglich umgeben. Informiert euch auch über die Arbeitsbedingungen in den Erzeugerländern und untersucht, warum Waren um die halbe Welt transportiert werden, um schließlich bei uns auf dem Tisch oder im Kleiderschrank zu landen.

1. Projektgruppen bilden

Teilt euch in vier bis fünf Gruppen auf. Überlegt euch jeweils eine Warengruppe, deren Herkunft ihr untersuchen wollt. So kann sich z. B. eine Gruppe um Lebensmittel, eine um Kleidung, eine um Unterhaltungselektronik oder eine um Kinderspielzeug kümmern.

2. Fragebogen entwickeln

Entwickelt in der Klasse Fragen, die ihr im Laufe eurer Untersuchung beantworten wollt. Die Fragen sollten für alle Gruppen gleich sein, damit ihr die Ergebnisse hinterher vergleichen könnt.

Folgende Themen sollten eine Rolle spielen:

- → Wo wurde das Produkt hergestellt?
- → Wo hat die Firma ihren Sitz, die das Produkt vertreibt?
- → Wie deutlich ist der Hinweis auf das Herkunftsland?
- → Gibt es ein vergleichbares Produkt, das in Deutschland hergestellt wird? Wenn ja, wodurch unterscheidet es sich (Preis, Qualität etc.)?
- → Seit wann gibt es das Produkt in Deutschland zu kaufen?
- → Gab es früher ein vergleichbares Produkt aus Deutschland?
- → Was wisst ihr über die Arbeitsbedingungen und die Höhe des Lohns in dem Herstellerland?
- → Gibt es ersichtliche Gründe, warum ein Produkt im Ausland/im Inland hergestellt wird? Welche?

3. Produkte analysieren

Besprecht innerhalb eurer Gruppe, welche Waren ihr besonders genau untersuchen wollt. Dies kann z. B. der Wocheneinkauf einer Familie sein oder eine bestimmte Anzahl an Spielzeugen aus eurem privaten Besitz oder elektrische Geräte aus dem Haushalt eurer Eltern. Sammelt die nötigen Informationen.

Wissenswertes über die Wirtschaftsbedingungen in verschiedenen Staaten findet ihr beispielsweise im Internet bei den Länderinformationen des Auswärtigen Amts: www.auswaertiges-amt.de → Länder, Reisen, Sicherheit.

Über die Geschichte eines Produkts befragt eure Eltern und Großeltern.

4. Ergebnisse auswerten

Folgende Fragen können euch bei der Auswertung eures Projektes anleiten.

- → Welche Länder sind als Produktionsorte besonders häufig vertreten?
- → Was kennzeichnet die Arbeitsbedingungen in den wichtigsten Produktionsorten?
- → Gibt es Besonderheiten in den einzelnen Warengruppen?
- → Welche Ursachen haben sie?
- → Wo wurden die Waren vor 25 Jahren produziert, wenn es sie damals schon gab?

Vergleicht eure Gruppenergebnisse in der Klasse.

Kolonialzeit

Seit dem Ende des 15. Jh. eroberten die Europäer weite Teile Amerikas, Asiens, Australiens und Afrikas und gründeten dort Kolonien. Im Laufe der folgenden Jahrhunderte verwoben sich die Wirtschaftsbeziehungen zwischen Kolonien und Mutterländern zu einem globalen Handelssystem. Die Kolonien dienten den Europäern im Wesentlichen als Rohstofflieferanten, z. B. von Kakao. Bereits im 16. Jh. entwickelte sich zwischen Europa, Afrika und Amerika ein Dreieckshandel, von dem vor allem die Europäer profitierten. Im Zuge des Dreieckshandels wurden mehrere Millionen Afrikaner als Sklaven nach Amerika verschleppt.

Kakaoanbau

Während der Kolonialzeit brachten die Europäer den Kakaoanbau nach Afrika und ließen die Einheimischen auf ihren Plantagen arbeiten. Bis heute hat sich an den Arbeitsverhältnissen in den afrikanischen Entwicklungsländern wenig geändert. Die Kakaobauern arbeiten meist unter schweren Bedingungen, verdienen wenig und sind vom Weltmarkt abhängig. Vor allem in Westafrika ist Kinderarbeit weit verbreitet.

Fairer Handel

Eine Chance, die Lebensbedingungen der Bauern in Entwicklungsländern zu verbessern, bietet der Faire Handel. Er garantiert Mindestpreise für die Produkte und bessere Arbeitsbedingungen. Allerdings wird bisher nur ein kleiner Teil der Erzeugnisse aus den Entwicklungsländern „fair" gehandelt.

Daten & Fakten

1492
Kolumbus entdeckt Amerika

1501
Sklavenhandel nach Amerika

1881/82
Wettlauf um Afrika beginnt

1884/85
Kongo-Konferenz in Berlin

1988
erstes Siegel für Fairen Handel

2002
Kakao- und Schokoladenproduzenten gründen eine Initiative gegen Kinderarbeit

Begriffe

Kolonialismus
Dreieckshandel
Imperialismus
Wettlauf um Afrika
Kongo-Konferenz
Kinderarbeit
Fairer Handel

Zum Weiterlesen

Lutz van Dijk: Die Geschichte Afrikas. Campus Verlag, 2. Aufl. 2008.
Stephan Stigg: Emma SchokoLaden. MVG Medienproduktion u. Vertriebsgesellschaft, 2. Aufl. 2009.
Rolf Ackermann: Die weiße Jägerin. Droemer und Knaur, 2005.
Meja Mwangi: Kariuki und sein weißer Freund. Lamuv, 1996.

1 Dreieckshandel

Du kannst …

a) folgende Waren den drei Pfeilen in der Karte zuordnen: Alkohol, Baumwolle, Gold, Kaffee, Kakao, Kartoffeln, Manufakturwaren, Perlen, Silber, Sklaven, Tabak, Waffen, Zucker. ✓

b) erklären, wer vom Dreieckshandel profitierte. ✓✓

c) erläutern, welche Bedeutung Sklaven in der Kolonialzeit hatten. ✓✓✓

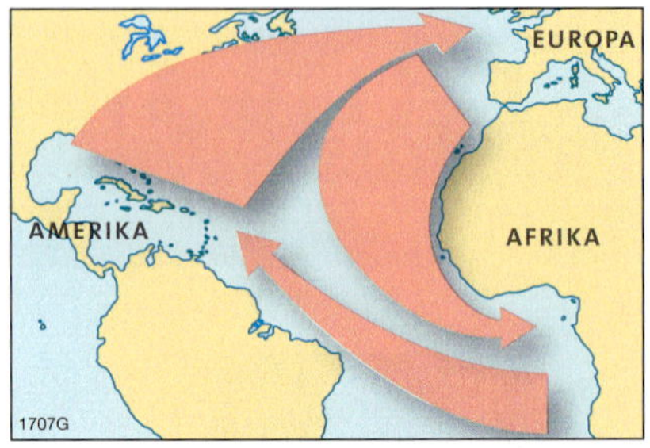

M1: *Strukturskizze zum Dreieckshandel*

2 Wettlauf um Afrika

Du kannst …

a) den Zweck der Kongo-Konferenz benennen. ✓

b) erläutern, welche Folgen die Konferenz für Afrika hatte. ✓✓

c) beurteilen, inwieweit der Artikel 6 in den deutschen Kolonien in Afrika umgesetzt wurde. ✓✓✓

Q1: Beschlüsse der Kongo-Konferenz in Berlin von 1885:

Artikel 1: Der Handel aller Nationen soll vollständige Freiheit genießen … in allen Gebieten, welche das Becken des Kongo und seiner Nebenflüsse bieten. …

Artikel 4: Die in diese Gebiete eingeführten Waren bleiben von Eingangs- und Durchgangszöllen befreit. …

Artikel 6: … Alle Mächte, welche in den … Gebieten … Einfluss ausüben, verpflichten sich, die Erhaltung der eingeborenen Bevölkerung und die Verbesserung ihrer … Lebenslage zu überwachen und an der Unterdrückung der Sklaverei und insbesondere des Negerhandels mitzuwirken …

3 Kolonisierung Afrikas

Du kannst …

a) die sieben wichtigsten Kolonialmächte in Afrika benennen. ✓

b) jeder Kolonialmacht mindestens eine Kolonie zuordnen. ✓✓

c) die wichtigsten Folgen der Kolonisierung Afrikas bewerten. ✓✓✓

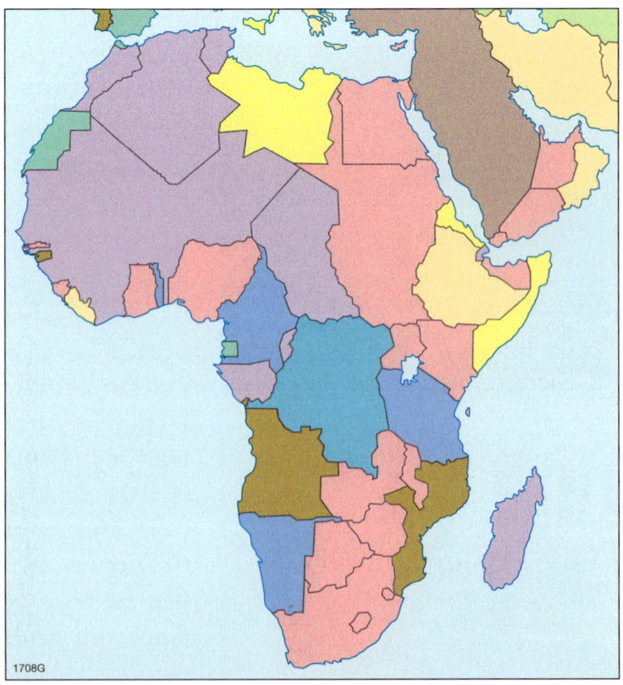

M2: *Kolonien in Afrika 1914*

4 Kakaowerbung

M3: *Deutsche Kakaowerbung (um 1900)*

Du kannst …

a) die Werbung einem Produkt und einer historischen Epoche zuordnen. ✓

b) erklären, in welchem Zusammenhang Werbeplakate entstanden sind. ✓✓

c) das Werbeplakat interpretieren. ✓✓✓

5 Kakaoproduktion

M4: *Kinderarbeit in der Kakaoproduktion*

Du kannst …

a) benennen, um welchen Vorgang bei der Herstellung von Rohkakao es sich in M4 handelt. ✓

b) erklären, warum auf vielen Kakaoplantagen schlechte Arbeitsbedingungen herrschen. ✓✓

c) erörtern, ob Kinderarbeit in der Kakaoproduktion notwendig ist. ✓✓✓

6 Fairer Handel

Du kannst …

a) die Abbildung einer Handelsbewegung zuordnen. ✓

b) erklären, wodurch sich dieser Handel vom „normalen" Handel unterscheidet. ✓✓

c) Argumente für und gegen den Fairen Handel finden. ✓✓✓

M5: *Siegel für fair gehandelte Produkte*

7 Globalisierung

Du kannst …

a) definieren, was man unter Globalisierung versteht. ✓

b) wesentliche Etappen der Globalisierung von der Kolonialzeit bis heute erläutern. ✓✓

c) Vor- und Nachteile der Globalisierung würdigen. ✓✓✓

Erkundung deines Ortes

Auch Orte haben eine eigene Geschichte. Wenn du genau hinschaust und Archive, Urkunden, Bücher, das Internet sowie kundige Menschen befragst, erfährst du etwas von dieser Vergangenheit.

Schritt 1: Forschungsorte festlegen
- Einigt euch auf einen Ort, dessen Geschichte ihr erkunden wollt.
- Überlegt gemeinsam, wo ihr etwas über die Geschichte des Ortes erfahren könnt (gute Anlaufpunkte sind Archive, Bibliotheken und das Internet).
- Bildet für jeden Forschungsort eine Arbeitsgruppe.

Schritt 2: Forschungsfragen formulieren
Fragen könnten z. B. sein:
- Wann wurde euer Ort gegründet?
- Warum gerade an dieser Stelle?
- Wie viele Menschen lebten z. B. um 1900 in dem Ort? Wie viele heute?
- Wovon lebten die Menschen des Ortes früher? Wovon heute?
- Wenn es einen Bahnhof gibt, wie alt ist er? Seit wann gibt es elektrisches Licht? Gibt es schnelle Internetzugänge (DSL)?

Schritt 3: Informationen sammeln
Begebt euch an euren Forschungsort und sammelt Informationen zu euren Fragen.
Macht euch Notizen. Falls es Abbildungen gibt (Bilder von wichtigen Urkunden oder Gemälden, historische Fotos), bringt sie mit. Macht z. B. Fotos von wichtigen Gebäuden.

Schritt 4: Informationen ordnen
Präsentiert die Ergebnisse in der Klasse. Wählt die wichtigsten Ereignisse aus und bringt sie in die richtige Reihenfolge.

Eine Zeitleiste erstellen

Die Geschichte einer Person, einer Stadt, eines Dorfes oder einer ganzen Epoche lässt sich auf einer Zeitleiste darstellen.

Die Zeitleiste ist ein Pfeil, der in gleichmäßige Zeitabschnitte unterteilt ist. Die Ereignisse werden an ihrem jeweiligen Platz eingetragen. Die Zeitleiste trägt damit zwei Zeitebenen: eine Skala, die den Zeitleiste in Jahre, Jahrzehnte oder Jahrhunderte unterteilt, und die konkreten Datierungen zur Geschichte der betrachteten Person, Stadt oder Epoche.

Schritt 1: Datenmaterial sichten
Verschafft euch zunächst einen Überblick über das Datenmaterial. Welches ist das älteste Ereignis? Über welchen Zeitabschnitt habt ihr besonders viele Informationen?

Schritt 2: Arbeitsmaterial vorbereiten
- Entscheidet, in welchem Jahr die Zeitleiste beginnen soll.
- Entscheidet, welche Zeiteinteilung ihr wählen wollt (Jahrzehnte, Jahrhunderte ...).
- Zeichnet die Skala auf.

Schritt 3: Daten eintragen
- Tragt eure Daten an entsprechenden Stellen ein.
- Wenn ihr Fotos oder Fotokopien habt, mit denen ihr einzelne Ereignisse bebildern könnt, klebt sie auf.

Einen Sachtext analysieren

Sachtexte sind Texte, die viele Informationen, Fakten und Tatsachen liefern. Du findest sie z. B. in Büchern oder Zeitschriften. Ihre Auswertung kann wie folgt aussehen:

Schritt 1: Text überfliegen
Überfliege den Text ganz grob. Man nennt das auch diagonales Lesen. In diesem ersten Schritt kannst du schon einmal feststellen, worum es geht und was dir schon bekannt ist. Auch wird dir die Überschrift klar und du weißt ganz grob über den Inhalt des Sachtextes Bescheid.

Schritt 2: Text genau lesen
Jetzt musst du den Text genau lesen. Wenn es möglich ist, lies den Text laut vor. Gehe Satz für Satz vor und denke am Satzende noch einmal über den gelesenen Satz nach. Nach einem Absatz fasse das, was du gelesen hast, mit eigenen Worten auf einem Notizzettel zusammen. Schau dir, nachdem du den Text so bearbeitet hast, deine Notizen an. Eventuell musst du sie noch einmal verbessern.

Schritt 3: Unbekanntes klären
Bis jetzt hast du alle Textteile bearbeitet, die du verstanden hast. Jetzt musst du dich den nicht verstandenen Resten zuwenden. Schreibe die Begriffe oder auch die Sätze heraus, die du nicht verstehst. Für die unbekannten Wörter solltest du ein Wörterbuch zur Hilfe nehmen. Bei den Satzteilen musst du jemanden um Rat fragen. Benutze zum Nachschlagen auch ein Lexikon und verwende einen Atlas.

Schritt 4: Wichtiges herausschreiben
Im vierten Schritt musst du dir den Text noch einmal anschauen. Suche die Aussagen und Begriffe heraus, die dir besonders wichtig erscheinen (Schlüsselwörter). Schreibe auch diese heraus und lies sie dir noch einmal durch. Beachte aber: Schreibe höchstens 10 % oder 20 % des Textes heraus.

Schritt 5: Text zusammenfassen
Jetzt solltest du den Text mithilfe deiner Notizen noch einmal zusammenfassen. Das geht am besten, wenn du ihn laut einer Mitschülerin oder einem Mitschüler vorträgst. Wenn ihr dabei wechselseitig vorgeht, könnt ihr schnell kontrollieren, ob ihr die wichtigen Teile des Textes erkannt habt.

Bilder genau betrachten

Aus Bildquellen lässt sich viel über die Vergangenheit erfahren. Sie verraten uns einiges über die Menschen, ihr Leben und die Zeit, in der sie entstanden sind.

Schritt 1: Eindrücke sammeln
- Beschreibe, was dir auffällt.
- Wer oder was wird abgebildet?
- Wie wirkt das Bild auf dich?

Schritt 2: Genau beschreiben
- Notiere alle Einzelheiten im Vordergrund, Hintergrund, links und rechts.
- Beschreibe Farben, Kleidung, Tätigkeiten usw.
- Bestimme die Art der Darstellung: Foto, Gemälde, Relief, Zeichnung?
- Werte die Zusatzinformationen zum Bild (Über- und Unterschrift) aus und erkläre mögliche Vorgänge.

Schritt 3: Bild einordnen
- Bestimme den Auftraggeber des Bildes.
- Kläre, was mit dem Bild erreicht werden sollte.
- Ordne das Bild in die geschichtliche Zeit ein. Hier musst du vielleicht noch zusätzliche Informationen einholen.

Statuen befragen

Wie andere Kunstwerke teilen uns auch Statuen viel über den Geschmack der Menschen mit, die diese Figuren anfertigen ließen und sie bewunderten. Gezielte Fragen helfen uns, diese Quellen zu entschlüsseln.

Schritt 1: Beschreiben
- Was ist dargestellt?
- Aus welchem Material wurde das Standbild angefertigt?
- Wie groß ist es?
- Welche Einzelheiten des Menschen hebt der Bildhauer hervor – etwa Lebensalter, Körperproportionen, Muskulatur, Gesichtszüge, Bewegung? Welche Aspekte des Alltags – Frisur, Kleidung, Gegenstände?

Schritt 2: Interpretieren
- Welche Eigenschaften werden nicht dargestellt?
- Welche Wirkung hat das Ganze?
- Gibt es Informationen darüber, wann, wo und für welchen Zweck das Standbild entstand?

Schritt 3: Bewerten
- Welche Vorbilder einer Gesellschaft zeigt das Kunstwerk?
- Was erfahren wir darüber, wie Männer und Frauen sein sollten?

Eine Geschichtskarte auswerten

Geschichtskarten zählen zu den thematischen Karten. Mit ihrer Hilfe werden geschichtliche Ereignisse und Entwicklungen übersichtlich dargestellt und räumlich eingeordnet. Beim Auswerten kannst du so vorgehen:

Schritt 1: Kartenausschnitt einordnen
Nicht immer ist die ganze Erde dargestellt, sondern nur ein Teil – ein Kontinent oder ein Land. Ist das Gebiet nicht im Titel oder in der Legende genannt, nutze deinen Atlas, um Teilgebiete genau zu bestimmen.

Schritt 2: Karteninhalt verstehen
Um welches Thema es geht, sagt dir der Titel der Karte. Verwendete Farben, Linien, Zeichen und Abkürzungen werden in der Legende erklärt, sofern sie zum Verständnis notwendig sind. Der Maßstab hilft dir, Entfernungen zu bestimmen, die Länge von Grenzen, Handelsstrecken, Kriegszügen usw. zu erfassen.

Schritt 3: Karte auswerten
Notiere deine Ergebnisse, suche nach Zusammenhängen und ziehe Schlussfolgerungen aus deiner Kartenarbeit. Stelle alle Informationen in einem Text zusammen.

Ein Schaubild erklären

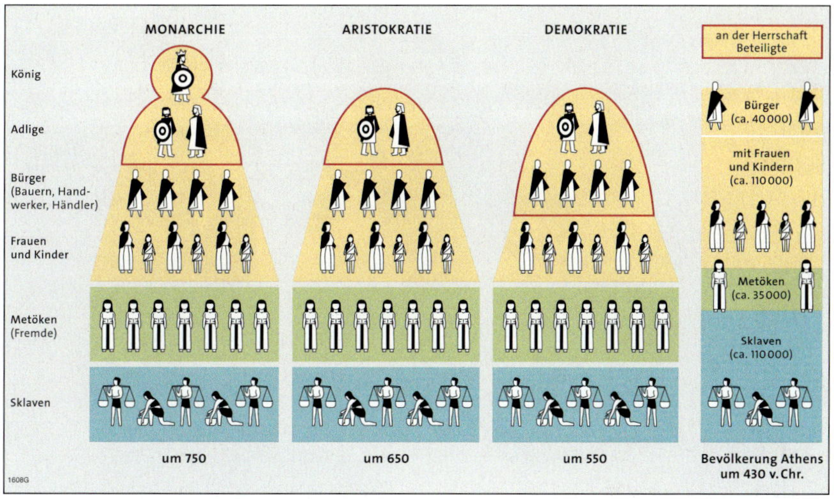

In einem Schaubild lassen sich wichtige Informationen für den Geschichtsunterricht übersichtlich darstellen. Es besteht aus verschiedenen Teilen. Sie sind mit unterschiedlichen Farben und Legenden gekennzeichnet. Besondere Zeichen wie Pfeile geben uns Hinweise, wie wir die einzelnen Elemente in einen Zusammenhang bringen, um die Gesamtbedeutung zu erschließen. Beim Auswerten des Schaubildes kannst du so vorgehen:

Schritt 1: *Sachinformation entnehmen*
- → Welches Thema hat das Schaubild?
- → Welche Informationen kannst du dem Schaubild mithilfe von Legenden und Symbolen entnehmen?
- → Welche Elemente werden miteinander in Beziehung gesetzt?

Schritt 2: *Information interpretieren*
- → Was sagen die verschiedenfarbigen Kästchen aus?
- → Was sollen die Pfeile ausdrücken?
- → Was bedeuten die Symbole?

Schritt 3: *Das Schaubild auswerten*
Notiere deine Ergebnisse und ziehe die Schlussfolgerungen aus deiner Arbeit. Stelle sie in einem Text zusammen.

Textquellen auswerten

Schriftliche Quellen haben einen besonderen Stellenwert, denn sie vermitteln häufig den Eindruck, dass alles Geschriebene „wahr" ist. Aber auch sie sind von Menschen verfasst, das heißt, sie vertreten manchmal eine ganz bestimmte Meinung oder der Verfasser verfolgt ein bestimmtes Ziel.

Schritt 1: *Inhalt erfassen*
Lies die Quelle in Ruhe durch und versuche zu verstehen, um was es geht. Punkte bedeuten, dass hier Wörter der Originalquelle ausgelassen wurden, Wörter in Klammern sind später zum Verständnis des Textes eingefügt worden. Beim zweiten Lesen kennzeichnest du alle Wörter und Begriffe, die du nicht verstehst. Kläre sie anschließend (z. B. mithilfe eines Lexikons). Gliedere längere Quellen in Sinnabschnitte. Dann machst du dir Notizen zum Inhalt, indem du folgende W-Fragen beantwortest: Wer? Wo? Wann? Was? Wie? Warum?

Schritt 2: *Quellen einordnen*
Beantworte folgende Fragen:
- Welche Art schriftlicher Quelle liegt vor (Urkunde, Brief, Chronik, Inschrift ...)?
- Wann ist die Quelle entstanden? (Zum Zeitpunkt des Geschehens oder später?)
- Wer ist der Verfasser? (Lebensdaten, in welcher Beziehung steht sie/er zu den Personen in der Quelle? Für wen schreibt sie/er?)

Schritt 3: *Quelle bewerten*
Nimm deine Ergebnisse aus den ersten beiden Schritten, suche nach Zusammenhängen und ziehe Schlussfolgerungen. Untersuche:
- Wie berichtet der Verfasser? Ergreift sie oder er Partei für eine Seite?
- Gibt es wertende Textstellen?
- Welche Meinung vertritt sie/er?
- Sind andere Sichtweisen zu erkennen?
- Mit welcher Absicht hat sie/er die Quelle verfasst?

Stelle alle Informationen in einem Text zusammen.

Ein Projekt durchführen

Vier Arbeitsschritte helfen euch bei der Durchführung eines Projekts:

Schritt 1: *Vorarbeiten in der Gruppe*
- Die Teilgruppen informieren sich über ihr Thema in dem gewählten Zeitabschnitt.
- Sie arbeiten mit den gefundenen Materialien zum gewählten Teilthema.
- Projekte werden in einem Zeitraum von einer, meist aber zwei bis drei Wochen durchgeführt. Die Teilgruppen erstellen daher einen Arbeitsplan, um die Arbeiten besser planen zu können.
- Schon vor Beginn der Arbeiten entscheidet ihr, wie ihr eure Arbeitsergebnisse vorstellen wollt.

Schritt 2: *Arbeit am Projekt*
- Nachdem die einzelnen Arbeitsaufgaben feststehen, werden die Arbeitsaufträge ausgeführt.
- Teilfragen werden aus dem Oberthema abgeleitet und erarbeitet.
- Dabei müssen die gemeinsamen Fragen zum Gesamtthema im Blickpunkt bleiben.

Schritt 3: *Ergebnisse auswerten und zusammenstellen*
- Welche Informationen sind wichtig, welche unwichtig?
- Zu welchen Bereichen werden noch mehr Informationen benötigt?
- In welcher Reihenfolge sollen die Informationen vorgestellt werden?

Schritt 4: *Präsentation*
- Wie könnt ihr eure Präsentation lebendig gestalten? (z. B. Tafelbild, Tageslichtprojektor, Kurzvortrag, Powerpoint-Präsentation …)
- Überlegt, wie ihr die Zuhörerinnen und Zuhörer in euren Vortrag einbeziehen könnt (z. B. durch die Erstellung eines Arbeitsblattes oder die Entwicklung eines Fragebogens).
- Wenn jede Gruppe diese Fragen geklärt hat, werden die Ergebnisse der Klasse vorgestellt.
- Sprecht vorher mit eurer Lehrkraft über eure Ergebnisse und bittet um Rückmeldung zu euren Vorschlägen.

Nach der Präsentation solltet ihr noch einmal überlegen: Was war bei der Arbeit gut, was schlecht? Was kann bei einem neuen Projekt besser gemacht werden?

Sachquellen untersuchen

Neben den Text- und Bildquellen sind auch die Sachquellen wichtige Zeugen der Vergangenheit. Sachquellen haben den Vorteil, dass ihr sie nicht nur ansehen, sondern auch anfassen, riechen oder ihren Klang hören könnt. Leider ist es nicht immer möglich, Sachquellen im Schulunterricht zu untersuchen, weil diese Quellen meist sehr wertvoll und äußerst empfindlich sind. Museen bieten uns aber die Möglichkeit, Sachquellen zu erforschen oder Nachbildungen historischer Gegenstände zu untersuchen.

Erforschung einer Sachquelle

Wenn ihr eine Sachquelle oder deren Nachbildung untersucht, ist es sinnvoll nach folgenden Schritten vorzugehen.

1. Schritt: ***Beschreiben***

- → Wie sieht der Gegenstand aus (Farbe, Form, Muster, Verzierungen u. a.)?
- → Wie ist er beschaffen (Größe, Gewicht, Oberfläche u. a.)?
- → Kannst du Gebrauchsspuren erkennen? Ist etwas abgenutzt oder defekt?
- → Weist der Gegenstand besondere Auffälligkeiten auf?
- → Sind Hinweise auf die Herstellungsweise zu erkennen?

2. Schritt: ***Historisch einordnen***

- → Aus welcher Zeit stammt der Gegenstand?
- → Wozu wurde er benutzt?
- → Wer hat diesen Gegenstand verwendet?
- → Wie wurde er angefertigt?
- → Was verrät der Gegenstand über die Zeit (Stand der Technik, Tätigkeiten in Berufen u. a.)?
- → Welchen Wert hatte der Gegenstand zur Zeit seiner Nutzung?
- → Werden ähnliche Dinge noch heute gebraucht (Werkzeuge, Kleidung, Geschirr, Spielzeug, Möbel, Waffen u. a.)?

Wenn Fragen offen geblieben sind, klärst du diese mithilfe von Sachbüchern, Lexika oder dem Internet.

3. Schritt: ***Ergebnisse auswerten***

Fasse deine Ergebnisse zusammen, z. B. in einem Text, einem Plakat oder in einer Präsentation. Achte dabei immer auf eine klare und sinnvolle Gliederung der Inhalte. Nutze Bilder in ausreichender Größe, damit wichtige Details gut zu erkennen sind. Denke bei Fotos oder Zeichnungen immer an eine aussagekräftige Beschriftung.

Historische Karten lesen und deuten

Historische Karten wurden in der Vergangenheit angefertigt und zeigen das räumliche Wissen dieser Zeit. Sie müssen deshalb genauso gedeutet und ausgewertet werden wie Text- oder Bildquellen. Folgende Arbeitsschritte helfen dir.

1. Schritt: ***Einordnung der Zeit und des Raumes***

- In welcher Zeit wurde die Karte angefertigt?
- Welchen Raum/Ausschnitt zeigt sie? (Welt-, Europakarte …)

2. Schritt: ***Betrachtung der Karte***

- Gibt es besonders gestaltete oder hervorgehobene Einzelheiten?
- Welche Informationen enthält die Karte?

3. Schritt: ***Auswertung der Karte***

- Was fehlt auf der Karte? Was ist anders als auf heutigen Karten?
- Welche Aussage kann ich mithilfe der Karte über die Vorstellungen der Menschen der damaligen Zeit treffen?

Im Internet recherchieren

Das Internet bietet eine Fülle von Informationen und ist daher sehr nützlich, um selbstständig ein Thema zu erarbeiten. Um aus den riesigen Informationsmengen aber diejenigen Informationen herauszufinden, die für ein bestimmtes Thema wichtig sind, musst du ganz gezielt danach suchen.
Folgende Schritte helfen dir dabei:

Schritt 1: Recherche vorbereiten

- Zu welchem Thema sollen die Informationen beschafft werden? Wie lautet der genaue Arbeitsauftrag?
- Wie kann das Thema strukturiert werden?
- Welches Produkt wird angestrebt (Referat, Plakat, Schaubild, Wandzeitung, PowerPoint-Präsentation u. a.)?

Schritt 2: Recherche durchführen

- Welcher Suchdienst eignet sich für die Recherche?
  Themenkataloge (z. B. yahoo, web, lycos, dino-online) liefern zu eingegebenen Stichwörtern von Redakteuren einsortierte Informationen. Sie verfolgen die Strategie vom ‚Oberbegriff zum Unterbegriff' und bieten sich an, wenn man sich einen Überblick verschaffen und dann im Katalog nach weiteren Unterthemen suchen möchte.
  Suchmaschinen (z. B. google, altavista, fireball) bieten im Vergleich zu Themenkatalogen einen großen Datenbestand. Die Suchmaschine ‚Google' findet zu einem Stichwort zum Teil mehrere Millionen Einträge. Daher gilt hier: Je präziser die Angaben zu den gesuchten Informationen sind, desto besser ist das Suchergebnis. Suchmaschinen eignen sich also bei der Suche nach konkreten Informationen.

Schritt 3: Recherche auswerten

- Wie können die Informationen beurteilt werden?
- Ist der Urheber/Autor der Seite erkennbar? Werden Quellen benannt, die der Autor verwendet hat? Sind die Informationen aktuell?
- In welchem Zusammenhang werden die Informationen präsentiert?
- Welche Interessen verfolgt der Urheber selbst?

Eine digitale Präsentation erstellen

Hier lernst du, welche Arbeiten erfolgen müssen, um eine digitale Präsentation zu erstellen. Das am meisten verbreitete Präsentationsprogramm ist PowerPoint. Es bietet viele vorgefertigte Vorlagen, mit deren Hilfe du eine Präsentation optisch ansprechend gestalten kannst. Viele Schulen nutzen auch ein interaktives Whiteboard. Dieses bietet den Vorteil, dass man mit elektronischen Stiften auch während des Vortrags darauf schreiben oder einzelne Elemente markieren kann. Um deine digitale Präsentation zu erstellen, sind folgende Arbeitsschritte notwendig:

Eine PowerPoint-Präsentation kann mithilfe von ausgewählten Vorlagen erstellt werden.

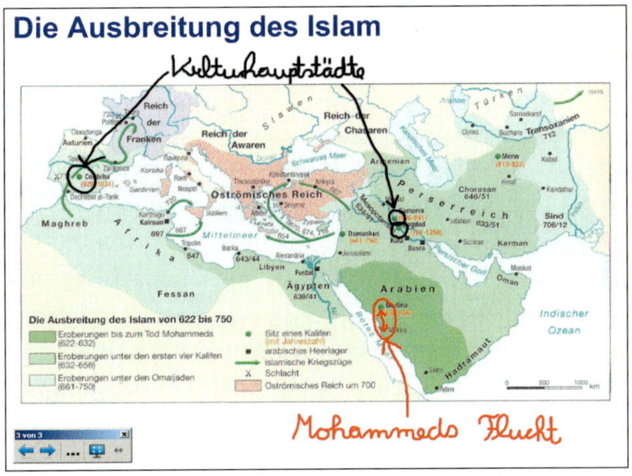

Bei einer Präsentation am interaktiven Whiteboard kann eine Seite während des Vortrags bearbeitet werden.

Schritt 1: Die Vorarbeiten

→ Zunächst muss das Hauptthema gegliedert werden.

→ Danach recherchierst du zu den einzelnen Unterthemen. Du kannst dazu das Internet nutzen, aber auch in Büchereien nach Material suchen. Wichtig ist bei der Recherche immer, dass du von Anfang an aufschreibst, wo du etwas zu dem Unterthema gefunden hast, also den Buchtitel und die Seite bzw. die Internetadresse.

Schritt 2: Die inhaltliche Arbeit

→ Um dir das notwendige Wissen über dein Thema anzueignen, musst du auf alle Fälle mehrere Texte in Büchern, in Fachzeitschriften oder im Internet lesen.

→ Wichtig ist, dass du dir die Texte für dich selbst begreiflich machst. Wenn du selbst als „Experte" nicht verstehst, was du sagst, wie sollen es dann deine Zuhörer verstehen?

→ Sinnvoll ist es, beim Lesen Stichwörter zu notieren.

Schritt 3: Die Gestaltung

→ Eine Präsentation kannst du dir vorstellen wie eine Mappe: Als erstes sieht man ein Deckblatt, auf der nächsten Seite ein Inhaltsverzeichnis und dann kommen die einzelnen Seiten. In dieser Form solltest du auch eine Präsentation gestalten.

→ Die erste Grundregel zum Gestalten einer Präsentation ist: Du präsentierst nicht, wie toll das Programm ist, mit dem du deine Präsentation erstellt hast, sondern du präsentierst Inhalte. Das heißt, zu Beginn entscheidest du dich dafür, wie jede Seite deiner Präsentation aussieht. Das kann eine fertige Vorlage bei PowerPointoder eine selbst gestaltete Vorlage für das interaktive Whiteboard sein.

→ Aus dem gleichen Grund entscheidest du dich zu Beginn für einen Schrifttyp, der gut zu erkennen ist. Arial eignet sich besonders, weil die Buchstaben klar sind, Schreibschriften verschwimmen.

Schritt 4: Die einzelnen Seiten

→ Beim Gestalten der einzelnen Seiten solltest du darauf achten, dass du nur kurze Stichworte aufschreibst. Die Seiten sollen deinen Zuhörern als Hilfe dienen, deinem Vortrag folgen zu können. Deine Zuhörer sollen nicht wortwörtlich mitlesen, was du ihnen erzählst.

→ Auch bei den einzelnen Seiten gilt die Regel: Du zeigst nicht die vielfältigen Funktionen des Programms, sondern nutzt ausgewählte Elemente, um deinen Vortrag zu unterstützen. Das heißt, es muss nicht jeder Buchstabe einzeln einfliegen oder jedes Bild eingeblendet werden.

→ Bilder, Karten oder Grafiken lockern einerseits die Seiten auf, müssen andererseits aber auch in Zusammenhang mit dem Text der Seite stehen.

→ Überlege dir beim Gestalten der Seiten genau, was du über die Stichworte hinaus den Zuhörern berichten kannst. Übe unbedingt deinen Vortrag!

Ein Flugblatt deuten

Bei Flugblättern handelt es sich um Einblattdrucke mit Bilddarstellungen, die seit der zweiten Hälfte des 15. Jh. hergestellt wurden. Sie waren preiswert zu produzieren und ebenso günstig zu verkaufen.

Die Texte auf Flugblättern wurden öffentlich vorgelesen und diskutiert. Flugblätter hingen aber auch an Rathaus- und Kirchentüren, in Wirtsstuben und an Wänden oder Schränken in privaten Wohnungen. Illustrierte Flugblätter waren deshalb so erfolgreich, weil die Bilder auch von Menschen verstanden wurden, die nicht lesen konnten. Flugblätter berichten aber nicht sachlich, sondern nehmen aus einer bestimmten Sicht Stellung.

***Schritt 1:* Entstehung des Bildes**
a) Betrachte die Abbildung.
b) Lies die Bildüberschrift und die Bildunterschrift. Untersuche auch, wenn vorhanden, den Text des Flugblattes.
c) Von wem und aus welcher Zeit stammt das Flugblatt?
d) Was ist das Thema des Flugblattes?
e) Ordne die Entstehungszeit historisch ein.

***Schritt 2:* Beschreibung des Flugblattes**
a) Welche Personen und Gegenstände erkennst du?
b) Wie sind sie dargestellt?
c) Wer oder was steht im Mittelpunkt?
d) Wird etwas besonders überspitzt dargestellt?

***Schritt 3:* Deutung des Flugblattes**
a) Erkläre die Bedeutung der einzelnen Bestandteile.
b) Welche Wirkung soll das Flugblatt erzielen?
c) An wen richtet sich das Flugblatt?
d) Welche Absicht verfolgt der Künstler mit diesem Flugblatt?

Eine Strukturskizze erschließen

Komplizierte Zusammenhänge lassen sich häufig einfacher in einer Strukturskizze darstellen. Um eine Strukturskizze zu verstehen, muss sie allerdings genau betrachtet werden.
Jede Farbe, jedes Symbol und jeder Pfeil hat eine bestimmte Bedeutung, die es zu entschlüsseln gilt. Die folgenden Schritte helfen dir, Strukturskizzen und Schaubilder richtig zu deuten.

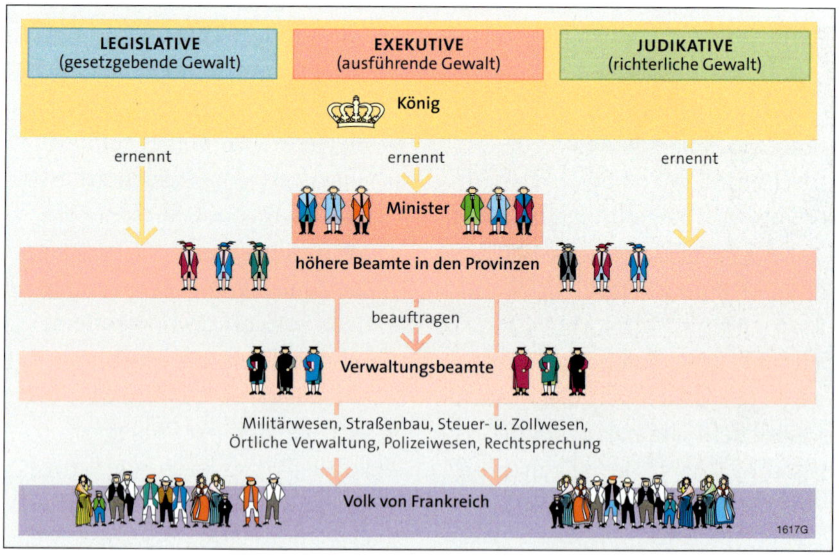

***Schritt 1:* Einordnung**
→ Welchen Zusammenhang stellt die Strukturskizze dar?

***Schritt 2:* Entschlüsselung**
→ Haben die Farben eine bestimmte Funktion?
→ Welche Symbole und Zeichen werden verwendet?
→ Welche Felder gibt es?
→ Wie sind diese angeordnet?

***Schritt 3:* Deutung**
→ Welche Folgerungen zum Staatsaufbau lassen sich aus der Strukturskizze ziehen?
→ Lassen sich Aussagen über die Mitgestaltungsmöglichkeiten der einzelnen Bürger treffen?

Eine Karikatur analysieren

Mit einer Karikatur möchte der Zeichner zu einem politischen Ereignis oder gesellschaftlichen Zuständen Stellung beziehen. Durch bestimmte Stilmittel bringt er die Betrachter zum Lachen, regt aber gleichzeitig zum Nachdenken an.
Eines dieser Stilmittel ist immer die Übertreibung. Mal sind einzelne Körperteile zu groß oder zu klein dargestellt, mal ist die Situation als solche übertrieben. Um eine Karikatur richtig zu entschlüsseln, muss sie also genau betrachtet werden. Eines haben allerdings alle Karikaturen gemeinsam: Sie stellen auch nach einer richtigen Entschlüsselung nie die Wirklichkeit dar, sondern immer nur die Meinung des Zeichners.

Schritt 1: ***Beschreiben***
- → Beschreibe so genau wie möglich alle Personen, Gegenstände und Sachverhalte der Zeichnung.
- → Benenne erkennbare Texte und Bildunterschriften.

Schritt 2: ***Deuten und historisch einordnen***
- → Deute die Symbole der Karikatur, indem du nach Parallelen in der Wirklichkeit suchst.
- → Stelle dar, welche Zeit oder Epoche die Karikatur beschreibt.

Schritt 3: ***Bewerten***
- → Erkläre, welche Position der Karikaturist zu der dargestellten Situation einnimmt.

Fotografien analysieren

Fotos sind Momentaufnahmen und zeigen das, was zum Zeitpunkt der Aufnahme zu sehen war. Wenn man Fotos als historische Quellen benutzt, muss man einiges beachten, denn Fotos können auch lügen. Je nachdem, welchen Ausschnitt ein Fotograf wählt, können unterschiedliche Eindrücke entstehen. Aber auch durch nachträgliches Retuschieren (Überarbeiten) eines Fotos können Manipulationen vorgenommen werden.
Es muss also die Frage gestellt werden: Ist das, was auf dem Foto zu sehen ist, eine getreue Wiedergabe der Wirklichkeit? Sind die abgebildeten Ereignisse, Gegenstände oder Verhältnisse wirklich aus der Zeit, aus der die Fotografie stammt. Das kann beispielsweise geprüft werden, indem eine Abfolge von Bildern verglichen wird. Zur weiteren Absicherung können auch Textquellen zum Thema herangezogen werden.

Schritt 1: ***Fragen zum Foto***
- → Wer hat das Foto aufgenommen?
- → Wann wurde das Foto gemacht?
- → Gibt die Bildunterschrift Hinweise?
- → Gibt es Zeichen der Bearbeitung?

Schritt 2: ***Fragen zum Motiv***
- → Was ist auf dem Foto dargestellt?
- → Was zeigen der Vordergrund, der Hintergrund und die Bildmitte?
- → Wie sind die Menschen gekleidet?
- → Welche Gebäude sind zu sehen?
- → Sind die Dinge so dargestellt, wie du sie bislang kennst?
- → Sind weitere Informationen zur Analyse notwendig?

Schritt 3: ***Aussage und Deutung***
- → Wie ist dein Eindruck?
- → Welche Gesamtaussage lässt sich über das Foto machen?
- → Bleiben Fragen offen, die noch geklärt werden müssen?

Historische Gemälde vergleichen

Im 19. Jh. erlebte die historische Malerei ihren Höhepunkt. Viele geschichtliche Ereignisse oder bedeutende Begebenheiten der Zeit wurden in sehr aufwendigen Gemälden festgehalten. In verschiedenen Darstellungen kann ein und dasselbe Ereignis unterschiedlich präsentiert werden. Häufig wollen der Künstler oder die Auftraggeber eine ganz bestimmt Wirkung erzielen.

Schritt 1: Vergleich der künstlerischen Gestaltung
- Um welche Gattung/Technik handelt es sich (Wandbild, Gemälde, Holzschnitt usw.)?
- Wie ist der Bildaufbau gestaltet? Wie ist z. B. das Verhältnis von Vorder-, Mittel- und Hintergrund? Ergeben sich Diagonalen, Linien oder stechen einzelne Elemente besonders hervor?
- Wie werden die Figuren dargestellt (Bewegung oder Ruhe, Haltung, Mimik, Gestik).

Schritt 2: Vergleich der Entstehung
- Wer hat die Bilder jeweils in Auftrag gegeben?
- Wer hat das Bild angefertigt?
- Für welchen Zweck waren die Bilder gedacht?

Schritt 3: Deutung
- Wer wird jeweils als „Reichsgründer" hervorgehoben?
- Wie wird das Ereignis dargestellt?
- Welche Wirkung und Interpretation sollen erzeugt werden?

Propagandaplakate untersuchen

Plakate wollen die Aufmerksamkeit des Betrachters erregen und vermitteln ihre Botschaften in zugespitzter Form. Propagandaplakate verherrlichen einerseits die eigene Nation und vermitteln den Glauben an die Überlegenheit gegenüber anderen. Andererseits werden durch sie Feindbilder aufgebaut, die den Gegner als aggressiv darstellen. Im Ersten Weltkrieg waren sie ein wichtiges Medium zur Beeinflussung und Stimmungsbildung der Menschen, denn das Fernsehen oder das Internet gab es noch nicht und ein Radio hatten nur ganz wenige.

Schritt 1: Plakat beschreiben
- → Wer oder was ist dargestellt?
- → Wie ist es dargestellt?
- → Welche Farben werden verwendet?
- → Was sagt der Text aus?
- → Wie ist der Text gestaltet? Gibt es Hervorhebungen?
- → Welche Symbole werden genutzt und wofür stehen sie?
- → In welchem Verhältnis stehen Text und Motiv zueinander?

Schritt 2: Plakat einordnen
- → Wann ist das Plakat entstanden?
- → Wer ist Zeichner bzw. wer ist der Auftraggeber?
- → Welche Gefühle werden beim Betrachter hervorgerufen?
- → Wozu wird der Betrachter aufgefordert?

Schritt 3: Plakat auswerten
- → Welche Absicht verfolgt der Zeichner/der Auftraggeber?
- → Wen spricht das Plakat an?
- → Welchem Ereignis ist das Plakat zuzuordnen?
- → Ist die Darstellung realistisch?

Politische Plakate vergleichen

Politische Plakate wie Wahlplakate waren und sind ein zentrales Mittel der politischen Auseinandersetzung zwischen konkurrierenden Parteien und Organisationen. Die Plakate folgen vielfach einem speziellen Aufbau. Bestimmte Bildmotive werden z. B. für verschiedene Gruppen und für unterschiedliche Zielsetzungen genutzt. Mit gewissen Vorkenntnissen werden politische Plakate somit vergleichbar. Beim Vergleich von Plakaten ist es notwendig, historische Sachverhalte mithilfe von festgelegten Beobachtungspunkten/Kriterien kritisch gegenüber zu stellen. Es müssen dabei Gemeinsamkeiten, Unterschiede, Ähnlichkeiten, Abweichungen oder auch Gegensätze beschrieben, hinterfragt und beurteilt werden.

Schritt 1: Plakatanalyse (s. oben)

Schritt 2: Erarbeitung von Vergleichskriterien
- → Wer ist die Zielgruppe?
- → Was sind die Gestaltungselemente?
- → Wer ist der Auftraggeber?
- → Was ist die Botschaft?
- → Wie ist der historische Hintergrund?

Schritt 3: Vergleich der Plakate
- → Was sind die Gemeinsamkeiten?
- → Worin bestehen die Ähnlichkeiten, worin die Abweichungen?
- → Was sind die Unterschiede und Gegensätze?

Historische Werbung untersuchen

Werbung versucht, Käufer für ein Produkt zu begeistern. Ziel ist es, das Produkt besser zu verkaufen.

Bei der Analyse historischer Werbung geht es darum, herauszufinden, wie die Käufer beeinflusst werden sollten. Außerdem kannst Du erfahren, welche Sicht auf die Welt und ihre Zusammenhänge sich in der Werbung widerspiegelt.

Schritt 1: Werbung beschreiben
- Wer oder was ist abgebildet?
- Wie sind die Elemente dargestellt?
- Arbeitet die Werbung mit Schrift? Welche Aussage wird getroffen?
- Welche Rolle spielen unterschiedliche Farben?
- In welcher Beziehung stehen die einzelnen Elemente zueinander?

Schritt 2: Werbung einordnen
- Aus welcher Zeit stammt die Werbung?
- Wer wirbt? Informiere dich über das Unternehmen.
- Um welches Produkt geht es? Informiere dich über das Produkt, wenn du es nicht kennst.

Schritt 3: Werbebotschaft deuten
- Welche „Geschichte" erzählt die Werbung?
- Welche Botschaft will sie vermitteln?
- Wird ein spezieller Kundenkreis angesprochen? Welcher?

- In welchem Verhältnis steht die Werbung zur Wirklichkeit?
- Welche Wirkung erzielt sie auf den heutigen Betrachter?

Einen Alltagsgegenstand zum Erzählen bringen

Sachquellen sind unmittelbare Überreste aus der Vergangenheit. Sie haben den Vorteil, dass wir sie genau betrachten und anfassen können. Allerdings müssen wir sie erst zeitlich zuordnen und herausfinden, wer sie für welchen Zweck benutzt hat, bevor sie uns interessante Kenntnisse über das Alltagsleben der Menschen aus anderen Zeiten und Kulturen liefern können.

Sachquellen berichten über die technischen Fähigkeiten von Menschen, ihre Kunstfertigkeit und den Geschmack sowie die Moden der Zeit. Wir können uns ein Bild von den Vorstellungen von Schönheit in unterschiedlichen Zeiten und Kulturen machen.

Schritt 1: Beschreiben
- Aus welchem Material ist er?
- Welche Maße hat er?
- Zeigt er Gebrauchsspuren oder Zerstörungen?
- Kannst Du etwas über seine Herstellung entdecken?
- Beschreibe alles wie Farben, Motive, Glanz, was Dir auffällt.
- Notiere auch Fragen, die du hast.

Schritt 2: Zusammenhänge herausfinden
Um Hintergrundwissen über den Gegenstand herauszubekommen, kannst du in Lexika, Sachbüchern und im Internet recherchieren, Fachleute oder den Besitzer befragen.
- Wie alt ist der Gegenstand?
- Wer hat ihn benutzt?
- Wofür wurde er gebraucht?
- Welchen Wert hatte er für die Menschen?
- Wurde er im Alltag genutzt?
- Wer hat ihn hergestellt?
- Wird er heute noch benutzt oder ist er technisch überholt?

Schritt 3: Ergebnisse bewerten
Notiere deine Ergebnisse und ziehe die Schlussfolgerungen aus den Antworten, die du gewonnen hast. Stelle diese in einem Text zusammen.

Absolutismus Losgelöst von den Gesetzen wollten Könige wie Ludwig XIV. unabhängig regieren. Niemand sollte ihre Macht kontrollieren können. Um ihre Macht zu vergrößern, nahmen sie den Adligen den Einfluss, modernisierten die Staatsverwaltung und schufen stehende Heere. Sie zeigten ihre Macht durch Schlösser, Bilder und höfischen Stil.

Alliierte (frz. s'allier „sich verbünden") Verbündete im Ersten Weltkrieg (Frankreich, England, Russland, Italien und USA), die gegen die → Mittelmächte standen.

Bauernbefreiung Reformen des 18. und 19. Jahrhunderts, durch welche die Bauern aus der Leibeigenschaft und Erbuntertänigkeit befreit wurden und die Grundherrschaft endete.

Bürgertum Zur Zeit des Absolutismus Bezeichnung für den dritten Stand. Im Zeitalter der Industrialisierung bildeten die mittleren Gesellschaftsschichten das Bürgertum. Zu ihnen gehörten z. B. Kaufleute, Ärzte, Fabrikbesitzer und höhere Beamte.

Burschenschaft 1815 in Jena gegründete studentische Verbindung, die sich zu einer rasch ausbreitenden Bewegung an den Universitäten entwickelte. Sie forderte neben einer Studienreform die staatliche Einigung Deutschlands und verkündete ihre liberalen Ziele 1817 auf dem Wartburgfest. Die Karlsbader Beschlüsse führten 1819 zum Verbot der Burschenschaft, die insgeheim jedoch fortbestand. Nach der Reichsgründung 1871 setzten sich konservative Strömungen in der Burschenschaft durch.

Deutscher Bund Wurde 1815 auf dem Wiener Kongress gegründet. Es handelte sich um einen losen Verbund von Staaten, dem das Kaiserreich Österreich und das Königreich Preußen mit ihren deutschen Gebieten, die Königreiche Bayern, Württemberg, Sachsen, Hannover und 29 weitere Kleinstaaten sowie vier freie Städte angehörten.

Dreieckshandel Kurzbezeichnung für die Handelsströme zwischen Europa, Amerika und Afrika in der Frühen Neuzeit. Aus Afrika wurden Sklaven nach Amerika gebracht (→ Sklavenhandel), von dort Rohstoffe und Edelmetalle nach Europa. Afrika erhielt aus Europa u. a. Waffen, Alkohol und Manufakturwaren.

Entente cordiale (frz. „herzliches Einvernehmen") 1904 geschlossenes Abkommen zwischen England und Frankreich zur Beendigung der Streitigkeiten um afrikanische Kolonien. Aus der Entente cordiale wurde nach dem Beitritt Russlands 1907 die Tripleentente, die eine der Kriegsparteien im Ersten Weltkrieg darstellte.

Fabrik Produktionsform, die die → Manufaktur ablöste. Fabriken sind Industriebetriebe, deren Produktion in großen Betriebsräumen stattfindet und durch den Einsatz von Maschinen gekennzeichnet ist. Eine hohe Arbeitsteilung ermöglicht den Einsatz ungelernter oder angelernter Arbeitskräfte.

Feudalherrschaft Die feudalistische Gesellschaft ist durch Folgendes gekennzeichnet: Der größte Teil der Bevölkerung besteht aus Bauern, die aber nicht Eigentümer der Felder sind, die sie bestellen. Das Land war Eigentum eines Grundherrn, und die meisten Bauern waren persönlich abhängig von ihm und unfrei (Leibeigenschaft).

Frankfurter Nationalversammlung Erste demokratische Volksvertretung, die in der Frankfurter Paulskirche von Mai 1848 bis April 1849 tagte. Ihr Ziel war, eine Verfassung für ein geeintes Deutschland zu verabschieden. Dieses Vorhaben scheiterte 1849 am Widerstand der deutschen Fürsten.

Freikorps Truppen von Freiwilligen, die mit Ermächtigung des Kriegsherrn nur für die Dauer eines Feldzuges oder eines Krieges aufgestellt wurden.

Generalstände Versammlung von Vertretern der drei Stände (Geistlichkeit, Adel, Bürgern und Bauern) in Frankreich mit dem Recht der Steuerbewilligung.

Gewaltenteilung Der Staat hat drei Hauptaufgaben: Exekutive (ausführende Gewalt), Legislative (gesetzgebende Gewalt) und Judikative (Gesetzgebung). Im → Absolutismus bestimmte der Herrscher alles. Die Lehre von der Gewaltenteilung sollte den Bürgern Mitbestimmung geben. Regierung (Exekutive) und

Gerichte (Judikative) sollten voneinander unabhängig sein. Das → Parlament (Legislative) sollte die Regierung kontrollieren. Der Missbrauch von Macht sollte so verhindert werden.

Gewerkschaft Zusammenschluss von Arbeitnehmern zur Wahrnehmung ihrer wirtschaftlichen Interessen. In Deutschland entstanden seit 1848 zahlreiche lokale Arbeiterverbände. Nach 1890 (Aufhebung des Sozialistengesetzes) entwickelten sich die Gewerkschaften zu breiten Massenorganisationen.

Globalisierung Prozess der zunehmenden weltweiten Verflechtung in verschiedenen Bereichen. Besonders wichtig ist die Globalisierung in der Wirtschaft: Waren und Dienstleistungen werden weltweit gehandelt. Ein weiteres Beispiel für Globalisierung ist die Kommunikation per Telefon und Internet über Länder- und Kontinentgrenzen.

Herero-Aufstand Aufstand der Völker der Herero und Nama in Deutsch-Südwestafrika, bei dessen Niederschlagung durch deutsche Kolonialtruppen bis zu 100 000 Menschen starben.

Imperialismus (lat. imperare „herrschen“; imperium „Weltreich“) Bestrebungen eines Staates, den eigenen Herrschaftsbereich auf fremde Gebiete und Völker auszudehnen. Vor allem europäische Großmächte versprachen sich dadurch billige Rohstoffquellen, neue Absatzmärkte und eine Vormachtstellung vor anderen Staaten. Als Zeitalter des Imperialismus wird im engeren Sinne die Zeit von 1880 bis zum Ersten Weltkrieg bezeichnet.

Industrialisierung Anstelle von Handarbeit in den Handwerksbetrieben wurden viele Waren in → Fabriken produziert. Dort stellten abhängige Lohnarbeiter (→ Proletariat) Massenwaren mithilfe von Maschinen her. Der Prozess der Industrialisierung begann Ende des 18. Jh. in England, in Deutschland in den 1840er-Jahren. Die Industrialisierung brachte große gesellschaftliche Veränderungen mit sich und führte zur Entstehung einer großen Arbeiterschaft. Unter den Arbeitern und Arbeiterinnen herrschte zunächst Massenarmut (→ Soziale Frage).

Jakobiner Die Mitglieder eines politischen Klubs während der Französischen Revolution. Sie wurden nach ihrem Tagungsort, dem Pariser Kloster St. Jakob benannt. Nach Abspaltung der Girondisten galt die Bezeichnung Jakobiner allein für die radikalen Republikaner.

Kapitalismus Der Begriff des Kapitalismus wurde vor allem von Karl Marx geprägt. Er bezeichnete damit eine Wirtschaftsform, in der die Besitzer von Produktionsmitteln (Land, Maschinen, Rohstoffe, Geld) – die Kapitalisten – die Arbeiter gegen Lohn beschäftigen. Der Kapitalismus begann, das Wirtschaftsleben seit dem 16. Hochkapitalismus begann mit der → Industrialisierung im 19. Jahrhundert.

Kinderarbeit Kinderarbeit gab es in allen Epochen der Geschichte, von der → Antike bis heute. In Deutschland wurde 1904 die Arbeit von Kindern unter 12 Jahren durch ein Kinderschutzgesetz verboten. Heute verbietet das Jungendarbeitsschutzgesetz allen schulpflichtigen Kindern, schwere Arbeit zu verrichten. 1989 verabschiedete die UNO eine Kinderrechtskonvention. Trotzdem arbeiten nach Angaben des Kinderhilfswerks UNICEF heute 190 Mio. Kinder unter 14 Jahren, vor allem in Asien, Afrika und dem pazifischen Raum.

Kolonialismus Erwerb und Ausbeutung meist überseeischer Gebiete vor allem durch europäische Staaten seit Ende des 15. Jh. Der Besitz vieler Kolonien steigerte das Ansehen und die Macht in der Welt.

Kommunismus Von Karl Marx und Friedrich Engels begründete Theorie, welche die Vorstellung einer klassenlosen Gesellschaft enthält, in der das Privateigentum an Produktionsmitteln (Fabriken, Maschinen) in Gemeineigentum überführt worden ist. Eingeleitet wird der Kommunismus durch die Proletarische Revolution.

Liberale (von latein. liber = frei) Politische und wirtschaftliche Bewegung, bei der das Recht des Einzelnen auf freie Entfaltung in den Mittelpunkt gestellt wird. Zu den Forderungen des Liberalismus gehören das Recht auf freie Meinungsäußerung, Schutz vor rechtlicher Willkür und politische Mitbestimmung.

Manufaktur (lat. manu facere „mit der Hand machen") Ein Betrieb, in dem vorwiegend Handarbeit geleistet wurde. Die Arbeit fand allerdings im Gegensatz zum traditionellen Handwerksbetrieb in großen Betriebsräumen mit vielen Arbeitern statt. Zur Steigerung der Produktion teilte man die Herstellung eines Gegenstandes (z. B. eines Kartenspiels) in Einzelschritte auf (Arbeitsteilung). Im Zeitalter des → Absolutismus gründeten viele Landesherren Manufakturen, um den Bedarf an Waren zu decken und Handel und Wirtschaft zu beleben.

Materialschlachten Der technische Fortschritt Anfang des 20. Jh. hatte neue Waffensysteme (z. B. Panzerfahrzeuge, Schnellfeuerwaffen) und Vernichtungsmittel (Giftgas) hervorgebracht. Zum ersten Mal in der Geschichte konnte von einem neuen modernen, einem technisierten Krieg die Rede sein. Im Stellungskrieg sollte mit den modernen Waffen die gegnerische Front durchbrochen werden. Dazu benötigten die Kriegsgegner große Mengen an Munition. Entscheidend war auch der Einsatz von Giftgas. Dabei wurde der Gegner giftigen Gasen (Bakterien und Chemikalien) ausgesetzt. Das deutsche Heer setzte Giftgas zuerst 1915 in der Schlacht von Ypern ein.

Menschen- und Bürgerrechte Unveräußerliche Rechte jedes Menschen. Zu ihnen gehörten z. B. das Recht auf Leben, Freiheit der Person, Glaubens- und Meinungsfreiheit. Die Menschenrechte sollen die Menschen und ihre Würde vor Übergriffen des Staates schützen. In der Französischen Revolution wurde die Erklärung der Menschen- und Bürgerrechte verkündet. Sie war Vorbild für die → Verfassungen vieler anderer Staaten.

Militarismus Bezeichnung dafür, dass militärisches Denken und Handeln den Staat oder eine Gesellschaft prägt. Tragende Prinzipien des Militarismus sind Disziplin, Gehorsam und Unterordnung.

Mittelmächte Bündnis im Ersten Weltkrieg zwischen dem Deutschen Reich und Österreich-Ungarn; später schlossen sich das Osmanische Reich und Bulgarien an. Der Name ist auf die zentrale Lage, die die beiden Hauptverbündeten innerhalb Europas einnehmen, zurückzuführen.

Nationalismus Übersteigerte Hochschätzung des eigenen Volkes, oft verbunden mit der Geringschätzung anderer Völker. Seit dem 19. Jh. führte der Nationalismus zu vielen Kriegen.

Ökonomie Lehre von der Wirtschaft, ökonomisch das entsprechende Adjektiv.

Parlament (von frz. parler „reden") Ursprünglich Bezeichnung für die englische Ständevertretung, die sich aus Kronvasallen und Bürgern zusammensetzte. Entsprechend dem englischen Parlament wurden im 19. Jahrhundert zunehmend auch die Ständevertretungen in anderen Ländern als Parlament bezeichnet. In demokratischen Staaten ist das Parlament das oberste Staatsorgan. Die Parlamentsabgeordneten, die Vertreter des ganzen Volkes sind, werden gewählt. Ihre wichtigsten Aufgaben sind die Gesetzgebung sowie die Kontrolle des Haushalts und der Regierung.

Plantage Landwirtschaftlicher Großbetrieb, der ein Produkt für den Weltmarkt erzeugt (z. B. Kakao, Kaffee, Zuckerrohr).

Proletariat (von latein. proles = Nachkommen) Menschen, die nichts außer ihrer Arbeitskraft besitzen. Im 19. Jh. als Bezeichnung für die Schicht der Arbeiter geprägt.

Protestanten Bezeichnung für die Angehörigen aller aus der Reformation hervorgegangenen Kirchen und Gemeinschaften. Die → Katholiken und die Protestanten bilden die beiden großen Glaubensgemeinschaften in Deutschland.

Reichstag Im Deutschen Reich 1871–1918 die Vertretung des Volkes. Gemeinsam mit dem → Kaiser und dem Reichskanzler übte er die zentrale Macht im Staat aus. Er war an der Gesetzgebung beteiligt und bestimmte die Haushaltspolitik mit.

Reparation Geld und Sachleistungen für Schädigungen, die die Gegner im Krieg erlitten haben.

Republik (von latein. res publica = Sache des Volkes) Bei dieser Staatsform geht die staatliche Gewalt vom Volk aus, d. h., das Volk wählt die Regierung auf bestimmte Zeit.

Revolution (von latein. revolutio = Umwälzung) Im Gegensatz zur Reform ein meist gewaltsamer Umsturz und eine grundlegende Veränderung der bestehenden Staats-, Gesellschafts- oder Wirtschaftsordnung durch benachteiligte soziale Schichten.

Schutzzoll Als Zoll bezeichnet man Abgaben, die bei der Einfuhr von Waren in ein Land erhoben werden. Schutzzölle werden erhoben, damit eingeführte Waren teurer werden und so die heimischen Produkte billiger bleiben und diese dann gekauft werden.

Sendungsbewusstsein Überzeugung, dass die eigenen Wertevorstellungen, Lehren und politischen Ordnungen auch für andere Völker das Beste seien und daher auf diese ausgedehnt werden müsse.

Sklavenhandel Menschenhandel, von der → Antike bis ins 20. Jh. hinein historisch belegt. In der Neuzeit wurden bis ins 19. Jh. hinein insgesamt fast 10 Mio. Afrikaner zwangsweise nach Amerika gebracht. Dort wurden sie als billige und rechtlose Arbeitskräfte eingesetzt. Der Sklavenhandel war die Grundlage für die Entstehung der afroamerikanischen Bevölkerung.

Soziale Frage Die Arbeiter besaßen zu Beginn der → Industrialisierung keinen rechtlichen Schutz und keine soziale Absicherung. Ihre Löhne reichten kaum zum Lebensunterhalt. Der Wohlstand, den die industrielle Produktion brachte, kam nur den oberen Schichten zugute. Erst durch die Bildung von → Gewerkschaften und Parteien der Arbeiterbewegung stiegen die Löhne an. Auch sozial eingestellte → Unternehmer begannen zunehmend, die Lebensbedingungen der Arbeiter zu verbessern.

Ständegesellschaft Nach der mittelalterlichen Vorstellung war die Gesellschaft von Gott in unterschiedliche Stände gegliedert. Die drei Stände waren: der Stand der Adligen, der kämpfen musste, der Stand der Geistlichen, der beten musste, und der Stand der Bauern, der arbeiten musste. In seinen Stand wurde man hineingeboren und konnte diesen nicht verlassen.

Stellungskrieg Verlustreiche Kriegsphase, in der sich die Gegner in ausgebauten Stellungssystemen (z. B. Gräben) gegenüberstehen. Der Versuch, durch → Materialschlachten wieder zum Bewegungskrieg zurückzukehren, führte zu in dieser Zeit unvorstellbaren Opferzahlen.

Streik Ist eine gemeinschaftliche Niederlegung der Arbeit mit dem Ziel, Forderungen an den Arbeitgeber durchzusetzen.

Unternehmer Eigentümer einer → Fabrik oder eines anderen Wirtschaftsbetriebes, den er selbstständig leitet.

Verfassung Die Verfassung enthält die gesetzliche Festlegung der Grundordnung eines Staates in Politik, Wirtschaft und Gesellschaft. Sie umfasst auch die Rechte der Bürgerinnen und Bürger. Die Verfassung setzt der staatlichen Gewalt Grenzen. Im Unterschied zum → Absolutismus sind die Bürgerinnen und Bürger in einem Verfassungsstaat vor staatlicher Willkür geschützt.

Versailler Vertrag Friedensvertrag von 1919, der dem Deutschen Reich von den → Alliierten nach dem Ersten Weltkrieg aufgezwungen wurde. Mit ihm erkannte Deutschland die alleinige Kriegsschuld an und verpflichtete sich zu umfangreichen → Reparationszahlungen an die Alliierten. Der Vertrag wurde im Spiegelsaal des Versailler Schlosses unterzeichnet.

Weltmarkt Markt für Güter, die weltweit zu einem einheitlichen Preis gehandelt werden (z. B. Kakao, Rohöl).

Wettlauf um Afrika Aufteilung Afrikas nach der Kongo-Konferenz 1884/85.

Zollverein Verein, der 1834 gegründet wurde und dem fast alle großen deutschen Staaten beitraten. Innerhalb seines Gebietes wurden die Gebühren für die Nutzung von Straßen und Flüssen und die Zölle abgeschafft. Die Zölle an den Außengrenzen des Gebietes wurden vereinheitlicht.

Die Französische Revolution

12 Q1: zit. nach: Markov, Walter (Hg.): Die französische Revolution – Bilder und Berichte 1789–1799, Berlin 1989, S. 15 f.
13 Q2: zit. nach: Schmid, Heinz Dieter (Hg.): Fragen an die Geschichte, Bd. 3, Frankfurt a. M. 1980, S. 130.
16 Q1: Markov, Walter (Hg.): Die französische Revolution - Bilder und Berichte 1789–1799, Berlin 1989, S. 34 ff.
17 Q2: Ebd., S. 45 f.
17 Q3: zit. nach: Markov, Walter: Revolution im Zeugenstand, Bd 2., Leipzig 1985, S. 71.
17 Q4: Markov, Walter (Hg.): Die französische Revolution – Bilder und Berichte 1789–1799, Berlin 1989, S. 49
18 Q1: zit. nach: Jakoby, Ruth/Baasner, Frank: Paris 1789 – Journal der Täter, Opfer und Voyeure, Baden-Baden 1988, S. 15 f.
20 Q1: Das Grundgesetz der Bundesrepublik Deutschland, Art.1, 2, 3, 5, neu bearb. Auflage, München 1996, S. 24 ff.
21 Q1: zit. nach: Jakoby, Ruth/Baasner, Frank: Paris 1789 – Journal der Täter, Opfer und Voyeure, Baden-Baden 1988, S.263 f.
23 Q1: zit. nach: Gouges, Olympe de: Schriften, hg. von Monika Dillier, übers. von Vera Mostowlansky. Basel 1980, S. 41.
23 Q2: Grubitzsch, Helga u. a. (Hg.): Grenzgängerinnen, Revolutionäre Frauen im 18. und 19. Jh. Düsseldorf 1985, S. 276 f.
24 Q1: Markov, Walter (Hg.): Die französische Revolution – Bilder und Berichte 1789–1799, Berlin 1989, S. 129 f.
25 Q2: Ebd., S. 142 f.
25 Q3: Ebd., S. 155 f.
26 Q1: Ebd., S. 162 f.
27 Q2: Ebd., S. 233 f.
28 Q1: zit. nach: Markov, Walter (Hg.): Die französische Revolution – Bilder und Berichte 1789–1799, Berlin 1989, S. 186 ff.
30 Q1: zit. nach: Schmid, Heinz Dieter (Hg.): Fragen an die Geschichte, Bd.3, Frankfurt a. M. 1980, S. 145.
36 Q1: zit. nach: Kircheisen, Friedrich M.(Hg.): Gespräche Napoleons, Stuttgart 1912, S. 63.

Industrielle Revolution

47 Q1: zit. nach: Poss, Harry: Dokumente zur deutschen Politik 1806–1870, Frankfurt a. M. 1963, S. 21–23, in: Hug, Wolfgang (Hg.): Geschichtliche Weltkunde, Bd. 2, Quellenlesebuch, Frankfurt a. M. 1980, S. 208 ff.
48 Q1: Statistik des zollvereinten und nördlichen Deutschlands, unter Nutzung amtlicher Aufnahmen, hg. von Georg von Viebahn. Berlin 1862.
49 Q2: http://www.geschichtsbuero.de/download/referenzen/1_Wachstum_erleben_1856-1888.pdf (Stand: 30.04.2010), Kapitel I, S. 19.
53 Q1: zit. nach: Lautemann, Wolfgang/Schlenke, Manfred (Hg.): Geschichte in Quellen, Band 5, Das bürgerliche Zeitalter. München 1980, S. 110 f.
53 Q2: Mönnich, Horst: Aufbruch ins Revier – Aufbruch nach Europa: Hoesch 1871–1971. München 1971, S. 54.
55 Q1: Beckerath, Erwin u.a. (Hg.), Friedrich List, Ökonom, Das nationale System der Ökonomie. Schriften, Reden, Briefe, Bd. I, Berlin 1929, S. 527 ff.
56 Q1: Harkort, Friedrich: Über Eisenbahnen, in: Treue, Wilhelm (Hg.): Quelle zur Gesch. der Industriellen Revolution, Göttingen 1969, S. 69.
57 Q2: zit. nach: v. Zwehl, Konrad/Boenke, Susan (Hg.), Aufbruch ins Industriezeitalter, Bd. 3: Quellen zur Wirtschafts- und Sozialgeschichte Bayerns vom ausgehenden 18. Jahrhundert bis zur Mitte des 19. Jahrhunderts, München 1985, S. 173 f.
58 Q1: Heine, Heinrich: Lutetia, Zweiter Teil, LVII, nach: Werke in vier Bänden, München/Wien 1982, S. 449.
58 Q2: Schivelbusch, Wolfgang: Geschcihte der Eisenbahnreise. Zur Industrialisierung von Raum und Zeit im 19. Jahrhundert, Frankfurt a.M. 1989, S. 199 f.
64 Q1: Finkelnburg, A.: Über den hygienischen Gegensatz von Stadt und Land, insbesondere in der Rheinprovinz, Zentralblatt f. allgem. Gesundheitsfragen 1882, 1, S. 4-15, 43-54.
65 Q2: Reich, A.: Leitfaden für Ruß- und Rauchfragen, München, Berlin 1917, S. 229.
65 Q3: Brüggemeier, Franz-Josef/Rommelspacher, Thomas: Blauer Himmel über der Ruhr, Essen 1992, S. 158
65 Q4: ebenda, S. 134
66 Q1: Schäfer, Dietrich: Ernährung eines Arbeiterkindes, zit. nach: Schulz, Ursula (Hg.): Die deutsche Arbeiterbewegung in Augenzeugenberichten, Düsseldorf 1968, S. 107.
67 Q2: Zeitschrift Concordia: Concardia Zeitschrift für Arbeiterfragen, Nr. 2/1872, S. 275
67 Q3: Tennstädt, Florian: Vom Proleten zum Industriearbeiter, Köln 1983, 32
68 Q1: Altmann, Anna: Aus dem Leben eines Proletarierkindes. In: Buch der Jugend. Für die Kinder des Proletariats, hg. von Emma Adler, 1895, S. 186 ff. (gekürzt)
68 Q2: Kuczynski, Jürgen: Geschichte des Alltags des deutschen Volkes, Bd. 3, Köln 1981, S. 258.
69 Q3: Conrad, Anne/Michalik, Kerstin (Hg.): Quellen zur Geschichte der Frauen, Bd. 3, Neuzeit, Stuttgart 1999, S. 45 ff.
69 Q4: Kursbuch Geschichte, 1. Aufl., Berlin, 2009, S. 27.

70 Q1: Deuerlein, Ernst: Gesellschaft im Industriezeitalter, Hamburg 1970, S. 55 f.

71 Q2: Joniak, N.: Das Arbeiterwohnungselend im rheinisch-westfälischen Industriebezirk, Frankfurt a. M. 1908, S. 4 f.

72 Q1: Schramm, Percy Ernst: Neue Generationen – Dreihundert Jahre deutscher Kulturgeschichte im Licht der Schicksale einer Hamburger Bürgerfamilie (1648–1948), Göttingen 1964, S. 421 ff.

73 Q3: Hoffmann, E.T.A.: Nussknacker und Mausekönig, in: Amlung, U. (Hg.): Spielzeug und Spielwaren. Puppen aus Sonneberg im Thüringer Wald. Begleitheft, Marburg 1992, S. 34, zit. nach: Praxis Geschichte, Juli 4/1998, S. 48.

76 Q1: zit. nach: Geschichtliche Weltkunde, Bd. 2, Quellenlesebuch, 1980, S. 215.

77 Q2: Adelmann, Gerhard, u. a. (Hg.): Quellensammlung zur Geschichte der sozialen Betriebsverfassung, Band 2, Bonn 1995, S. 295.

78 Q1: Baader, Ottilie: Ein steiniger Weg, Lebenserinnerungen, Stuttgart 1921, S. 13 f.

79 Q2: http://www.waasem.eu/stichwort/bergarbeiterstreik-1889.html (Stand: 30.04.2010)

81 Q1: Marx, Karl/Engels, Friedrich: Das Manifest der Kommunistischen Partei, Berlin (Ost) 1955, S. 5 ff.

81 Q2: Marx, Karl/Engels, Friedrich: Das Manifest der Kommunistischen Partei. Zit. nach: Zeit für Geschichte, Bd. 2, Ausgabe G8, Braunschweig 2005, S. 109.

81 Q3: http://www.teachsam.de/geschichte/ges_deu_1871-1918/ges_arbeiterbewegung_bis_1914/quellen/arbbeweg_1848_1914_Q_3.htm (Stand: 08.05.2010)

82 Q1: Bismarck, Otto von: Gesammelte Werke, Bd. 2, Berlin 1924, S. 319 f.

84 Q1: http://www.auswandererbriefe.de/regionale_briefe/ST_Lippmann-21-03-1888.doc (Stand: 08.05.2010)

Entstehung des monarchischen Nationalstaates

91 Q1: http://de.encarta.msn.com/sidebar_721567768/Friedrich_Wilhelm_III_An_mein_Volk.html (Stand: 15.10.2009)

92 Q1: Worte von einem Deutschen, Bremen 1814, S. 3 ff.

92 Q2: Schulze, Hagen: Der Weg zum Nationalstaat, München 1985, S. 142 f..

93 Q3: zit. nach: Görtemaker, Manfred: Deutschland im 19. Jh., Entwicklungslinien. Bonn 1986, S. 64.

95 Q1: zit. nach: Lautemann, Wolfgang/Schlenke, Manfred (Hg.): Geschichte in Quellen, Bd. 5, Das Bürgerliche Zeitalter 1815–1914. München 1980, S. 23 ff.

96 Q1: zit. nach: Görtemaker, Manfred: Deutschland im 19. Jh., Entwicklungslinien. Bonn 1986, S. 70.

98 Q1: zit. nach: Lautemann, Wolfgang/Schlenke, Manfred (Hg.): Geschichte in Quellen. Bd. 5, Das Bürgerliche Zeitalter 1815–1914. München 1980. S. 845 f.

99 Q1: Rudolph, Hermann (Red.): Einigkeit und Recht und Freiheit in der deutschen Gesch. und Gegenwart, Sonderdruck der Texte zum Kalender 1986 des Gesamtdeutschen Instituts. Bonn 1987. S. 55.

100 Q1: zit. nach: List, Friedrich: Schriften, Reden und Briefe. Bd. 5, Berlin 1929, S. 50.

101 Q2: Hoffmann von Fallersleben, Heinrich: Unpolitische Lieder. Teil 1. Hamburg 1840.

103 Q1: zit. nach: Görtemaker, Manfred: Deutschland im 19. Jh., Entwicklungslinien. Bonn 1986, S. 83 f.

103 Q2: http://de.wikipedia.org/wiki/Friedrich_Wilhelm_IV. (Stand: 30.04.2010)

107 Q1: zit. nach: Görtemaker, Manfred: Deutschland im 19. Jh., Entwicklungslinien. Bonn 1986, S. 102 f.

108 Q1: zit. nach: Lautemann, Wolfgang/Schlenke, Manfred (Hg.): Geschichte in Quellen. Bd. 5, Das Bürgerliche Zeitalter 1815–1914. München 1980, S. 205–207.

108 Q2: Ebd.

109 Q3: Pleticha, Heinrich (Hg.): Deutsche Geschichte, Bd. 9, Von der Restauration bis zur Reichsgründung: 1815–1871. Gütersloh 1984, S. 221.

109 Q4: Ebd., S. 220

110 Q1: zit. nach: Görtemaker, Manfred: Deutschland im 19. Jh., Entwicklungslinien. Bonn 1986, S. 116.

110 Q2: Ebd., S. 117 f.

111 Q3: Pleticha, Heinrich (Hg.): Deutsche Geschichte, Bd. 9, Von der Restauration bis zur Reichsgründung: 1815–1871. Gütersloh 1984, S. 227.

112 Q1: zit. nach: Görtemaker, Manfred: Deutschland im 19. Jh., Entwicklungslinien. Bonn 1986, S. 202

113 Q2: Ebd., S. 202 f.

115 Q1: Ebd., S. 213.

115 Q2: zit. nach: Lautemann, Wolfgang/Schlenke, Manfred (Hg.): Geschichte in Quellen. Bd. 5, Das Bürgerliche Zeitalter 1815–1914. München 1980, S. 376 f.

121 Q1: Die Reden des Kaisers Wilhelms II. 1888-1895, Leipzig 1913, S. 314ff.

122 Q1: http://www.koepenickia.de/3_oeffentl/3_oeffentl.htm (Stand: 30.04.2010)

122 Q2: Ebd.

122 Q3: Ebd.

122 Q4: http://www.kerber-net.de/literatur/deutsch/drama/zuckmayer/hauptmann_historischer.pdf (Stand: 30.04.2010)

123 Q1: Zuckmayer, Carl: Der Hauptmann von Köpenick, Frankfurt a. M. 2009, S. 118 ff. (vereinfacht)

125 Q1: Epkenhans, Michael: Leben im Kaiserreich. Deutschland um 1900. Darmstadt 2007, S. 125.

126 Q1: Kehr:, Carl Die Praxis der Volksschule. Achte Auflage. 1877, S.

45–49.
130 Q1: http://de.wikipedia.org/wiki/Des_Deutschen_Vaterland (Stand: 10.05.2010)
130 Q2: zit. nach: Görtemaker, Manfred: Deutschland im 19. Jh., Entwicklungslinien. Bonn 1986, S. 74

Der Imperialismus und der Erste Weltkrieg

134 Q1: Zweig, Stefan: Die Welt von gestern, Frankfurt a. M. 1947, S. 16ff.
135 Q2: zit. nach: G/Geschichte. Menschen – Ereignisse – Epochen, Heft 1/2004, S. 24.
138 Q1: Nehru, Jawaharlal: Weltgeschichtliche Betrachtungen. Zit. nach: Hug, Wolfgang: Materialien zum Verständnis der Entwicklungsländer, Villingen 1971, S. 29f.
140 Q1: zit. nach: Trebsdorf, Daniel K. W.: Afrikanisches Alter Ego und europäischer Egoismus, Dresden 2006, S. 346, in: Praxis Geschichte 2/2009, S. 25.
141 Q2: zit. nach: Zimmerer, J.: Krieg, KZ und Völkermord in Südwestafrika. Der erste deutsche Genozid, in: Zimmerer, Jürgen/Zeller, Joachim: Völkermord in Deutsch-Südwestafrika. Der Kolonialkrieg (1904–1908) in Namibia und seine Folgen, Berlin 2003, S. S. 52.
142 Q1: zit. nach: Bruch, Rüdiger von/Hofmeister, Bernd (Hg.): Deutsche Geschichte in Quellen und Darstellungen, Band 8: Kaiserreich und Erster Weltkrieg 1871–1918, Stuttgart 2000, S. 268ff.
142 Q2: zit. nach: http://wissen.spiegel.de/wissen/dokument/dokument.html?id=8447651&top=SPIEGEL (Stand: 01.06.2009)
142 Q3: Ebd.
142 Q4: zit. nach: Hubatsch, Walther.: Der Kulminationspunkt der deutschen Marinepolitik im Jahre 1912, in: Historische Zeitschrift, Bd. 176/1953, S. 72 f.
144 Q1: zit. nach: Mommsen, Wolfgang J.: Imperialismus: Seine geistigen, politischen und wirtschaftlichen Grundlagen. Ein Quellen- und Arbeitsbuch, Hamburg 1977, S. 109.
144 Q2: zit. nach: Julien, Charles-André: Histoire de l'Algérie, Paris 1964, S. 499, übers. v. S. Fontaine-Stelling, in: Geschichte lernen 31/1993, S. 44.
146 Q1: zit. nach Lautemann, Wolfgang/Schlenke, Manfred (Hg.): Geschichte in Quellen, Bd. 1, Altertum, 4. Auflage, München 1989, S. 456.
147 Q2: zit. nach Eldridge, Colin C.: England´s Mission. The Imperial Idea in the Age of Gladstone and Disraeli 1868–1880, London 1973, S. 240 f.
147 Q3: : zit. nach: http://www.zeit.de/politik/ausland/2009-09/obama-un-rede (Stand: 03.05.10)
150 Q1: zit. nach Fenske, Hans (Hg.): Unter Wilhelm II. 1890–1918, Darmstadt 1982, S. 227 f.
150 Q2: zit. nach: Bloch, Jan (Iwan): Der zukünftige Krieg in seiner technischen, volkswirtschaftlichen und politischen Bedeutung, 1899 o. S., in : Willmott, Hedley Paul: Der Erste Weltkrieg, übers. v. Klaus Binder u. Bernd Leineweber, München 2009, S. 13.
151 Q3: zit. nach: Hamann, Brigitte: Bertha von Suttner – ein Leben für den Frieden, München 1986, S. 128.
154 Q1: zit. nach: vom Bruch, Rüdiger/Hofmeister, Bernd (Hg.): Deutsche Geschichte in Quellen und Darstellung, Bd. 8: Kaiserreich und Erster Weltkrieg 1871-1918, Stuttgart/Ditzingen 2006, S. 357 f.
154 Q2: zit. nach: Hamann, Brigitte: Der Erste Weltkrieg. Wahrheit und Lüge in Bildern und Texten, überarb. Neuausgabe, München 2008, S. 43.
154 Q3: zit. nach: Eildermann, Wilhelm: Jugend im ersten Weltkrieg, Berlin 1972, S. 61 f.
155 Q4: zit. nach: Hamann, Brigitte: Der Erste Weltkrieg. Wahrheit und Lüge in Bildern und Texten, überarb. Neuausgabe, München 2008, S. 40 ff.
156 Q1: zit. nach: Willmott, Hedley Paul: Der Erste Weltkrieg, übers. v. Klaus Binder u. Bernd Leineweber, München 2009, S. 143.
157 Q2: Ebd., S. 104.
158 Auszug aus: Tardi, Jacques: Grabenkrieg, deutschsprachige Ausgabe Edition Moderne AG 2002, S. 8f.
160 Q1: zit. nach: Der große Krieg. Eine Chronik von Tag zu Tag. Urkunden, Depeschen, Berichte der Frankfurter Zeitung, Frankfurt a. M. 1914, S. 846, in: Praxis Geschichte 3/1995, S. 28.
160 Q2: zit. nach: Haacke, Ulrich/Schneider, Benno (Hg.): Das Buch der Kriege 1914–1918, München 1934, S. 78, in: Praxis Geschichte 3/1995, S. 28.
161 Q1: zit. nach: Witkop, Philipp (Hg.): Kriegsbriefe gefallener Studenten, München 1928, in: Geschichte betrifft uns 5/2005, S. 5.
163 Q1: zit. nach: Grotjahn, Karl-Heinz/Oberschelp, Reinhard (Hg.): Stahl und Steckrüben. Beiträge zur Geschichte Niedersachsens im Ersten Weltkrieg (1914–1918), Bd. 2, Hameln 1993, S.410 f., in: Praxis Geschichte 3/1995, S. 40.
166 Q1: http://members.aon.at/zeitlupe/werbung/propaganda1.html (02.01.11)
166 Q2: nach: Friedrich Stephan, Das Kinderbuch erklärt den Krieg – Nesthäkchen im (Ersten) Weltkrieg. Einführung in eine Ausstellung in der Villa Spiegelwelt, Mönchengladbach/Leubsdorf o.J., S. 12.
167 Q3: ebenda, S. 6.
167 Q4: ebenda, S. 7.
167 Q5: ebenda, S. 10.
168 Q1: zit. nach: Schambeck, Herbert/Widder, Helmut/Bergmann, Marcus (Hg.): Dokumente zur Geschichte

der Vereinigten Staaten von Amerika, Berlin 1993, S. 434 ff.
169 Q2: zit. nach: http://www.dhm.de/lemo/html/dokumente/14punkte/index.html (03.05.2010)
174 Q1: zit. nach Fischer, Fritz: Griff nach der Weltmacht. Die Kriegszielpolitik des kaiserlichen Deutschland 1914/1918, Düsseldorf 1961, S. 97.
174 Q2: zit. nach Nipperdey, Thomas: Deutsche Geschichte 1866–1918, Bd. II, München 1992, S. 696 f.
174 Q3: zit. nach: Winkler, Heinrich August: Deutschland, eine Jahrhundertfrage. Der Größenwahn des jungen Nationalstaats führte in zwei Weltkriege, in: Der Spiegel Nr. 8 vom 17. Februar 2007, S. 52–59, hier S. 56.
177 Q1: zit. nach: Witkop, Philipp (Hg.): Kriegsbriefe gefallener Studenten, München 1928, in: Geschichte betrifft uns 5/2005, S. 8.

Globalisierung – von der Kolonialzeit bis heute

180 Q1: Arranz Márquesz, Luis: Entdeckung und Eroberung einer neuen Welt, in: Gold und Macht. Spanien in der Neuen Welt. Eine Ausstellung anlässlich des 500. Jahrestages der Entdeckung Amerikas, Wien, 1986, S. 1 f.
181 Q2: Las Casas, Historia II, zit. nach: Lautemann, Wolfgang, Schlenke, Manfred (Hg.): Geschichte in Quellen, Band III: Renaissance – Glaubenskämpfe – Absolutismus, München 19823, S. 69 ff.
183 Q1: Stenografische Berichte über die Verhandlungen des Reichstages, 6. Legislaturperiode, I. Session 1884/85, 7. Band, S. 1670.
184 Q1: Wagner, J.: Deutsch-Ostafrika. Geschichte der Gesellschaft für deutsche Kolonisation und der Deutsch-Ostafrikanischen Gesellschaft nach den amtlichen Quellen. Berlin 1886, S. 50 f.
185 Q2: Köbner, Otto Ma/Gerstmeyer, Johannes (Hg.): Die deutsche Kolonialgesetzgebung, Bd. 11 (1907), S. 345 ff.
186 Q1: zit. nach: Mommsen, Wolfgang J.: Imperialismus. Seine geistigen, politischen und wirtschaftlichen Grundlagen. Ein Quellen- und Arbeitsbuch. Hamburg 1977. S. 124 f.
186 Q2: Rohrbach, Paul: Weltpolitisches Wanderbuch 1897–1915. Königstein im Taunus und Leipzig 1916, S. 225
186 Q3: Reichstagsrede vom 28.11.1885, in: Stenographische Berichte über die Verhandlungen des Reichstages, 6. Legislaturperiode, I. Session 1884/85, II. Session 1885/86, Erster Band, 7. Sitzung, 28.11.1885, S. 115.
189 Q1: zit. nach: Ausstellungsprojekt „Köln Postkolonial – ein lokalhistorisches Projekt der Erinnerungsarbeit“ wurde vom 22. November 2008–15. März 2009 im Kölnischen Stadtmuseum, „Die Kölner Wirtschaft und die Kolonien“, http://www.kopfwelten.org/kp/virtualmuseum/KP%2008%20Koelner%20Wirtschaft.pdf (Stand. 10.05.2010
189 Q2: Deutsche Reichs-Post, 1900, zit. nach: Müller, Fritz Ferdinand: Kolonien unter der Peitsche. Berlin 1962, S. 42 u. 45 f.
193 Q1: http://www.unicef.de/175.html (Stand: 03.05.2010)251
193 Q2: News. Das Netzwerk der europäischen Weltläden, zit. nach: http://www.europaeischer-weltladentag.de/downloadc/Faltblatt.pdf (Stand: 10.05.2010)
195 Q1: Guhl, Anna: Afrika zu Gast in Peking. In: Junge Welt, 04.11.2006.
195 Q2: Blume, Georg: Afrikas neue Freunde. In: Die ZEIT, 31.03.2008
195 Q3: Ebd.
196 Q1: Die Zeit online, 25.12.2009
196 Q2: Verbraucher konkret 1/2004, S. 14 f. (http://www.fair-feels-good.de/pdf/55.pdf) (Stand: 03.05.2010)
197 Q3: TransFair/Overath, Dieter (Hg.): Geschichten mit Genuss. 10 Jahre Partner im Fairen Handel. Köln 2002, S. 13.
200 Q1: Stenografische Berichte über die Verhandlungen des Reichstages, 6. Legislaturperiode, I. Session 1884/85, 7. Band, S. 1665 f.

akg images, Berlin: 10/11, 15 M2 (E. Lessing), 17 M2, 18 M1 (E. Lessing), 22 M2, 24 M1, 25 M3, 26 M1, 28 M1, 30 RS o. + u., 30 M1, 37 M3, 38 M2, 41 2. v.o., 43 M3 (VISIOARS), 44/45, 44 u. (W. Unfug), 46 M2 (Electa), 47 M3, 49 M2, 50 RS (J. Raible), 50 M2, 52 RS o. + u., 52 M1 (North Wind Picture Archives), 53 M2, 54 M1, 56 M1, 57 M2, 62 M1, 65 M2, 68 RS, 68 M1 (L. Hine), 69 RS o. + u., 73 M3, 74 M1, 76 RS o. + u., 77 M2, 78 M1, 78 RS o. + u., 79 M2, 80 RS o. + u., 80 M1, 83 M3, 84 M1 + 85 3. v.o. (North Wind Picture Archives), 85 2.v.o. + 2.v.u.,86 M1, 87 M4 + M5, 88/89, 91 M1, 92 M1, 93 M2 + RS, 95 M1, 96 M1, 97 M2, 99 M1, 102 M1, 103 M2 , 104 M2, 105 M4, 110 M1, 112 RS, 117 M2, 120 M1 + RS, 121 M2 (Imagno), 125 RS u., 127 M2, 129 o., 131 M3, 134 M1, 143 M2, 144 M1, 150 RS, 153 M3, 154 M1, 155 M5, 157 M3 + M4, 163 M2 – M4, 164 M4 J.-P. Verney), 165 M5, 167 RS, 169 M3, 170 M1, 172 M1, 175 2.v.u., 177 M3, 187 o., 203 u. (E. Lessing), 211 u., 212 o.

alamy images, Oxfordshire: 192 M1.4 (Greenshoots Communications)

Bibliothèquenationale de France, Paris: 19 M3, 20 M1, 23 RS, 41 2. v.u.

BildarchivPreußischerKulturbesitz, Berlin: Titel, 16 M1, 27 M3,33 M2 + 41 u. (RMN/H. Lewandowski), 37 M2, 39 M3 (Museumslandschaft HessenKassel), 47 RS o. + u., 48 M1, 51 M3, 61 M4 (D. Katz), 69 M3 + M4, 70 M1 (H. Lichte), 81 M1, 85 o., 87 M3 (H. Lichte), 98 M1, 104 M1, 105 M3, 106 M1 (D. Katz), 107 M1, 108 M1 (D. Katz), 111 M2, 113 M2, 119 M1 (D. Katz), 119 M2, 129 3. v.o. (D. Katz), 130 M1, 142 M1 (SMB/Kunstbibliothek), 149 M3, 183 M3, 184 RS (H. Graf), 184 M1 + 199 2. v.o. (E.C. Dias), 184 M2, 188 M2 + 199 3.v.o. (SMB/Kunstbibilothek/ K. Petersen)

Bismarck-Museum, Friedrichsruh: 116 M1, 129 2. v.u., 212 u.

Bridgeman Art Library, London: 12 RS (Musee de la Chartreuse, Douai/ Giraudon), 12 M1 (Private Collection), 18 M2 (Private Collection/ ArchivCharmet), 21 M1 (Musee de la Ville de Paris, MuseeCarnavalet, Paris/Giraudon), 32 M1 (Private Collection/Roger Viollet), 132/133 (Private Collection/Photo © Christie's Images), 178/179 (Museo de América, Madrid), 211 o. (Giraudon)

Bundesarchiv, Koblenz: 83 M2 (Plak 001-004-066/Barch), 162 RS o. (Plak 001-010-016), 162 RS u. (Plak 001-010-029), 162 M1 (Bild 183-R00012/Scherl)

Carls, Claudia, Hamburg: Vor- und Nachsatz,29 M1, 34/35, 59 M1

Corbis, Düsseldorf: 68 M2 (L. W. Hine)

Das Rauhe Haus, Hamburg: 76 M1

Deutsches Historisches Museum, Berlin: 148 RS, 161 M1, 169 RS u.

Druwe + Polastri, Weddel: 202 u.

Erika Klopp Verlag GmbH; Hamburg: 151 RS

Familienarchiv Hamann: 164 M1, 165 M6

Felix Schoeller Archiv, Burg Gretesch, Osnabrück: 63 M3 + M4 + RS

Fotolia.com: 196 M1 (K. Molin)

GEPA – The Fair Trade Company: 197 RS u.

Germanisches Nationalmuseum, Nürnberg: 50 M1

Getty Images, München: 163 M5 (FPG/ Hulton Archive), 168 M1 (Hulton Archive)

Gust, D., Berlin: 67 u.

Historisches Archiv Krupp, Essen: 77 RS u.

imagetrust, Koblenz: 198 M2 (H. Specht), 198 M3 (F. Seuffert)

Imago, Berlin: 10 u. (imagebroker)

Info-Zentrum Schokolade, Leverkusen: 192 M1.1 + M1.3 + M1.5

Interfoto, München: 75 M2 (Archiv Friedrich), 135 M2 (Sammlung Rauch), 191 M3 (Mary Evans Picture Library)

Karl Ernst Osthaus-Museum, Hagen: 77 RS o.

Kaupp, P., Dieburg: 96 RS o.

Kinderbuchsammlung der Universitätsbibliothek, Braunschweig (H. Rikli: Hurra! Ein Kriegs-Bilderbuch, Loewes Verlag, Stuttgart): 166 M1 + M2

Kraft Foods Deutschland GmbH: 191 M2

laif, Köln: 192 M1.2 (Futh), 193 M2 + 199 2. v.u. (D. Rosenthal), 201 M4 (D. Rosenthal)

Langner + Partner, Hemmingen: 12 M2, 22 M1

Mary Evans Picture Library, London: 155 M4 (ONSLOW AUCTIONS LIMITED)

mediacolors, Zürich: 198 M1 (Dujardin), 207 o. (foa)

Mertins, H., Ribbesbüttel: 206 u.

MuséeCarnavalet, Paris: 31 RS

Museum für Hamburgische Geschichte: 71 M2 + 85 u. (Fischer-Daber)

Museum of London: 190 M1, 214

Opel Classic Archiv der Adam Opel GmbH, Rüsselsheim: 60 (4), 61 M3

Picture Alliance, Frankfurt/M.: 31 o. (EPA/S. Thew), 39 RS (dpa/Bifab), 57 RS (dpa/DB), 66 M1 (akg-images), 101 M2 (akg-images), 128 M1 (ZB/euroluftbild.de), 151 M4 (akg-images), 169 RS o. (akg-images), 178 u. (imagestate/ Impact Photos/J. Lando), 194 M1 (Landov/Xinhua)

Rheinisches Bildarchiv, Köln: 64 M1 (RBA 19787)

Sachsse, Bonn: 96 RS u.
Scala, Florenz: 204 u. (mit freund. Genehmigung Ministerio Beni e. Att. Culturi)
Simplicissimus online-Edition: 185 M3
Staatsarchiv Windhuk: 141 M2, 175 2.v.o.
Stadtarchiv Mannheim/Institut für Stadtgeschichte: 213 o. (Plakatsammlung 2764), 213 u. (Plakatsammlung 323)
Stöckle, W., Filderstadt: 143 M3
Süddeutsche Zeitung Photo, München: 73 M2 (Scherl), 125 RS o. (S.M.), 156 M2, 172 RS (Scherl), 175 u.

Tardi, J. „Grabenkrieg“: 158/159 M1
TransFair, Köln: 197 M3 + RS o., 199 u., 201 M5
transit-Archiv, Leipzig: 128 u. (T. Haertrich)

ullsteinbild, Berlin: 13 M3 + 41 o. (Roger Viollet), 40 M1 (Archiv Gerstenberg). 58 M1 (SZ Photo), 62 M2 (NMSI/Sciene Museum), 71 M3, 72 M1, 100 M1 (Archiv Gerstenberg), 114 M1 (Archiv Gerstenberg), 115 M2, 122 M1 + RS, 123 RS o. + u.,124 M1, 124 M2 (W. Titzenthaler), 125 M3 (Haeckel), 126 M1 (Archiv Gerstenberg), 128 M2 (Hartmann), 136 M1 (GrangerCollection), 138 M1 (Archiv Gerstenberg), 139 M3 (Archiv Gerstenberg), 154 M2 (Archiv Gerstenberg), 155 M3 (NMSI/Science Museum), 164 M2 (heritage), 164 M3, 168 RS, 168 M2 (Roger Viollet), 171 M2 (heritage), 171 M3, 171 M4 + 175 o., (GrangerCollection), 171 M5 (united archives) 173 li. (Simon), 177 M2, 181 M3, 187 u., 199 o.

Volksbund Deutsche Kriegsgräberfürsorge e.V., Kassel: 173 RS

Weisflog, R., Cottbus: 88 u.
Wolf, H.-U., Steinheim: 206 o.
www.blinde-kuh.de: 208 u.
www.deff.de, Hamburg: 195 M4 + M5

Xinhua, Berlin: 194 M2

alle übrigen Karten und Schaubilder: Westermann Kartographie/Technisch Graphische Abteilung, Braunschweig
Gestaltung und Bearbeitung Klaus Kühner, huettenwerke.de

Informationen zu den Bildern der Kapiteleinstiegsseiten:

Seite 10/11:
gr. Bild: Sturm auf die Bastille am 14. Juli 1789 (Kreidelithographie, um 1860)
kl. Bild: Menschen auf und vor der Berliner Mauer am 10. November 1989

Seite 44/45:
gr. Bild: Auswalzen einer Eisenbahnschiene im Walzwerk (Aquarell, 1906)
kl. Bild: Rohrwalzwerk in Riesa (um 1985)

Seite 88/89:
gr. Bild: Proklamation Wilhelm I. zum Kaiser des Deutschen Reiches am 18. Januar 1871 in Versailles (Gemälde, 1877)
kl. Bild: Sitzungssaal des Deutschen Bundestages im Berliner Reichstag

Seite 132/133:
gr. Bild: Verletzte Soldaten nach einem Gasangriff im Ersten Weltkrieg (Gemälde, um 1919)
kl. Bild: Flagge der UNO

Seite 178/179:
gr. Bild: Reiche Frau mit ihrer Sklavin (Gemälde, 1783)
kl. Bild: Frauen verkaufen Obst und Gemüse auf einem Markt in Mombasa, Kenia (Foto, 2009)

Entstehung des monarchischen National= staates
1848